Vicens Vives
Educació Secundària

Aula3D

LLiL 3

LLENGUA CATALANA i LITERATURA

J. M. Castellà Lidon
Professor Titular d'Universitat de Filologia Catalana (coordinador)

F. Gadea Gambús
Catedràtic d'IES de Llengua catalana i literatura i professor associat de la Universitat de Barcelona

E. Guarro Picart
Professora de Llengua catalana i literatura

A. Nogueras Hernàndez
Lingüista i lexicògrafa

R. Soler Piera
Professora d'IES de Llengua catalana i literatura

Com és aquest llibre

Aquest llibre està concebut per integrar l'aprenentatge de les **competències de l'àmbit lingüístic**, és a dir, les dimensions de comprensió lectora i multimèdia, expressió escrita i multimèdia, comunicació oral, literària i actitudinal i plurilingüe. Ara bé, les activitats integren també les altres **competències bàsiques** que s'han de desenvolupar al llarg de l'ensenyament secundari obligatori.

En aquests casos, ho indiquem així:

- Aprendre a aprendre
- Artística i cultural
- Tractament de la informació i competència digital
- Autonomia i iniciativa personal
- Coneixement i interacció amb el món físic
- Social i ciutadana

Totes les activitats s'han de fer en un quadern a part. Els buits inclosos en les activitats sols són indicatius amb una finalitat didàctica.

ENTRADA

Cada tema presenta un gènere periodístic.

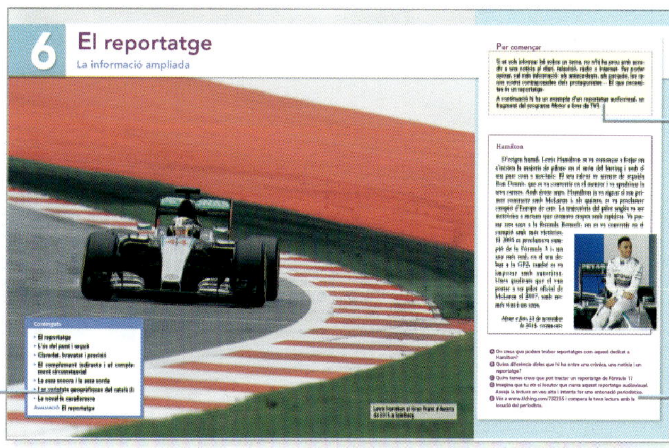

Introducció al gènere periodístic que es treballarà en el tema.

Activitats per practicar l'estratègia lectora en un text del gènere periodístic, amb activitats introductòries i una d'expressió oral.

Continguts del tema.

LECTURA

Lectura del gènere periodístic que es treballa. **Competència en comprensió lectora**.

Les activitats de comprensió lectora estan graduades segons els tres processos mentals establerts per PISA.

- lectura literal
- lectura inferencial
- lectura reflexiva o valorativa

TIPUS DE TEXT

Definició i caracte-rístiques del gènere periodístic.

PROPIETATS DEL TEXT

Recursos de cohesió, coherència i adequació per elaborar textos. Normes de puntuació. **Competència en expressió escrita.**

COMUNICACIÓ ORAL

Característiques del gènere periodístic audiovisual. Treball en expressió i comprensió oral.
Competència en comunicació oral.

Estratègies per parlar en públic.

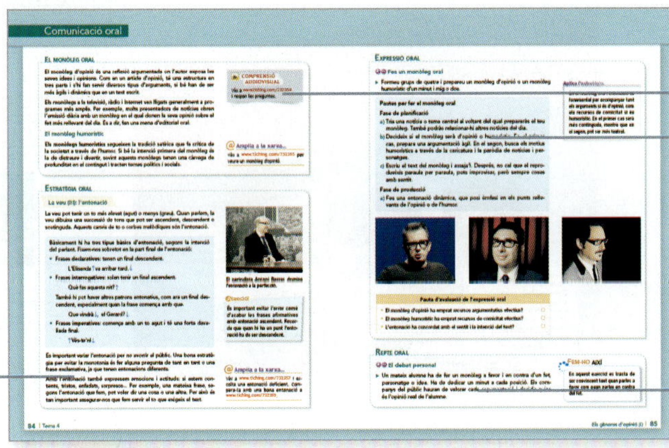

Comprensió audiovisual (amb enllaç TICHING).

Pràctica d'expressió oral sobre el gènere periodístic.

Repte oral: activitat d'improvisació per guanyar fluïdesa verbal.

Enllaç TICHING amb una activitat digital de pronunciació.

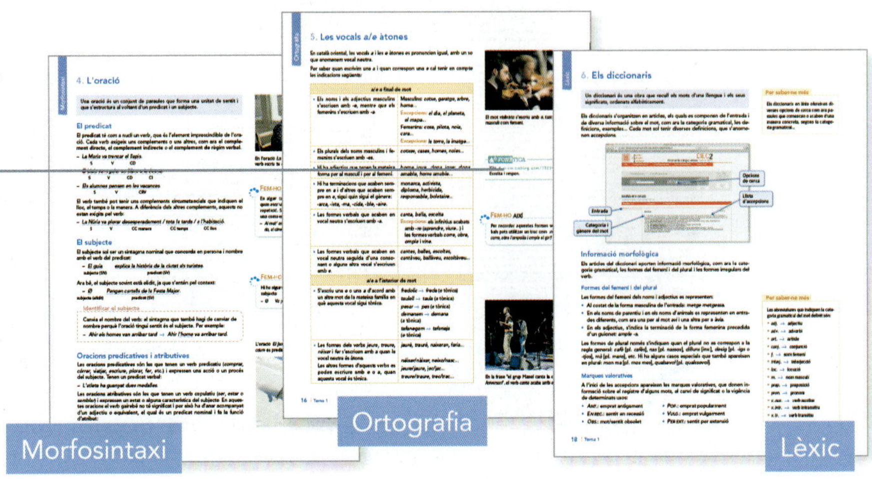

ESTUDI DE LA LLENGUA

L'estudi de la llengua té tres blocs: morfosintaxi, ortografia i lèxic. Hi ha moltes activitats variades. Sempre hi ha un dictat preparat.

SOCIOLINGÜÍSTICA

S'hi tracten aspectes de la sociolingüística i la diversitat lingüística. **Competència actitudinal i plurilingüe.**

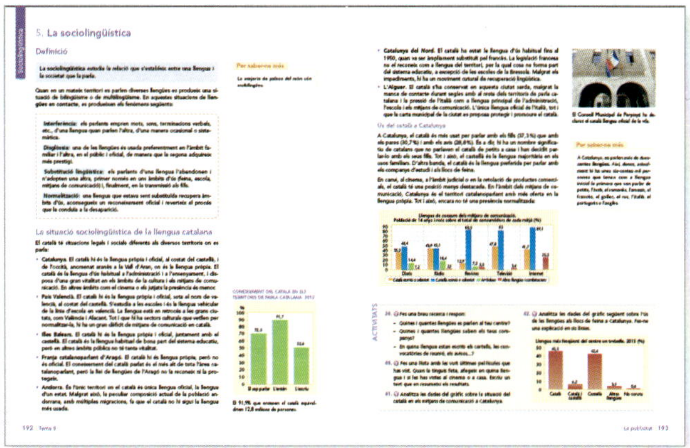

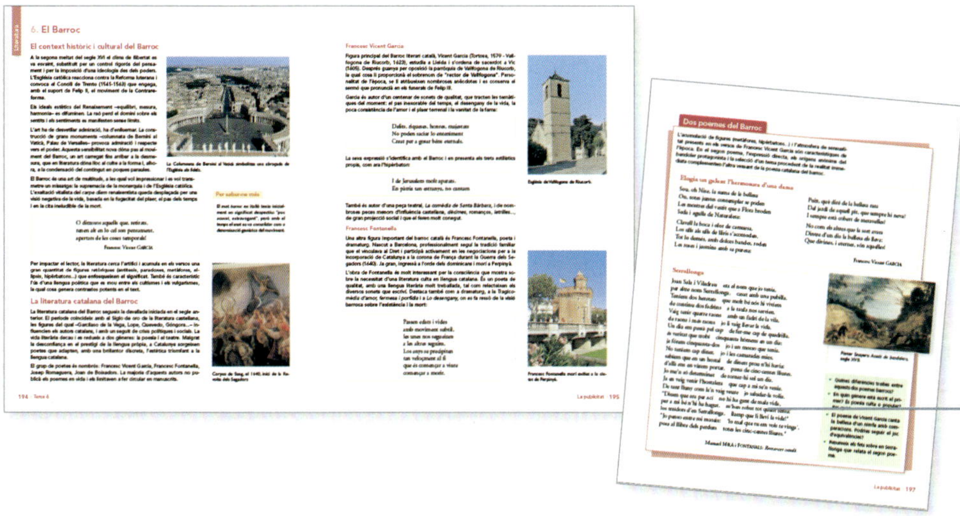

LITERATURA

Introducció a la lireraratura catalana medieval i moderna amb textos escollits per fomentar el gust per la literatura. **Competència literària**.

Lectura d'un text literari amb activitats.

APLIQUEM

Aquest apartat és un projecte per aplicar tot el que s'ha après. Engloba en una activitat diverses **competències**.

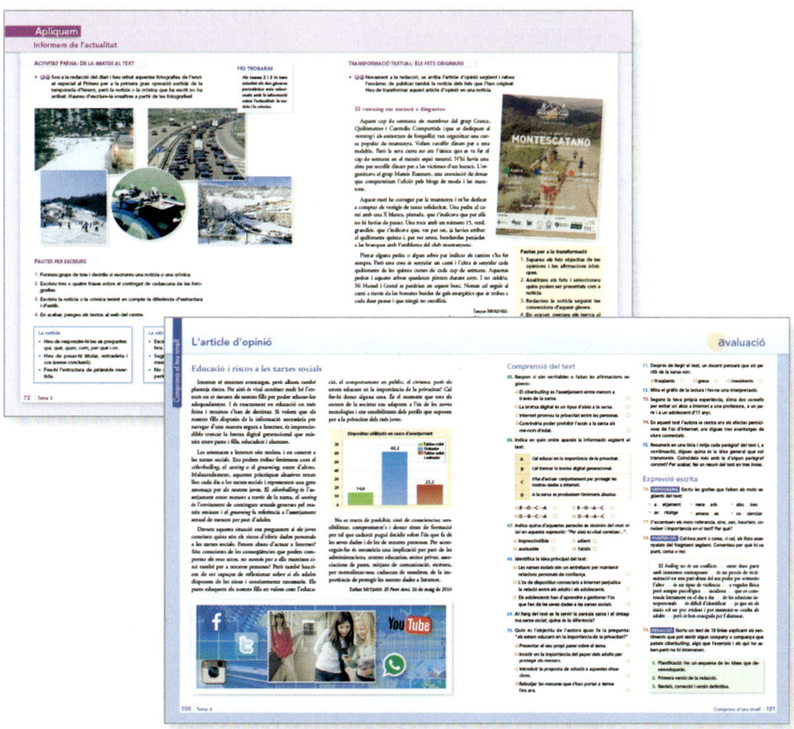

AVALUACIÓ

Avaluació de la comprensió lectora d'un text periodístic. Hi ha activitats de les tres tipologies establertes per PISA. Segueix el model de l'avaluació diagnòstica de la Generalitat.

Índex

1 La portada de diari

Titulars i imatges que ens captiven

Continguts

Monestir de Poblet, hivern 2015.

Per començar...

Si vols saber quines són les notícies més rellevants del dia, una bona idea és mirar la portada de diversos diaris. En aquesta primera pàgina, s'hi destaquen amb fotografies i titulars breus i contundents els fets que han marcat la jornada. En els diaris digitals la portada va canviant i actualitzant-se per informar de les novetats que afecten aquestes notícies.

La portada d'una gran nevada

1,30 € DIJOUS 5 DE FEBRER DEL 2015 CONSELL DE CENT 425-427 BARCELONA. TEL. 93.265.53.53 www.elperiodico.cat www.grupozeta.es DIRECTOR ENRIC HERNÀNDEZ

elPeriódico de Catalunya dj. 5

PER A GENT COMPROMESA

CATALUNYA VIU UNA SEVERA ONADA DE FRED HIVERNAL

A prop del col·lapse

El túnel del Bruc, l'AP-7 i l'AP-2 concentren els problemes per una nevada més intensa del que es preveia

TEMA DEL DIA ▸ Pàgines 2 a 5

Galeria fotogràfica des de l'aire

Vegeu el vídeo al mòbil o a elperiodico.cat

Turismes i camions van estar retinguts sis hores a la A-2 al Bruc.

VOLUNTAT D'ACORD

Tsipras porta a Brussel·les un pla de reformes en quatre anys

PANORAMA ▸ Pàgines 12 i 13, i editorial

El Periódico 5,59 milions d'usuaris únics

Font: ComScore

EL PERIÓDICO creix el 54% a internet

▸ És el diari generalista que va pujar més en audiència a la xarxa durant el 2014

COSES DE LA VIDA ▸ Pàgina 35

EL PP SEGUEIX AL DAVANT

Podem supera el PSOE com a segona força, segons el CIS

PANORAMA ▸ Pàgines 18 i 19

CINTURONS ANTONIO MIRO SPORT

7,95€

El cap de setmana, el cinturó reversible de color negre/marró.

elPeriódico

A Descriu la fotografia que apareix a la portada d'aquest diari.

B Quina és la notícia més destacada del dia?

C Es tracta d'un esdeveniment puntual o ja fa dies que apareix als diaris?

D Proposa una altra fotografia que pugui il·lustrar aquest mateix fet.

E Hi apareixen altres notícies en aquesta portada?

Portades de diari en paper i digital

ara

ara.cat

DIJOUS
11 DE DESEMBRE DEL 2014
NÚMERO 1463

1,30 EUROS

P 18-19

SECTOR TURÍSTIC

El Govern es fa càrrec de BCN World

Veremonte renuncia a comprar els terrenys i cedeix el lideratge del projecte a la Generalitat

L'Incasòl firma avui amb La Caixa una opció de compra d'un any i mig sense cap cost per a l'erari públic

P 13

ODD ANDERSEN / AFP

Els premis Nobel de l'educació i la infància

"És la nostra obligació ser l'última generació que deixa les aules buides per anar a les fàbriques o a la guerra", proclama Malala Yousafzai

P 04-07

Mas i Junqueras trenquen el gel amb una primera trobada

Homs: "Compto que hi haurà acord en dies o setmanes"

P 38-41

CHAMPIONS

EL BARÇA TANCA LA LLIGUETA PRIMER DE GRUP

Pren el liderat al PSG amb l'esquema més atrevit de Luis Enrique

3-1

TONI ALBIR / EFE

29

JOAN MANUEL TRESSERRAS

comunicòleg, UAB

Ara és quan les posicions del sobiranisme han de ser més flexibles i inclusives, i les actituds i els discursos, més conciliadors

28

ERIC FAIR

exsoldat de l'exèrcit dels Estats Units

Jo he fet d'interrogador a Abu Ghraib. Jo he torturat. I us asseguro que en l'informe del Senat encara hi ha molta censura

30

ALEJANDRO ESTRUCH

professor de política econòmica, UB

Amb les reformes i correccions que proposa, Podem no destruiria el sistema sinó que en restauraria la legitimitat

Portada del diari *Ara*, 11 de desembre de 2014.

ACTIVITATS

1. Mira la portada del diari. Quantes notícies s'hi destaquen?

2. Quina és la notícia més important del dia? Com ho has sabut?

3. Creus que els titulars són útils per resumir les notícies més importants del dia?

4. Fixa't en la distribució de la informació en la pàgina:

a) En quantes parts està dividida la portada?

b) Quina és la capçalera? Quina informació dona?

5. Tots els diaris col·loquen la informació de la mateixa manera?

6. Ara llegeix les notícies i marca l'opció correcta.

– A quina notícia fa referència la fotografia central?

a) A una notícia d'última hora. ☐

b) A la notícia econòmica més important del dia. ☐

c) Al lliurament dels premis Nobel. ☐

– A quina activitat econòmica fa referència la notícia que es destaca en la part superior?

a) Al turisme. ☐

b) A l'urbanisme. ☐

c) A la indústria. ☐

7. Relaciona aquestes paraules extretes de la portada amb el seu significat. Després intenta definir la paraula que sobra:

	– Capaç d'incloure o de contenir.
a) Legitimitat	– Examen d'una doctrina, una conducta, un llibre, etc., pels censors i l'aprovació o prohibició que en fan després.
b) Comunicòleg	
c) Inclusiu	– Capaç de fer que dues persones arribin a un acord.
d) Conciliador	
e) Censura	– Persona versada en els procediments i les tècniques de la comunicació de massa.
f) Interrogador	– Persona que ensenya una ciència, un art, una disciplina.
g) Professor	– Qui fa preguntes.

8. En el diaris sovint apareixen sigles. A què fan referència les sigles que apareixen a la portada del diari?

UAB PSG UB

9. Mira la portada següent d'un diari digital:

a) De quin dia és aquest diari? Apareix la data?

b) Per què hi ha l'hora en algunes de les notícies?

c) Els lectors poden decidir la distribució de les notícies?

Cerca... Catalunya | Balears | País Valencià | Comarques Gironines | Andorra Inicia sessió | Registra't | Subscriu-t'hi

Actualitat Opinió Vídeos **ara.cat** El Diari La Botiga Comunitats

INTERACTIUS ARA IN ENGLISH ARA PLAY ARA LLEGIM CRIATURES ARA DIUMENGE RAR ARA BASSAS

El+destacat El+nou El+vist El+comentat El+recomanat Seccions AraXarxes

OPINIÓ

ANTONI BASSAS — Banderes, jutges i el 9-N — 14 Comentaris

VICENÇ VILLATORO — 23/11: La notícia seria que el TSJC no hagués admès la querella contra Mas — 6 Comentaris

CARLES CAPDEVILA — La mentida i la mala sort existeixen — 9 Comentaris

VICENÇ NAVARRO — La diferència entre Catalunya i Escòcia — 28 Comentaris

AQUESTES FESTES, ET REGALEM LA SEGONA SUBSCRIPCIÓ Clica aquí

Cua de ciutadans al TSJC per autoinculpar-se pel 9-N
ROGER TUGAS
Oriol Junqueras s'hi ha afegit per donar suport al president Mas per la querella

Montserrat Caballé pacta amb Hisenda una multa de 250.000 euros
EUROPA PRESS / ARA Barcelona
L'acord també inclou una condemna a sis mesos de presó, que no complirà perquè la pena és inferior als dos anys. Amb aquest tracte, i havent tornat a més a més la quantitat defraudada, la soprano evita anar a judici per delicte fiscal

Homs, sobre la querella: "Això és

LA MÉTEO
La méteo en 1 minut: amplitud tèrmica i pocs canvis de cara a Nadal

Les nuvolades més imponents de 2014
ARA Barcelona
Aquest és el recull de les millors fotografies de potents nuvolades que ens heu enviat aquest any

Ara Mateix
El Govern denuncia davant el TC la indemnització pel Castor 14:59
14:32

10. Què significa per a tu que un article tingui molts comentaris en la pàgina web?

11. Indica si aquestes afirmacions són veritables o falses:

a) Montserrat Caballé ha de pagar una multa que es correspon amb la quantitat que ha defraudat a Hisenda. ☐

b) Per Nadal s'esperen temperatures més altes de les habituals. ☐

c) A la secció d'opinió els lectors poden fer comentaris. ☐

d) Hi ha un enllaç a les fotografies de núvols més impactants de 2014. ☐

e) A la redacció del diari han decidit que la informació es pot ordenar seguint diferents criteris: la més llegida, la més comentada, la més nova... ☐

12. Compara la portada del diari en paper i en digital en relació amb les característiques següents:

a) Hi ha un índex de notícies.

b) Les notícies estan ordenades per seccions.

c) Hi ha un apartat dedicat a la publicitat.

d) Hi ha imatges de mides diferents.

e) Hi ha una imatge al centre de la portada.

f) Hi apareix la informació sobre l'empresa editora.

1. La portada de diari

La **portada** és la primera plana d'un diari o d'una revista. És una part fonamental de la premsa escrita perquè s'hi destaquen les notícies més importants del dia. Tant en els mitjans impresos com en els mitjans en línia la portada és la carta de presentació del diari i per això ha de ser atractiva, entenedora i pròxima al lector.

Per saber-ne més

Cada diari manté la mateixa disposició de la portada al llarg del temps perquè el lector s'hi acostumi i reconegui a la primera el diari que llegeix habitualment.

L'**organització de la informació** que apareix en primera plana respon als criteris periodístics de l'equip de direcció i de redacció, d'acord amb la ideologia de l'empresa editorial. Així, es poden destacar unes notícies o unes altres, els titulars es poden redactar segons diversos punts de vista...

Una de les diferències entre els diaris en paper i els digitals, que afecta sobretot la portada, és que els digitals s'han d'anar actualitzant. Els periodistes modifiquen la portada al llarg del dia per tal d'afegir informació nova a les notícies, corregir-les o treure-les si han perdut importància.

L'**estructura** de la portada d'un diari té tres parts fonamentals:

- La **capçalera** és el títol d'un diari acompanyat o no del nom del director, fundador, etc., que sol aparèixer a la part superior de la primera plana.
- Els **titulars** de la portada són les notícies que es consideren més rellevants del dia anterior. Inclouen un resum del contingut de la notícia i s'indica la pàgina i la secció en què trobarem el text complet.
- A mesura que van augmentant els recursos tecnològics la **imatge** ocupa un lloc més gran a la portada dels diaris.

En un **diari digital**, l'estructura de la portada és molt diferent. És una pàgina web multimèdia i, per tant, hi pot haver imatges, vídeos, titulars... La portada és des d'on s'enllaça a totes les seccions del diari. Normalment, la informació més rellevant i actualitzada és a dalt de tot i la menys actualitzada és més avall.

La contraportada

La **contraportada** és la darrera pàgina del diari. De la mateixa manera que la portada, ha de servir per captar l'atenció dels lectors. És una pàgina molt important, perquè el lector sol començar la lectura del diari fent un cop d'ull a la portada i a la contraportada.

Hi ha diversos tipus de contraportades, però el més habitual és que s'hi tractin temes atractius com ara una entrevista d'actualitat o una columna d'opinió.

Algunes vegades, quan hi ha un esdeveniment que es considera molt rellevant, com una manifestació, una catàstrofe ecològica, etc., se suprimeix aquesta part i se substitueix per una foto a doble pàgina que ocupa la portada i la contraportada.

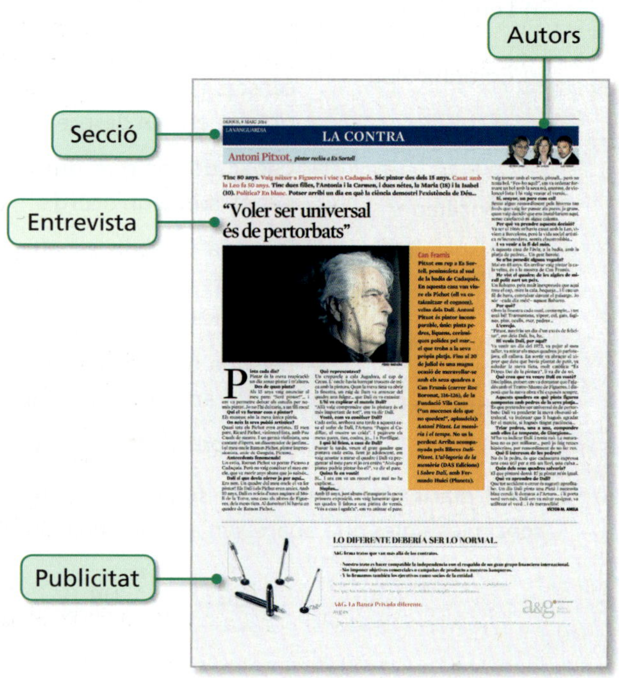

13. Mira les capçaleres d'aquests diaris i identifica quin tipus d'informació ofereixen:

14. Aquí tens la portada d'un diari en paper i la portada de la versió digital d'aquest mateix diari. Hi ha alguna diferència?

15. Identifica les parts d'aquestes portades de diaris esportius. Hi ha alguna diferència respecte a la resta de diaris? Quin joc de paraules conté el titular "Mireia d'or"? I què vol dir "Gats vells"?

16. Imagina que formes part de la redacció del diari, llegeix els titulars següents i tria quin és el que encapçalarà el diari d'avui. Quines raons triaries per fer la teva proposta a la reunió de redacció?

- La mineria del carbó, un sector en perill d'extinció.
- Tardor real, tramuntana i més sol.
- La inflació anual cau un 0,1 % a l'octubre, la primera taxa negativa en quatre anys.
- Amb més gols que futbol.

17. Posa't en el lloc de l'equip de redacció. Mira aquestes imatges i digues quina posaries com a imatge central d'una portada al diari. Per què?

18. Digues quines són les semblances i les diferències entre la portada i la contraportada següents. Contenen aquestes informacions?

a) Data
b) Nom del diari
c) Publicitat
d) Autor de les notícies
e) Titular
f) Imatges

19. Porta un diari a classe i digues totes les parts de què consta la portada. Després, observa la contraportada. Quina mena d'informació dona. Creus que pot cridar l'atenció del lector?

2. L'adequació: els registres (I)

El **registre** és la varietat lingüística que utilitzem segons la situació concreta en què ens trobem. El registre, el triem d'acord amb quatre factors: el tema, el canal de comunicació, la relació entre l'emissor i el receptor i el propòsit.

En una conferència fem servir un registre estàndard i formal.

1. El tema

El tema és l'assumpte que es tracta en el text. Podem dividir els temes en generals i especialitzats. Si el tema és d'un camp **general** utilitzarem un lèxic universal i bàsic, mentre que si es tracta d'un camp **especialitzat** haurem d'utilitzar un llenguatge d'especialitat. Per exemple, en un text sobre bioquímica o en un text legislatiu hi haurà molts termes d'especialitat.

2. El canal

El canal de comunicació és el mitjà que utilitzem per transmetre el missatge i que pot ser, fonamentalment, **oral** o **escrit**. Ens expressem de manera diferent, per exemple, quan escrivim un correu electrònic, quan parlem per telèfon, quan fem un examen o quan fem una exposició oral.

En tots aquests casos és molt rellevant el **grau d'espontaneïtat** perquè, en general, un text escrit permet dedicar més temps a elaborar-lo i, per tant, a tenir cura de la construcció de les frases, l'estructura, els mots, etc. En canvi, el text oral sol ser immediat, més espontani, i, per aquesta raó, no es pot ajustar tant a les normes gramaticals. L'espontaneïtat, però, disminueix en el cas dels textos preparats per ser llegits en veu alta.

3. La relació entre l'emissor i el receptor

La relació entre l'emissor i el receptor condiciona el nivell de **formalitat**, dona lloc al registre formal i l'informal. Les situacions formals es refereixen sobretot a l'àmbit professional, acadèmic, jurídic, literari, científic, en què els destinataris són poc coneguts. El tractament (*tu, vós, vostè*), les fórmules de cortesia (*us voldria demanar si, em podries dir*) o de confiança (*què dius, que fort!*) indiquen quina relació hi ha entre els interlocutors.

Fixa't en les imatges. En cada situació fem servir un registre diferent.

4. El propòsit

El propòsit és la finalitat o la intenció que té el missatge. Per exemple, si pretenem convèncer, fem un text argumentatiu; si volem exposar un fet, elaborem un text expositiu; si volem narrar una història, fem un text narratiu... Per tant, el propòsit està en relació amb el tipus de text.

ACTIVITATS

20. A continuació tens tres situacions comunicatives que demanen un registre diferent:

a) El programa El Temps de TV3.

b) Una tertúlia radiofònica sobre els beneficis de l'activitat física.

c) A casa et trobes una nota que avisa que avui no hi ha Internet.

Ara digues quines característiques tenen les tres situacions comunicatives segons els paràmetres següents:

1) **Tema**

- El temps lliure i les xarxes socials ▢
- La salut i els esports ▢
- El temps meteorològic ▢

2) **Canal**

- Escrit per ser llegit en veu alta ▢
- Escrit ▢
- Oral ▢

3) **Relació entre emissor i receptor**

- Informal, espontani ▢
- Informal ▢
- Formal ▢

4) **Propòsit**

- Descriptiu ▢
- Explicatiu ▢
- Persuasiu ▢

21. Relaciona cada text amb una de les situacions comunicatives que trobaràs al final i digues per què és adequat a aquesta situació i no a les altres:

–I dius que de debò vas veure com passava?

–De debò que sí –va dir–. El senyor Wasserman és just sota aquell arbre que hi ha a la platja: exactament aquell. Porta la càmera i l'està enfocant cap a la posta de sol. Aquell vespre la posta de sol és ben vermella, i molt bonica. Aleshores, tot d'una un enorme coco verd li cau just al cim del cap pelat. Zas! I aquella –va afegir amb un toc de delectació– va ser l'última posta de sol que mai va veure el senyor Wasserman.

–Vols dir que va morir instantàniament?

Roald DAHL: *La meravellosa història de Henry Sugar.*

–Innocent? –somrigué irònic mentre l'ungla del dit petit pentinava el bigoti grisós–. No del tot, senyor Palau. No del tot. Quina mena de comptable seria, vostè, si durant tots aquests anys no hagués detectat certes irregularitats?

–I tant que les vaig detectar...

–Doncs, com s'explica que no va complir amb l'obligació que tenia, de comunicar-ho?

–Vostè sap perfectament que ho vaig fer...

–Ah, sí? I... en té proves?

No el va pas sorprendre aquesta reacció. Era pròpia de gentussa com ell. Però no es deixaria intimidar més. N'estava tip. Ben tip.

Sílvia ALACÁNTARA: *Olor de Colònia.*

–A quina hora hem de ser a Florència? –diu la muller.

–Al vespre. Tens gana, ara? Agafem el cotxe i anem a dinar a algun lloc per aquí a prop?

–Sí. Però primer pugem a la torre.

–A la torre? Ni parlar-ne.

–Com que no? A veure si haurem vingut a Pisa i ens n'anirem sense pujar a la torre.

–I tant que no. El que és jo, no hi pujo.

–Per què?

–No és segura. No em faria cap gràcia que caigués just quan hi pugem a fer la visita turística.

–Com vols que caigui? Fa segles que s'aguanta així. No deus pas creure que s'hagi d'ensorrar precisament quan hi pugem nosaltres?

–Fa segles que està inclinada. Però no és veritat que faci segles que està tan inclinada. Cada cop ho està més. I algun dia s'ha d'ensorrar. Tothom dirà: "Ves, ha estat avui, qui ho havia de dir?" Però jo no vull pas trobar-m'hi dins, el dia que passi.

Quim MONZÓ: *El perquè de tot plegat.*

a) Dues persones que es coneixen molt intenten resoldre una situació conflictiva.

b) En una reunió de feina es parla d'un assumpte que compromet els dos interlocutors.

c) En una conversa, una persona descriu a l'altra un esdeveniment inusual en el passat.

d) Un testimoni dels fets respon les preguntes de l'advocat durant un judici.

La capçalera i l'obertura d'un informatiu

Els informatius de la televisió o la ràdio comencen amb la capçalera i l'obertura en lloc de la portada, característica de la premsa escrita.

COMPRENSIÓ AUDIOVISUAL

Ves a www.tiching.com/732345 i respon a les preguntes.

La capçalera

La **capçalera** (o careta) consta d'uns sons i unes imatges característics perquè l'oient o l'espectador els identifiqui amb l'inici del programa en aquella cadena. En televisió normalment hi apareix un rellotge, un mapa, un planisferi, etc., amb dissenys visuals en moviment.

L'obertura

L'**obertura** d'un informatiu conté el sumari amb els titulars de les notícies més destacades de la jornada. Pretén atreure l'atenció de l'espectador i anunciar el que després es desenvoluparà.

Hi pot haver altres començaments, com ara que el presentador o el locutor aparegui just després de la capçalera per explicar la primera notícia i, a continuació, doni pas al sumari.

En l'obertura d'un informatiu és molt important el domini de la veu del periodista. Amb la veu el periodista remarca el que és més important.

Característiques dels titulars

Els titulars normalment es distribueixen en dues frases, una per a cada veu dels presentadors o locutors, i estan escrits en present. La primera frase és directa; la segona frase especifica les dades bàsiques de la notícia. Cada titular consta d'uns deu segons. En televisió s'acompanya d'un rètol que subratlla la idea fonamental.

Estratègia oral

La planificació de l'expressió oral

En les intervencions orals periodístiques hi ha tot un procés de documentació, redacció i posterior locució dels textos. La planificació és fonamental per tenir un bon resultat i assolir l'autoconfiança necessària. Per això convé seguir aquests passos:

- Pensar quin és el tema o temes a tractar i mirar de concretar-lo. Es pot fer una pluja d'idees.
- Documentar-se a bastament.
- Seleccionar la informació més adient.
- Establir un guió amb una estructura coherent.

A diferència d'altres intervencions orals, en el cas de les notícies, cròniques o reportatges periodístics sovint s'escriuen els textos completament i després es llegeixen en directe o s'enregistren. Per això, en l'elaboració dels textos periodístics orals per ser llegits cal tenir en compte les característiques de la llengua oral, com ara fer frases simples i curtes o evitar termes d'especialitat.

@ Amplia a la xarxa...

Ves a www.tiching.com/732346 i escolta l'obertura d'un noticiari. Creus que està preparat o és improvisat?

Expressió oral

Feu l'obertura d'un informatiu audiovisual

▶ Enregistreu per parelles l'obertura d'un informatiu televisiu o radiofònic. Penseu que ha de durar al voltant d'un minut. Després, escolteu totes les obertures a classe.

Pautes per fer l'obertura d'un informatiu audiovisual

Fase de planificació i documentació

a) Decidiu el nom de l'informatiu i el canal.

b) Trieu a quina part del dia correspon l'informatiu.

c) Feu una llista de les notícies més rellevants del dia i escolliu-ne quatre.

d) Busqueu informació real i contrastada sobre les notícies.

Fase de producció

a) Redacteu els titulars, cadascun amb dues frases que resumeixin l'essència de les notícies.

b) Decidiu qui dirà la primera frase i qui la segona.

c) Trieu les imatges i la música que acompanyaran els titulars.

Fase d'enregistrament

a) En primer lloc, assageu individualment dues o tres vegades la vostra locució.

b) Després, feu un assaig general amb la vostra parella.

c) Finalment, enregistreu-vos mirant més la càmera que el paper.

d) Si us cal, podeu repetir l'enregistrament.

Un estudi de ràdio en el moment de l'emissió d'un programa.

Pauta d'avaluació de l'expressió oral	
• S'ha fet una obertura amb l'estructura i la durada adequades?	☐
• La tria de les imatges ha estat encertada?	☐
• Els titulars han estat sintètics i han tingut dues frases?	☐
• Les intervencions dels presentadors han estat ben coordinades?	☐
• Els presentadors han parlat amb una bona entonació, velocitat i ritme?	☐

Repte oral

La paraula secreta

▶ Per parelles, escriviu un substantiu en un full de paper sense ensenyar-lo a l'altre. Intenteu esbrinar el mot que ha escrit la vostra parella fent preguntes que hagin de ser respostes amb un sí o un no. Guanya el qui aconsegueix dir abans la paraula que el company havia escrit.

Podeu repetir l'operació tantes vegades com us permeti el temps de què disposeu.

3. Les categories gramaticals

Les **categories gramaticals** són classes de paraules que comparteixen les mateixes característiques sintàctiques i morfològiques.

Les categories gramaticals són:

Nom o substantiu (N)	Es fa servir per referir-se a una persona, un animal o un concepte abstracte. Són noms *oncle*, *elefant*, *llibertat*, *angúnia*...
Determinant (Det)	Especifica el nom i acostuma a precedir-lo per indicar de qui és, quina quantitat n'hi ha, si és lluny o a prop, etc. Són determinants *aquell*, *un*, *la*, *molts*, etc. Els determinants tenen el mateix gènere i nombre que el substantiu que acompanyen. Hi ha diversos tipus de determinants, que són els següents: a) L'article: *el*, *la*, *l'*; *els*, *les*. b) Els possessius: *meu*, *meva*, *meus*, *meves*, *mon*, *ma*, *mos*, *mes*; *nostre*, *nostra*, *nostres*, *teu*, *teva*, *teus*, *teves*, etc. c) Els demostratius, que poden ser de proximitat (*aquest*, *aquesta*, *aquests*, *aquestes*) o de llunyania (*aquell*, *aquella*, *aquells*, *aquelles*). d) Els numerals, que expressen una quantitat exacta (*un*, *dos*, *tres*, *quatre*, etc.) o un ordre (*primer*, *primera*, *segon*, *segona*, *tercer*, etc.). e) Els quantitatius, que expressen una quantitat inexacta: *quant*, *tant*, *molt*, *poc*, *bastant*, *gaire*, *massa*, *prou*, *força*. f) Els indefinits, com ara *algun*, *cap*, *tot*, *cada*, *altre*, *qualsevol*, *cert*, *mateix*, etc. g) Els interrogatius i exclamatius, com ara *quin*, *quina*, *quant*, *quanta*, etc.
Adjectiu (Adj)	Expressa una característica del nom: *alegre*, *fàcil*, *tossuda*, *antigues*, etc. Els adjectius sempre concorden en gènere i nombre amb els noms que qualifiquen. Hi ha, però, adjectius que són invariables en gènere: una dona *amable*, una seguidora *fidel*, una assignatura *difícil*, un gat *persa*, etc.
Pronom (Pr)	Substitueix i representa un nom. Els pronoms poden ser forts (*jo*, *tu*, *ell*, *nosaltres*, etc.), febles (*el*, *la*, *li*, *en*, *hi*, etc.), relatius (*que*, *on*, etc.) o díctics (*això* i *allò*).
Verb (V)	És l'element central de l'oració i selecciona el subjecte, amb el qual concorda, i els complements. Expressa una acció, un procés, un estat... Són verbs: *córrer, trencar, comprar, plorar, dormir, trucar, regalar, tenir, ser,* etc.
Adverbi (Adv)	Complementa un verb, un adjectiu o un altre adverbi. Els adverbis són paraules invariables. Segons el significat es classifiquen en: a) Adverbis de temps: *després*, *ahir*, *sempre*, *avui*, *tard*, etc. b) Adverbis de manera: *bé*, *malament*, *tranquil·lament*, etc. c) Adverbis de lloc: *allà*, *darrere*, *avall*, *davant*, *enfora*, etc. d) Adverbis de quantitat: *poc*, *menys*, *molt*. També hi ha els adverbis de negació (*no*), afirmació (*sí*, *també*) i dubte (*potser*).
Preposició (Prep)	És un mot amb significat gramatical que uneix una paraula amb un sintagma nominal (o una categoria equivalent). És una sèrie de mots tancada i són invariables: *a*, *amb*, *entre*, *per*, *per a*, *en*, *de*, etc.
Conjunció (Conj)	És un nexe amb significat gramatical que enllaça dues oracions o dues unitats de la mateixa classe: *i*, *o*, *que*, *però*, *sinó*, *perquè*, etc.

22. Escriu un determinant i un adjectiu per a cada nom i fes una oració amb cada sintagma resultant:

- parc
- estol
- virus
- poble
- caràcter
- onada
- discurs
- instant
- eina
- refresc
- temperatura
- economia

23. Llegeix el text següent i destria'n els substantius, els determinants, els adjectius, els verbs i els adverbis:

Recordo tantes coses d'aquella època! Els hiverns llargs i fredíssims, més freds que els d'ara, em sembla; les tramuntanades impetuoses, que de vegades duraven vuit dies, després de les quals el país quedava en un estat de fatiga i de pal·lidesa i com de convalescència; les habitacions glacials de la casa amb els mosaics nous que feien el mateix efecte que tenir els peus sobre una barra de gel...

Josep Pla: *El Quadern gris, una tria.*

24. Escriu frases amb aquestes característiques:

- Una oració sense adverbis ni preposicions.
- Una oració amb dos adverbis i una preposició.
- Una oració sense determinants.
- Una oració amb tres tipus diferents de determinants.

25. Destria els pronoms, les preposicions i les conjuncions de cada oració:

- Renta't bé la cara amb aigua i sabó, que hi tens tot de taques de xocolata.
- Per esmorzar us prendreu un iogurt sense lactosa i pa amb tomàquet i pernil.
- Em sembla que ja els trobarem dins el restaurant.
- Pensa a renovar el préstec dels llibres de la biblioteca o els hauràs de tornar.

26. Escriu un text sobre una nevada en què facis servir almenys dos determinants de cada tipus. Després respon aquestes preguntes:

- En quina posició estan, abans o després del nom que especifiquen?
- Pensa algun cas en què un determinant vagi darrere del nom.

27. Digues la categoria gramatical de cada paraula d'aquesta frase i, després, torna-la a escriure canviant cada mot per un altre de diferent però de la mateixa categoria gramatical:

- El Joan treballa molt a casa.

28. Digues la categoria gramatical de cada paraula del text següent:

Tenia trenta-set anys i estava assegut en un Boeing 747. Aquell enorme avió baixava travessant els núvols espessos i es preparava per aterrar a l'aeroport d'Hamburg. La pluja fina de novembre mullava el terra i feia que tot tingués l'aspecte llòbrec d'un paisatge flamenc: el personal de terra amb impermeables, la bandera que coronava l'impersonal edifici de l'aeroport...Vaja, altre cop Alemanya, vaig pensar.

Haruki Murakami: *Tòquio Blues* (adaptació).

29. Digues la categoria gramatical de les paraules subratllades de cada oració i justifica-ho. Segueix el model de l'exemple:

Exemple: Avui he caminat molt. → *avui* i *molt* són adverbis perquè complementen el verb *he caminat*. *Avui* informa sobre el moment en què es fa l'acció indicada pel verb i *molt* informa sobre la quantitat de l'acció indicada pel verb.

- Tinc les claus de casa a la motxilla.
- Per Nadal ens trobem amb tots els oncles i cosins.
- Aquesta pel·lícula és divertidíssima.
- Sempre es menja una presa de xocolata.
- A Cotlliure ens va fer una ventada molt forta.

4. L'oració

Una **oració** és un conjunt de paraules que forma una unitat de sentit i que s'estructura al voltant d'un predicat i un subjecte.

En l'oració *La nena escriu una redacció*, el verb *escriu* és el nucli del predicat.

El predicat

El **predicat** té com a nucli un verb, que és l'element imprescindible de l'oració. Cada verb exigeix uns complements o uns altres, com ara el **complement directe**, el **complement indirecte** o el **complement de règim verbal**.

– *La Maria* *va trencar* *el llapis*.
S V CD

– *El Lluís* *va regalar* *un llibre* *a la Joana*.
S V CD CI

– *Els alumnes* *pensen* *en les vacances*.
S V CRV

El verb també pot tenir uns complements **circumstancials** que indiquen el lloc, el temps o la manera. A diferència dels altres complements, aquests no estan exigits pel verb:

– *La Núria* *va plorar* *desesperadament* / *tota la tarda* / *a l'habitació*.
S V CC manera CC temps CC lloc

FEM-HO AIXÍ

En algun cas podem elidir el verb quan escrivim, sobretot quan és una repetició. Si és així, hem de posar una coma en lloc del verb:

– *Al matí anirem a comprar, i a la tarda, al cinema.*

El subjecte

El **subjecte** sol ser un sintagma nominal que **concorda** en persona i nombre amb el verb del predicat:

– *El guia* *explica la història de la ciutat als turistes*.
subjecte (SN) predicat (SV)

Ara bé, el subjecte sovint està elidit, ja que s'entén pel context:

– *Ø* *Pengen cartells de la Festa Major*.
subjecte (elidit) predicat (SV)

FEM-HO AIXÍ

Hi ha alguns verbs que no tenen mai subjecte:

– Ø *Va ploure tota la tarda.*

Com identifiquem el subjecte

Canvia el nombre del verb: el sintagma que també ha de canviar de nombre perquè l'oració tingui sentit és el subjecte. Per exemple:

– *Ahir els homes* ***van arribar*** *tard* → *Ahir l'home* ***va arribar*** *tard.*

Oracions predicatives i atributives

Les **oracions predicatives** són les que tenen un verb predicatiu (*comprar, córrer, viatjar, escriure, plorar, fer*, etc.) i expressen una acció o un procés del subjecte. Tenen un predicat verbal:

– *L'atleta ha guanyat dues medalles.*

Les **oracions atributives** són les que tenen un verb copulatiu (*ser, estar* o *semblar*) i expressen un estat o alguna característica del subjecte. En aquestes oracions el verb gairebé no té significat i per això ha d'anar acompanyat d'un adjectiu o equivalent, el qual és un predicat nominal i fa la funció d'**atribut**:

– *La neu és freda.*

L'oració *El Joel flexiona les cames per no caure* és predicativa.

Oracions simples i compostes

Les oracions poden ser simples o compostes:

- L'oració **simple** té un sol verb conjugat en forma personal:
  - *En Quim va al concert.* (1 verb)
- L'oració **composta** té com a mínim un verb conjugat en forma personal i un o més verbs en qualsevol forma:
  - *En Quim va al concert que tant esperava.* (2 verbs)

ACTIVITATS

30. Indica quins dels enunciats següents són oracions. En cas que ho siguin, digues quin subjecte i quin predicat tenen:
- El lateral dret de l'equip contrari.
- Estem cansats.
- El millor poeta de tots els temps.
- M'he deixat les claus de casa al pany.
- El llibre exposat a l'aparador sembla interessant.
- El polític no ha volgut fer declaracions.
- Un capvespre de brisa suau.
- Aquest peix és fresc.

31. Indica el subjecte d'aquestes oracions. Si està elidit, torna a escriure l'oració amb un subjecte adient:
- La casa del costat és propietat d'uns estrangers.
- El motor del cotxe fa un soroll molt estrany.
- Cantarem una cançó al final de la representació.
- Vigilava el niu amb molt de zel.
- El gelat de xocolata amb avellanes és el més bo de tots.
- Han suspès totes les activitats d'avui a causa de la tempesta.

32. Reescriu les oracions següents elidint el verb de les que en tinguin i afegint un verb a les que el tinguin elidit:
- El Govern, d'acord amb els partits de l'oposició.
- Aquesta tarda els trens han circulat amb retard.
- L'empresa, en fallida.
- El musical, un èxit de taquilla.
- El millor restaurant del món té una llista d'espera d'un any.

33. Indica quin és el subjecte i quin és el predicat de les oracions següents. A continuació, justifica si són oracions atributives o predicatives:
- El Govern aprovarà els pressupostos tot i l'oposició de la resta de partits.
- L'actriu estava molt emocionada el dia de l'estrena de la pel·lícula.
- Els nens semblen cansats després de l'excursió.
- Farem l'examen el primer dijous del mes de desembre.
- Els atletes han corregut la cursa en condicions extremes.
- El nou director general de l'empresa és el fill del president.

34. Fes una oració atributiva i una de predicativa amb cadascun d'aquests subjectes:
- La festa.
- Els socis de l'entitat.
- El partit del govern.
- Aquesta pel·lícula.
- Les plantes grasses.
- La muntanya russa.

35. Indica si les oracions següents són simples o compostes:
- Plou i fa sol.
- Cada dia de bon matí l'avi fa una passejada de trenta minuts pel bosquet de prop de casa.
- Hi ha sis quilòmetres de retenció a l'AP-7 a l'altura de la Roca del Vallès.
- La retenció de l'AP-7 ha estat provocada per la càrrega d'un camió que ha bolcat.
- Trobo que la pel·lícula era un pèl avorrida.
- La teva càmera fa unes fotos espectaculars.

36. Transforma aquestes oracions simples en compostes afegint-hi els mots que calgui:
- L'avió ha fet un aterratge d'emergència.
- S'ha esborrat el disc dur de l'ordinador.
- Aquest llibre és molt emocionant.
- M'agrada molt la pizza.
- El violinista és vienès.

5. Les vocals *a*/*e* àtones

En català oriental, les vocals **a** i les **e** àtones es pronuncien igual, amb un so que anomenem **vocal neutra**.

Per saber quan escrivim una **a** i quan correspon una **e** cal tenir en compte les indicacions següents:

***a*/*e* a final de mot**	
• Els noms i els adjectius masculins s'escriuen amb **-*e***, mentre que els femenins s'escriuen amb **-*a***.	Masculins: *cotx**e**, garatg**e**, arbr**e**, hom**e**...* **Excepcions:** *el di**a**, el planet**a**, el map**a**...* Femenins: *cos**a**, pilot**a**, noi**a**, car**a**...* **Excepcions:** *la torr**e**, la imatg**e**...*
• Els plurals dels noms masculins i femenins s'escriuen amb **-*es***.	*cotx**es**, cas**es**, hom**es**, noi**es**...*
• Hi ha adjectius que tenen la mateixa forma per al masculí i per al femení.	*home jov**e**, dona jov**e**; dona amabl**e**, home amabl**e**...*
• Hi ha terminacions que acaben sempre en **a** i d'altres que acaben sempre en **e**, sigui quin sigui el gènere: *-arca*, *-ista*, *-ma*, *-cida*, *-ble*, *-aire*.	*mon**arca**, activ**ista**, diplo**ma**, herbi**cida**, responsa**ble**, boleta**ire**...*
• Les formes verbals que acaben en vocal neutra s'escriuen amb **-*a***.	*cant**a**, ball**a**, escolt**a*** **Excepcions:** els infinitius acabats amb *-re* (*aprendre*, *viure*...) i les formes verbals *corr**e***, *obr**e***, *ompl**e*** i *vin**e***.
• Les formes verbals que acaben en vocal neutra seguida d'una consonant o alguna altra vocal s'escriuen amb **e**.	*cant**es**, ball**es**, escolt**es**, cantàv**eu**, ballàv**eu**, escoltàv**eu**...*
***a*/*e* a l'interior de mot**	
• S'escriu una **e** o una **a** d'acord amb un altre mot de la mateixa família en què aquesta vocal sigui tònica.	*fr**e**dolic* → *fr**e**da* (e tònica) *t**a**ulell* → *t**a**ula* (a tònica) *p**e**sar* → *p**e**s* (e tònica) *dem**a**nem* → *dem**a**na* (a tònica) *tafan**e**gem* → *tafan**e**ja* (e tònica)
• Les formes dels verbs *jeure*, *treure*, *néixer* i *fer* s'escriuen amb **a** quan la vocal neutra és àtona. Les altres formes d'aquests verbs es poden escriure amb **e** o **a**, quan aquesta vocal és tònica.	*j**a**uré, tr**a**uré, n**a**ixeran, f**a**ria...* *néixer/nàixer, neixo/nasc...* *jeure/jaure, jec/jac...* *treure/traure, trec/trac...*

El mot *violinista* s'escriu amb *a*, tant si és masculí com femení.

FONÈTICA

Ves a www.tiching.com/732347. Escolta i respon.

FEM-HO AIXÍ

Per recordar aquestes formes verbals pots utilitzar un truc com: *vine, corre, obre l'ampolla i omple el got!*

En la frase "el grup Manel canta la cançó *Aniversari*", el verb *canta* acaba amb *a*.

ACTIVITATS

37. Completa aquest text amb les paraules següents passant-les al singular si cal. N'hi ha una que es repeteix dues vegades:

- pagues
- becàries
- butaques
- competents
- contractes
- tractes

La sotsdirectora era allà, a l'altra ......, al meu costat, les dues érem davant de la taula de Toni però, des que havíem entrat al despatx, era com si ella no hi fos. Ara mateix no recordava de res la dona que, feia uns moments, donava ordres a la ...... empipada, ordres probablement .... Vicky es va aixecar de la ...... –d'un disseny més car que les del seu despatx– i es va retirar dient que ella sí que tenia una bona feinada.

Era el moment de parlar del .... Ens vam posar d'acord sobre les ...... d'aquell any i sobre la validesa del ......, tres anys.

Mercè IBARZ: *A la ciutat en obres.*

38. Llegeix aquest text i classifica les paraules destacades a la columna que correspongui de la graella, després escriu la forma que necessites per completar-la:

Més endavant passarien a experimentar amb els sentits, que semblaven malalts de repetició. Degustarien diversitat de vins i de cerveses, de pans i de peixos, de carns i d'ous. Farien les més diverses audicions, i experimentarien amb les lectures i amb les paraules i amb les frases. Més endavant li demanaria, potser, que tornés a tocar per a ella el contrabaix.

Imma MONSÓ: *Com unes vacances.*

Verbs		Noms	
3a. p. singular	3a p. plural	Femení singular	Femení plural
...	...	...	...

39. Passa les frases següents al plural, tingues en compte tots els canvis que has de fer:

– El goril·la del zoo fa un espectacle diari.

– La sèrie imita la vida en un centre de secundària.

– Aquest jove poeta dedica el poema a una dona persa.

– La festa egípcia commemora la construcció de la piràmide.

40. Completa la graella amb la forma adequada dels verbs:

Infinitiu	Present	Futur	Imperfet	Condicional
...	canten	...	...	...
...	...	jauran	...	...
néixer/ nàixer	...	...	...	...
...	...	...	treia	...
...	...	...	...	farien

41. Completa aquest text amb una *a* o una *e*:

Tot...s les flair...s del mar er...n allà, al nostr... barri, suspes...s en l'aire i sempr... a punt perquè qualsevol bri de v...nt les f...s circular pels petits carr...rs encreu...ts, entr...r per les diminut...s port...s de les cas...s, enfilar-se ...munt per les ...scales humils i fosqu...s fins als nostr...s pisos, on penetrav... i posseï... els object...s, armaris, catifes, ll...nçols. Però per damunt de tot ens posseï... a nosaltr...s.

Lluís LLACH: *Memòria d'uns ulls pintats.*

DICTAT PREPARAT

42. Prepara aquest dictat. Abans de fer-lo, canvia el nombre de les paraules subratllades i explica si les vocals marcades són tòniques o àtones i si hi ha hagut un canvi de vocal:

Però aquestes històries mai no van ser cregudes del tot. Els rumors d'una m**a**sia meravellosa d'on els éssers humans havi**e**n estat foragitats i els animals teni**e**n els seus propis afers continu**a**ven circulant en diferents versions i tot aquell any una onada de rebel·lió recorregué el país.

Els bous que sempre havien estat tractables, de sobte es tornaren salvatges, els xais esbotz**a**ven els tancats i es menj**a**ven l'alfals, les vaques engegaven a rodar la galleda, els cavalls no salt**a**ven les tanqu**e**s i, en parar-se de sobte, llançaven el genet a l'altr**a** band**a**.

George ORWELL: *La revolta dels animals* (adaptació).

6. Els diccionaris

Un **diccionari** és una obra que recull els mots d'una llengua i els seus significats, ordenats alfabèticament.

Els diccionaris s'organitzen en articles, els quals es componen de l'entrada i de diversa informació sobre el mot, com ara la categoria gramatical, les definicions, exemples... Cada mot sol tenir diverses definicions, que s'anomenen *accepcions*.

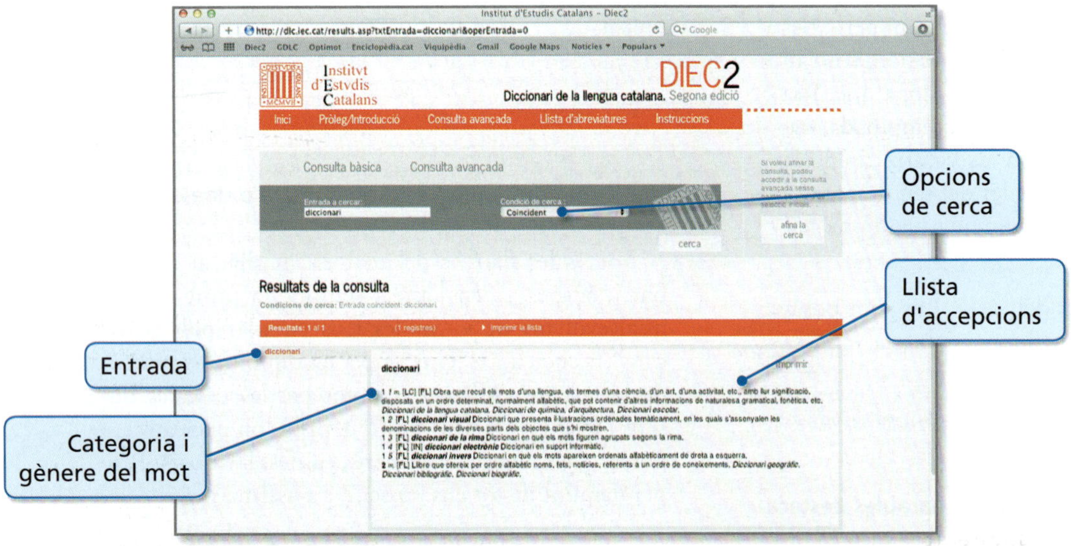

Per saber-ne més

Els diccionaris en línia ofereixen diverses opcions de cerca com ara paraules que comencen o acaben d'una manera concreta, segons la categoria gramatical...

Informació morfològica

Els articles del diccionari aporten informació morfològica, com ara la categoria gramatical, les formes del femení i del plural i les formes irregulars del verb.

Formes del femení i del plural

Les formes del **femení** dels noms i adjectius es representen:

- Al costat de la forma masculina de l'entrada: *metge metgessa.*
- En els noms de parentiu i en els noms d'animals es representen en entrades diferents, com ara una per al mot *avi* i una altra per a *àvia*.
- En els adjectius, s'indica la terminació de la forma femenina precedida d'un guionet: *ample -a*.

Les formes de **plural** només s'indiquen quan el plural no es correspon a la regla general: *cafè* [pl. *cafès*], *nas* [pl. *nassos*], *dilluns* [inv.], *desig* [pl. *-igs* o *-tjos*], *mà* [pl. *mans*], etc. Hi ha alguns casos especials que també apareixen en plural: *mon ma* [pl. *mos mes*], *qualsevol* [pl. *qualssevol*].

Marques valoratives

A l'inici de les accepcions apareixen les marques valoratives, que donen informació sobre el registre d'alguns mots, el canvi de significat o la vigència de determinats usos:

- *ANT.*: emprat antigament
- *EN REC.*: sentit en recessió
- *OBS.*: mot/sentit obsolet
- *POP.*: emprat popularment
- *VULG.*: emprat vulgarment
- *PER EXT.*: sentit per extensió

Per saber-ne més

Les abreviatures que indiquen la categoria gramatical del mot definit són:

- *adj.* → adjectiu
- *adv.* → adverbi
- *art.* → article
- *conj.* → conjunció
- *f.* → nom femení
- *interj.* → interjecció
- *loc.* → locució
- *m.* → nom masculí
- *prep.* → preposició
- *pron.* → pronom
- *v. aux.* → verb auxiliar
- *v. intr.* → verb intransitiu
- *v. tr.* → verb transitiu

Estratègies de cerca

Les consultes al diccionari poden partir d'un mot (*poma, treballar, aleshores*) o d'un conjunt de mots que constitueixen una locució (*in situ, d'amagat, llevat que, a correcuita*).

Les locucions apareixen com a subentrades dins l'article del mot que correspon al seu nucli. Per exemple, la locució *de valent*, la trobarem a l'entrada *valent*. En canvi, quan el mot que fa de nucli només apareix en aquella locució, té una entrada pròpia, com en el cas de *a posteriori*.

En alguns articles hi ha remissions, és a dir, indicacions que relacionen una entrada amb un altre article del diccionari on hi ha la informació que es cerca. Aquest és el cas, per exemple, de mots que es poden escriure de dues maneres, com *arrencar* i *arrancar* o *ametlla* i *ametla*.

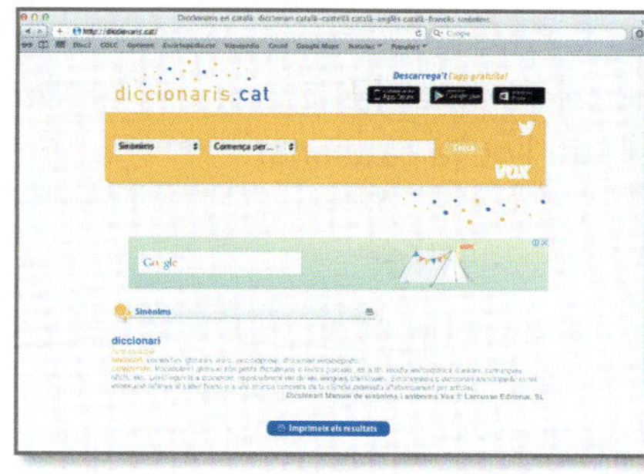

A la xarxa trobaràs el diccionari que necessitis en cada cas.

ACTIVITATS

43. Relaciona cada abreviatura amb el seu significat:

a) *m.* – invariable
b) *art.* – emprat antigament
c) *f.* – substantiu femení
d) *prep.* – infinitiu
e) *ANT.* – substantiu masculí
f) *inf.* – preposició
g) *inv.* – article

44. Completa aquestes oracions amb la informació de les entrades del Diccionari de la llengua catalana que tens a continuació:

a) El gènere de la paraula *celobert* és ...
b) *De gairell* és un exemple de locució ...
c) En l'article del verb *jaure* trobem una ...
d) *Narrar* és un verb ...

- **celobert** *m.* Pati interior d'una casa, obert al cel i generalment més alt que ample, que dona llum i aire a les habitacions immediates.
- **de gairell** *loc. adv.* Obliquament, de costat. Portar el barret de gairell. Caminar de gairell.
- **jaure** *v. intr.* Jeure.
- **narrar** *v. tr.* 1 Contar. Narrar una història. Narrava lluites i combats d'altres temps. 2 Escriure en forma de narració.

45. Consulta el diccionari per saber la categoria d'aquestes paraules: *descobriments, humans, neuronal, excepte, cansada, entrenar, demostraré, bé, habilitats*. Després digues quins canvis has hagut de fer a les paraules per poder trobar-les al diccionari.

46. Escriu la definició d'aquests mots tal com creus que la trobaríem al diccionari. Tingues en compte tota la informació que hi has d'incloure (categoria, gènere, diferents significats, exemples, etc.):

- persiana: ...
- paraigua: ...
- cava: ...
- tassa: ...
- felicitat: ...
- peu: ...
- oli: ...
- edifici: ...
- coet: ...

47. Llegeix les paraules següents i indica tots els significats que penses que tenen. Després, busca-les al diccionari i comprova si te n'has deixat algun. Quina és la paraula que té més significats?

- planta
- sol
- telèfon
- deu
- ulleres
- joc
- viatge
- infern
- ampolla

48. Les paraules quasi sempre tenen més d'un significat. Busca *peu* al *Gran Diccionari de la Llengua Catalana* i digues quina relació hi ha entre les accepcions 1, 5 i 6. Per què creus que estan ordenades així?

49. Et sembla que pot haver-hi paraules que no són als diccionaris? Quina mena de paraules podrien ser? Posa-ho en comú a classe.

7. Els trobadors

L'Edat Mitjana

L'Edat Mitjana abraça des del segle V, amb la caiguda de l'imperi Romà d'Occident, fins al segle XV. En la darrera etapa, a partir del segle XII, es desenvolupen les literatures en llengües romàniques, entre les quals ocupa el seu lloc la catalana.

Cerimònia de vassallatge per la qual el monarca lliura un feu al senyor.

El feudalisme

El feudalisme és el règim social vigent cap a l'any 1000. Es caracteritza per una relació de **vassallatge**: els pagesos cultiven la terra, propietat del noble o **senyor feudal**, que exerceix un poder gairebé total sobre el seu territori.

La societat es divideix en tres estaments: la noblesa militar, l'eclesiàstica i el poble. En aquest règim, el castell i el camp són els espais principals. La literatura incorpora aquesta estructura, i el **noble** o **cavaller** n'és el protagonista.

La Corona d'Aragó

L'any 1162 neix la Corona d'Aragó, formada inicialment pels territoris del regne d'Aragó i els comtats catalans. Al segle XIII, experimenta una gran expansió quan el rei **Jaume I** conquista els regnes de Mallorca (1228) i de València (1238), i el seu fill Pere el Gran hi afegeix Sardenya i Sicília.

L'any 1410 mor sense descendència el rei Martí l'Humà i pel **Compromís de Casp** el succeeix el rei Ferran I d'Antequera, de la dinastia castellana dels Trastàmara. El seu fill, **Alfons el Magnànim**, conquista el regne de Nàpols el 1442 i hi instal·la la cort.

Per saber-ne més

El domini catalanoaragonès arriba fins als ducats d'Atenes i Neopàtria, amb l'expedició de Roger de Flor i els Almogàvers a l'Imperi Bizantí, episodi recollit a les cròniques i a la novel·la *Tirant lo Blanc*.

La llengua catalana

L'Edat Mitjana és l'època de formació del català i les altres **llengües romàniques**, que evolucionen a partir del llatí parlat a cada territori. Al segle IX ja estava formada la llengua catalana oral o **llengua vulgar**, tot i que l'única llengua escrita era el llatí o **llengua culta**.

Entre els primers escrits conservats en català hi ha els *Greuges de Guitard Isarn, senyor de Caboet* (1080-1095) i les *Homilies d'Organyà* (de principis del XIII).

La lírica dels trobadors

La literatura catalana comença amb la poesia dels trobadors. Tota la literatura fins aleshores s'escrivia en llatí, llengua culta de l'època. Al segle XII sorgeix la primera literatura escrita en una llengua vulgar o romànica, l'**occità**, molt propera al català, parlada al sud de l'actual França, des de l'Atlàntic fins a Itàlia.

Escriuen principalment aquesta poesia trobadors occitans, catalans i italians. Per raons de veïnatge cultural i vincle polític, l'occità va ser la llengua dels poetes lírics catalans, que van compartir amb els trobadors occitans un mateix espai cultural fins al segle XIV.

Pel que fa al contingut, la lírica dels trobadors estableix una convenció amorosa en què el poeta es declara **vassall de la dama**; de manera que s'estableix un paral·lelisme amb les relacions de vassallatge que regien la societat feudal. Aquest tòpic es coneix com a **amor cortès**.

Miniatura sobre l'amor cortès.

Gèneres trobadorescos

Els gèneres principals dels trobadors són la cançó, que tracta d'amor, i el sirventès, vehicle d'expressió de l'odi.

A la **cançó**, el trobador declara el seu amor a la dama, l'anomena *midons* i li jura fidelitat (amor cortès). La dama és sempre una senyora casada, de manera que la relació s'ha de guardar en secret: per això, el trobador oculta el nom de la dama rere un pseudònim.

Hi ha altres gèneres amorosos, com la pastorel·la, en què el trobador no canta a una senyora sinó a una pastora a qui coneix fent camí.

El **sirventès** sol recollir l'odi i la venjança, i pot esdevenir un text de propaganda política. De vegades, un trobador desafia un altre trobador, que es veu obligat a respondre amb les mateixes armes: rima, vers i música idèntiques.

Per saber-ne més

A banda de la cançó i el sirventès, el gènere del **plany** descriu el dolor per l'absència d'un personatge, generalment un noble protector del trobador.

Trobadors i joglars

Hi ha dues figures que destaquen en la lírica medieval: el trobador i el joglar.

El **trobador** és l'autor del poema, segueix una norma estricta sobre la rima i la mètrica. Sovint també compon la melodia que acompanya els versos.

Molts trobadors pertanyen a la noblesa (Guilhem de Peitieu, Guillem de Berguedà...), i fins i tot són reis (Alfons el Trobador, Ricard Cor de Lleó). Alguns, però, arriben a trobadors havent estat abans joglars (Cerverí de Girona). En alguns casos, es coneixen detalls de la biografia dels trobadors gràcies a les *Vides*, breus textos biogràfics en prosa.

El **joglar** és l'intèrpret que memoritza el poema i el canta davant d'un auditori. Normalment acompanya el cant tocant instruments com el llaüt, la viola, la lira...

Els trobadors catalans

Entre els principals trobadors catalans hi ha Guerau de Cabrera, Guillem de Berguedà i Cerverí de Girona.

Guerau de Cabrera

A partir de la segona meitat del segle XII els trobadors occitans arriben a les corts catalanes i apareix el primer trobador català, Guerau de Cabrera.

A l'obra *Ensenhamen de joglar* ("Ensenyament de joglar"), Cabrera recrimina al seu joglar Cabra el desconeixement de més d'un centenar d'obres i autors, de manera que elabora un informe sobre la difusió literària de l'època a la Catalunya feudal.

Cabra juglar...
Mal saps viular.
e piets chantar
del cap tro en la fenizon

Cabra, joglar... No saps tocar
la viola i pitjor cantes des del
començament fins al final.

(adaptació)

Escena de joglars interpretant les composicions poètiques amb l'acompanyament d'instruments.

7. Els trobadors

Guillem de Berguedà (1138-1196)

Guillem de Berguedà fou un gran noble, de caràcter violent. És autor de cançons i sobretot de sirventesos adreçats a altres nobles com el vescomte de Cardona, el bisbe d'Urgell, Ponç de Mataplana o el rei Alfons el Trobador en què, segons la seva *Vida*, "disia mals als uns e bens als altres".

Miniatura de Guillem de Berguedà.

Cerverí de Girona (1259-1286)

Cerverí de Girona és l'últim trobador. Natural de Cervera, origen del seu pseudònim, s'inicià com a joglar a la cort dels comtes de Cardona i al casal reial, protegit per Jaume I i pel seu fill, Pere el Gran.

Compon un cançoner de 120 poemes, el més ampli de la lírica trobadoresca i ben representatiu de la varietat i riquesa de gèneres.

Escriu cançons, dedicades a la Dona dels cards (la senyora de Cardona) i a Sobrepretz (pseudònim d'una dama desconeguda). També escriu sirventesos contra els nobles, planys i altres gèneres com ara pastorel·les i balades.

Cerverí se sent molt orgullós de la seva obra i, per això, quan el rei Jaume I li demana diversió, el trobador respon amb atreviment:

–En Cerverí, Ajam solatz!
–Laixats·m estar, Sènyer, que coblats fatz!

–Cerverí, tinguem diversió!
–Deixeu-me estar, Senyor, que faig cobles!

(adaptació)

ACTIVITATS

50. Llegeix la *Vida* de Guillem de Berguedà que tens a continuació i respon les preguntes:

Guillem de Berguedà fou un gentil baró de Catalunya, vescomte del Berguedà i senyor de Madrona i de Puig-reig. Fou bon cavaller i bon guerrer. I tingué guerra amb Ramon Folc de Cardona, que era més ric i més important que ell. I s'esdevingué que un dia es trobà amb Ramon Folc de Cardona i el matà traïdorament; i per la mort d'En Ramon Folc ell fou desposseït. Molt de temps el mantingueren els seus parents i els seus amics, però després tots l'abandonaren per tal com els feu tots cornuts de les mullers i de les filles i de les germanes, que no hi hagué ningú que el mantingués, llevat de N'Arnau de Castellbó, que era un important gentil home d'aquella contrada. Féu bons sirventesos, on deia mal als uns i bé als altres, i es vanava de totes les dames que sofrien amor per ell.

(adaptació)

- Com es descriu el personatge de Guillem de Berguedà?
- Després de la mort de Ramon Folc de Cardona, qui el va acollir?
- Per què tothom acabà abandonant-lo?

51. Llegeix la següent pastorel·la de Cerverí de Girona. Per què la pastora no rep el tractament de *midons* "senyora" sinó que és anomenada *toza* "mossa"?

Entre Caldes e Penedés
pres de Santa Seglina
–lo loch que·l nobles reys cortés
me detz, on pretz s'afina–,
vi una toza amb un pagès,
e dezia·l la nina:
–Sabetz En Cerverí on és?
tant l'ay cercat, mesquina!

Entre Caldes i Penedès, prop de Santa Ceclina, el lloc on el noble rei cortés em donà terres, on valor s'afina, vaig veure una mossa amb un pagès i la noia deia: –Sabeu on és en Cerverí? Tant que l'he buscat, mesquina!

(adaptació)

Representació de l'obra *Fuenteovejuna. Breve tratado sobre las ovejas domésticas*, de la companyia Obskené. FiraTàrrega 2014.

Per començar

Els mitjans de comunicació dediquen molt d'espai a informar-nos sobre els esdeveniments més recents, tant del nostre entorn com d'arreu del món. Si llegim la premsa, si mirem la televisió o si escoltem la ràdio, trobarem la informació essencial sobre aquests fets, és a dir, les notícies.

FiraTàrrega torna a fer el ple

FiraTàrrega tanca els primers quatre anys de Jordi Duran com a director amb bones xifres. Duran s'ha mostrat molt satisfet amb els resultats obtinguts i ha subratllat la necessitat que la fira mantingui un diàleg "profund" amb la ciutat i el territori.

L'ocupació dels espectacles de pagament del programa oficial d'enguany ha pujat respecte a l'any passat, d'11 684 a 12 500, segons la previsió que es va fer pública ahir a la tarda duranc la roda de premsa de balanç. Pel que fa a la venda anticipada d'entrades, les 1 155 del 2013 s'han duplicat fins a 2 679. Segons Oriol Martí, gerent de FiraTàrrega, una de les raons d'aquest fet és que "el públic cada vegada planifica més, fan el paper d'espectador en el sentit literal". La tendència a l'alça també s'ha fet notar al càmping de la fira, un altre indicador de l'afluència de públic. La inauguració de la fira divendres a la nit amb *La ira dels peixos* va ser una de les més vistes dels últims anys, amb 6 000 persones. La funció de dissabte a la matinada de *Marabunta*, l'espectacle de clown i orquestra de Guillem Albà, doncs, es pot veure com una celebració anticipada de l'èxit assolit.

Ara, 15 de setembre de 2014.

A **Després de llegir aquesta notícia, descriu breument què és FiraTàrrega.**

B **Explica què significa l'expressió *fer el ple* que apareix al títol.**

C **Torna a llegir atentament la notícia i classifica la informació en principal i secundària. On es troba la informació més important, a l'inici o al final de la notícia?**

D **Si formessis part de l'equip de redacció del diari, en quina secció inclouries aquesta notícia?**

E **Descriu la imatge que veus de l'espectacle *Fuenteovejuna. Breve tratado sobre las ovejas domésticas*.**

F **Llegeix en veu alta aquesta notícia, tal com ho faria un presentador de notícies de la ràdio. Assaja diverses vegades abans i fixa't en el volum, el ritme i l'entonació.**

La notícia

Ni el cafè ni el te no afavoreixen les malalties cardiovasculars

Els hipertensos que beuen cafè tenen més risc de patir prediabetis

BARCELONA - Gemma MIRALDA

Malgrat la seva mala fama, el cafè –igual com el te– no perjudica el cor. Així ho acredita un estudi presentat ahir a Barcelona, durant la primera jornada del Congrés Europeu de Cardiologia. La investigació, realitzada a França, conclou que ni el consum de cafè ni el de te no estan associats a una taxa de mort més alta per problemes cardiovasculars. L'estudi es basa en el seguiment durant tres anys i mig de 131 401 pacients d'entre 18 i 95 anys.

En l'anàlisi dels individus, els investigadors van veure que els grans consumidors de cafè (més de quatre tasses al dia) presentaven un risc més gran de morir a causa d'una cardiopatia. Tot i això, "aquest risc va desaparèixer quan es 'va ajustar' la variable del tabaquisme. L'augment de la mortalitat no era a causa del consum del cafè sinó a causa de ser fumador", explica la cardiòloga Almudena Castro. Quant al consum de te, els investigadors van descobrir que aquells que prenien aquesta beguda tenien menys factors de risc cardiovascular que la resta d'individus analitzats i a més tenien un 24 % menys de possibilitats de morir per alguna causa no relacionada amb el cor. En tot cas, els experts consideren que aquesta situació més saludable dels bevedors de te pot tenir a veure amb el seu estil de vida. Els consumidors de te porten un estil de vida més sa: practiquen més esport, fumen menys... "Aquesta és probablement la raó per la qual aquestes persones estan més protegides davant el risc de mort", apunta la doctora Castro.

Ara bé, no tot són bones notícies per als consumidors de cafè. Almenys els adults joves hipertensos i, en especial, els que a més pateixen sobrepès o

Durant anys s'havia cregut que el cafè era perjudicial.

obesitat, han de tenir en compte que aquesta beguda augmenta les possibilitats de patir prediabetis, ja que influeix en el metabolisme de la glucosa.

Així ho conclou un estudi italià, presentat també en la reunió anual de la Societat Europea de Cardiologia i en què estan participant 30 000 especialistes. Els investigadors van seguir 1 180 pacients de 18 a 45 anys amb problemes d'hipertensió durant més de sis anys. Gairebé a un de cada quatre se li va diagnosticar prediabetis (nivells de glucosa a la sang més alts del normal). La investigació assenyala que els individus que consumien més de tres tasses de cafè al dia tenien el doble de risc de desenvolupar prediabetis que aquells que no bevien cafè.

BEGUDES ENERGÈTIQUES
El consum en grans quantitats provoca taquicàrdies i pujades de tensió

MORTALITAT
Les cardiopaties causen gairebé la meitat dels morts a Europa

Cal esmentar també les begudes energètiques. Segons un estudi de l'Agència de Seguretat Alimentària de França, aquest tipus de begudes riques en cafeïna i taurina provoquen taquicàrdies, palpitacions i pujades de tensió si s'ingereixen "en grans quantitats". El doctor Eduardo Alegría advoca per "tenir molta precaució amb el consum d'aquest tipus de begudes. Solen ser molt edulcorades i carbòniques, i a més tenen un alt contingut en sodi, per la qual cosa contribueixen a la pujada de la tensió arterial".

El consum d'aquesta mena de begudes està força estès. Segons dades de l'Autoritat Europea de Seguretat Alimentària, el 68 % dels adolescents (10-17 anys) i el 30 % dels adults de 18 a 65 anys a Europa prenen begudes energètiques.

Fins dimecres vinent, els millors especialistes compartiran les seves experiències i recerques sobre les malalties cardiovasculars, que seguen cada any gairebé 4,1 milions de vides al continent –el 47 % del total de morts–. Es tracta de la primera causa de mort en la població femenina d'Europa: ocasiona un 51 % de les morts (davant el 42 % dels homes).

La Vanguardia, 31 d'agost de 2014 (adaptació).

ACTIVITATS

1. Llegeix el text i digues si aquestes afirmacions són veritables o falses:

a) L'estudi francès ha estat possible gràcies al seguiment de pacients que tenien entre 18 i 95 anys. ▢

b) L'estil de vida dels bevedors de te és més saludable, perquè solen fer més esport. ▢

c) El consum de cafè, de te i de begudes energètiques es relaciona directament amb les possibilitats de patir una prediabetis. ▢

d) Les begudes energètiques augmenten la tensió arterial. ▢

e) Les malalties cardiovasculars són la primera causa de mortalitat entre la població femenina europea. ▢

2. Completa els enunciats següents amb les informacions que tens a continuació:

a) Els hipertensos que consumeixen més de tres tasses de cafè al dia...

b) L'estudi italià conclou que els adults joves hipertensos...

c) Els consumidors de te...

d) L'estudi francès conclou que el consum de cafè o te...

e) Les taquicàrdies o les palpitacions...

– ... no té una relació directa amb la mort per problemes cardiovasculars. ▢

– ... consumeixen menys tabac i practiquen més esport. ▢

– ... han d'anar amb compte amb el cafè. ▢

– ... tenen el doble de probabilitats de patir una prediabetis. ▢

– ... les produeix el gran consum de begudes energètiques. ▢

3. Ordena aquestes frases d'acord amb la informació que apareix a la notícia. Hi ha una frase que no es correspon amb el contingut del text:

a) El Congrés Europeu de Cardiologia es durà a terme fins al dimecres. ▢

b) El cafè i el te no perjudiquen la salut. ▢

c) El pròxim Congrés Europeu de Cardiologia serà el mes de novembre. ▢

d) Els hàbits dels consumidors de te són més saludables. ▢

e) L'estudi italià demostra que el tabaquisme té un paper molt important quan parlem de malalties del cor. ▢

f) El consum excessiu de begudes energètiques provoca hipertensió. ▢

4. Fixa't en el titular i en el subtítol de la notícia i respon:

a) El titular és una frase negativa, quina sensació creus que provoca en el lector del diari?

b) Llegeix aquests altres titulars possibles, descriu-ne les diferències i digues quin seria el més adequat i quin el més poc adequat per a aquesta notícia:

– Se celebra a Barcelona el Congrés Europeu de Cardiologia

– Les begudes energètiques, autèntic perill per a la salut

– Cau el mite sobre el cafè i el te

– Nou descobriment en el camp de la cardiologia

– El tabac, factor de risc cardiovascular

c) Ara mira el subtítol. Després de llegir el text, creus que es tracta d'una informació exacta? Proposa un altre subtítol, compara'l amb el que proposi un company i decidiu quin és el més adequat per a aquesta notícia.

1. La notícia

La **notícia** és un text, oral o escrit, que informa objectivament d'esdeveniments d'actualitat que poden despertar l'interès de molta gent.

En un quiosc trobem publicacions molt diverses amb notícies: diaris, revistes, setmanaris...

La notícia recull la informació més rellevant per explicar els fets, que ha de respondre a sis preguntes bàsiques:

Quan — Com — On — Què — Qui — Per què

El periodista ha d'escriure un text simple i clar perquè arribi al màxim de persones. I no ha de fer comentaris personals, sinó explicar els fets com un observador.

La direcció d'un diari o els caps de secció decideixen quines notícies publiquen, quina extensió han de tenir i quin lloc ocupa cada notícia en el diari.

Estructura de la notícia

La informació del text de la notícia s'organitza seguint l'estructura de la **piràmide invertida**, és a dir, les dades s'hi ordenen de més a menys importants. Aquesta estructura ajuda els editors, que, si l'han de retallar perquè no tenen prou espai o temps, poden eliminar-ne el final sense perdre informació rellevant i sense crear problemes de comprensió al lector.

Estructura de la piràmide invertida

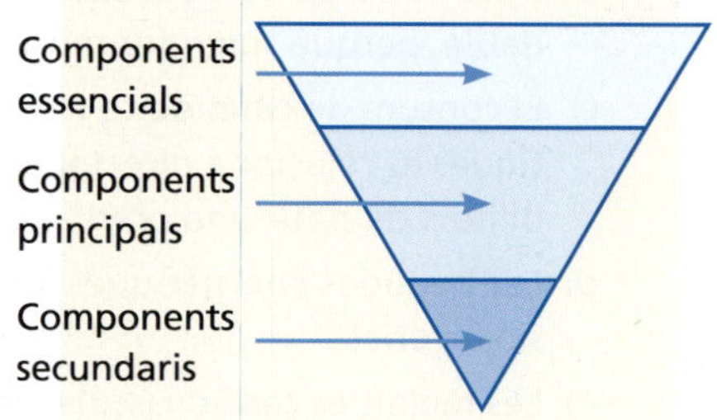

Les tres parts de la notícia

El titular. Anuncia el fet. Ha de ser clar i complet per poder captar l'atenció dels lectors i lectores. El titular pot anar precedit d'un avanttítol o seguit d'un o més subtítols que destaquin alguns dels aspectes més interessants de la notícia.

L'entradeta o *lead*. Amplia la informació que ha donat el titular i resumeix les idees principals de la notícia. Es correspon amb el primer paràgraf de les notícies llargues i sovint apareix destacat en negreta o amb un altre tipus de lletra.

El cos. S'hi desenvolupen les dades presentades a l'entradeta i s'hi incorporen informacions noves per aprofundir-hi. El cos d'una notícia està format per diferents paràgrafs que desenvolupen el contingut. Cada paràgraf ha de donar una informació específica.

Les notícies sempre tenen aquestes tres parts fonamentals, però també solen tenir la signatura del periodista i una foto amb un peu explicatiu o taules i gràfics que ajuden a explicar els fets.

Les notícies digitals

Una de les diferències entre un mitjà en paper i un de digital és la possibilitat d'actualització constant. En els mitjans de la xarxa, les notícies van canviant al llarg del dia per ajustar-se millor a la nova informació disponible. Els diaris en paper solen tenir una versió digital, però també hi ha diaris que només són digitals.

El diari digital Vilaweb és un dels més llegits.

A continuació pots llegir una notícia i veure les parts de què consta:

Titular

Part del testament de Napoleó surt a subhasta

Subtítol

L'emperador va fer redactar una còpia del document perquè passés desapercebut als anglesos i arribés a França

Signatura

Carla Galisteo

Entradeta

La casa de subhastes parisenca Drouot posarà a la venda, el 6 de novembre, dues peces clau del cos testamentari de Napoleó. Es tracta de dos documents que l'emperador va dictar el 16 d'abril de 1821 a un dels seus lloctinents, el comte de Montholon.

Cos

Els documents són el fruit d'una estratègia que l'emperador va idear durant l'exili a l'illa de Santa Helena perquè el seu testament aconseguís escapar dels anglesos i arribar a França després de la seva mort, el 5 de maig de 1821. Per evitar que els guardians confisquessin el seu testament i fer que pogués arribar al seu destí, va fer-ne redactar una còpia al comte de Montholon, així el text, en no ser escrit per l'emperador, va passar inadvertit.

El testament original va quedar en mans dels arxius britànics fins que va ser recuperat per França el 1853, però allà ja havien pogut conèixer-ne el contingut gràcies a la còpia realitzada pel comte. Entre les seves últimes voluntats, volia ser enterrat a la riba del riu Sena, a París, i es va complir, després que Lluís Felip d'Orleans ordenés el seu enterrament a la capella dels Invàlids.

Foto

Peu de foto

Una representació de Napoleó a la batalla d'Austerlitz.

El preu estimat dels documents subhastats és d'entre 80 000 i 120 000 euros. Són els únics que no es conserven als Arxius Nacionals, i fins ara pertanyien a la col·lecció privada de la família Montholon.

<sapiens.cat> 7 d'octubre de 2013.

2. El breu

El **breu** és una notícia curta que només explica l'essencial d'un fet sense fer-ne una anàlisi profunda.

Un breu consisteix en un titular, cos i, en comptades ocasions, una imatge. El més important és que el cos de la notícia ocupa només un paràgraf amb dues o tres frases que inclouen la informació fonamental, sense avanttítols ni subtítols. En la premsa escrita, els breus es dediquen a notícies que es consideren poc rellevants o que no necessiten una anàlisi profunda.

FEM-HO AIXÍ

Els breus poden aparèixer agrupats, formant una columna amb altres textos de la mateixa extensió. Podem trobar breus a gairebé totes les seccions: economia, societat, cultura, esports o televisió.

ACTIVITATS

5. Torna a llegir la notícia sobre Napoleó i subratlla les frases que responen a la pregunta *què*. Després digues en quina part de la notícia es troba i per què. Si fossis l'editor d'aquest diari podries eliminar algun dels paràgrafs?

6. Llegeix aquesta notícia i indica quin d'aquests titulars és el més adequat. Per què l'has triat? Compara la teva decisió amb la dels companys.

a) Evacuats pel foc en una palmera ▢

b) Una burilla encén una palmera en un jardí ▢

c) Desallotgen un bloc d'apartaments ▢

d) Tallen el trànsit a causa d'un incendi a Cadaqués ▢

22/09/13 02:00 - Cadaqués - Òscar Pinilla

Un bloc d'apartaments de Cadaqués va haver de ser desallotjat ahir a causa de l'incendi en una palmera. El foc va començar cap a les tres de la tarda, a l'avinguda Lluís Companys, quan un veí de la zona va alertar, al telèfon d'emergències 112, que estava veient que sortia fum d'una palmera. De seguida es van mobilitzar agents de la policia local de Cadaqués que, en arribar al lloc, van tallar el trànsit i van desallotjar els veïns de l'edifici, ja que la palmera feia cap a 10 metres i les fulles arribaven a les balconades. La ràpida actuació dels Bombers de Cadaqués va poder evitar danys més grans. Un cop extingit l'incendi, els bombers van considerar convenient tallar algunes branques cremades per evitar que caiguessin i poguessin fer mal a algun vianant. Els fets també van provocar que el trànsit fos totalment tallat a la zona.

Tot i que se sospita que l'incendi el va provocar una burilla llençada per un veí, fonts consultades no descarten la possibilitat que, amb la calor, aquest tipus de palmeres es pugin cremar soles i espontàniament.

El Punt Avui, 22 de setembre de 2013. <elpuntavui.cat>

7. Aquesta notícia està desordenada. Per tornar a l'estructura original, relaciona les frases que resumeixen el contingut de cada fragment amb el fragment corresponent.

1) En els discos de runa que envolten algunes estrelles poden haver-hi diamants. ▢

2) Aquests diamants poden arribar a fer la mateixa mida que un tros originari de la Lluna. ▢

3) Els científics poden trobar els diamants gràcies a les línies de llum de les estrelles. ▢

4) Fins al moment s'han descobert tres estrelles que poden contenir pedres precioses. ▢

5) Els científics han utilitzat el telescopi Subaru per esbrinar l'aparició de línies de llum. ▢

6) Pot ser que hi hagi molts diamants que els científics encara no poden veure. ▢

L'univers podria estar ple de diamants

a) De totes maneres, de moment se sap que els diamants es formen a prop de les estrelles i no són d'origen interestel·lar. I que aquelles estrelles que posseeixen al seu voltant diamants han de tenir uns ingredients especials. A més, han de tenir una massa intermèdia que pugui escalfar el disc a una temperatura mitjana.

La necessitat d'aquestes condicions explicaria per què es veuen tan poques estrelles d'aquestes característiques. Segons els experts, és possible que hi hagi tones de diamants que encara l'ésser humà no és capaç d'apreciar amb la tecnologia actual.

b) Encara que en la seva totalitat suposen poc pes per al total del disc de runa, el volum d'aquests diamants pot arribar a ser tan gran com un fragment lunar. No obstant això, poques estrelles amb diamants al seu disc han estat identificades fins al moment. Els experts han revelat que per trobar-los es requereixen unes condicions "molt especials".

c) L'univers podria estar ple de diminuts diamants (del gruix d'un cabell), situats als discos de runa (format per gas i pols) que envolten algunes estrelles, segons han confirmat diversos científics que estudien al telescopi Subaru de Hawaii, als Estats Units.

d) Els científics han utilitzat el telescopi Subaru per interpretar per què només en algunes estrelles apareixen aquestes línies de llum, les quals proven la presència de pedres precioses.

e) La primera vegada que es va evidenciar una troballa com aquesta va ser el 1983, en una estrella jove situada a Taure, denominada Elies 1. Malgrat tots els estudis realitzats fins al moment, tan sols s'han trobat tres estrelles amb les característiques necessàries per a la presència de diamants.

f) La localització de diamants a l'espai es realitza mitjançant la recerca de línies de llum, les quals són visibles al llarg de la longitud d'ona infraroja de les estrelles que els posseeixen.

El Periódico de Catalunya, 24 de maig de 2013.

8. A la notícia ordenada de l'activitat anterior titulada "L'univers podria estar ple de diamants" li falta una entradeta que resumeixi en poques línies la informació més rellevant. Quina d'aquestes seria la millor?

a) Diversos investigadors creuen que als discos de runa d'algunes estrelles hi pot haver pedres precioses originals. ▢

b) L'univers està ple d'estrelles que contenen discos de runa amb diamants. ▢

c) Un estudi confirma la presència de pedres precioses als discos de runa de les estrelles. ▢

d) Gràcies al telescopi Subaru, els científics poden veure tots els discos de runa de l'univers. ▢

9. Mira aquestes fotografies i parla amb el teu company. Què hi pot haver passat?

10. Redacteu una notícia que es correspongui amb una de les fotografies de l'exercici anterior. Fixeu-vos quina informació heu de posar al titular, quina ha de ser a l'entradeta i quina al cos de la notícia.

11. Llegeix aquest breu de la secció d'esports i comprova que respon a les sis preguntes essencials. Compleix la funció de ser una notícia breu, clara i concreta?

Gardner, Doohan i Stoner tornen a sentir-se pilots

Titular

Els pilots australians Wayne Gardner, Michael Doohan i Casey Stoner van tornar a sentir-se pilots ahir. Tots tres van despenjar les seves granotes per fer una volta d'honor al circuit de Phillip Island. Entre els tres sumen vuit Campionats del Món, i han estat nomenats llegendes de MotoGP.

Cos. Tota la informació en un paràgraf

Arabalears, 21 d'octubre de 2013.

12. Intenta reduir al màxim la informació d'aquesta notícia per convertir-la en un breu. Quines parts hauràs de treure?

Mor el dofí que havia quedat encallat a Calafell

El cetaci l'han pogut rescatar, però ha mort hores després per causes naturals

Mor per causes naturals el dofí rescatat aquest dimarts en una platja de Calafell (Baix Penedès), segons ha informat el Departament d'Agricultura, Ramaderia, Pesca, Alimentació i Medi Natural en un comunicat.

L'exemplar el van detectar dilluns a la nit i van aconseguir tornar-lo mar endins, però dimarts va tornar a quedar encallat a la platja, fet pel qual es va activar el dispositiu de rescat que va fer témer el pitjor. Finalment, va morir aquest dimecres.

Els tècnics traslladaran el cetaci a la Universitat Autònoma de Barcelona per practicar-li la necròpsia, que ha de confirmar la causa de la seva mort, i obtenir més dades sobre aquesta espècie protegida. El dofí era un cap d'olla gris jove que havia quedat encallat a la platja de Calafell.

La Xarxa, 21 d'agost de 2013. <laxarxa.com>

3. L'adequació: els registres (II)

La manera d'expressar-nos és diferent segons la situació comunicativa i el context. El principal factor que condiciona el **grau de formalitat** és la relació entre emissor i receptor, però també hi intervé el tema, el propòsit i el canal de comunicació. Segons aquests factors, un text s'adequarà a un registre **formal** o **informal**.

El Parlament de Catalunya aprova les lleis que es publiquen al DOGC. Aquests textos estan redactats en registre formal.

El registre formal

El registre **formal** és el que utilitzem en textos científics, jurídics i administratius, i, en general, quan no hi ha coneixença entre emissor i receptor. Solen ser textos preparats amb antelació, en què el canal de comunicació és l'escrit, excepte en el cas d'un discurs formal que es prepara abans de ser dit i escoltat com, per exemple, un noticiari de ràdio o televisió. Algunes característiques són:

- Llenguatge i termes d'especialitat
- Paraules cultes
- Oracions compostes
- Tractament de vostè o vós

Fixa't en aquest text que hem extret del DOGC (Diari Oficial de la Generalitat de Catalunya):

> L'objecte d'aquesta llei és establir un marc normatiu i competencial per a desenvolupar les polítiques de joventut, tot ordenant els serveis i les activitats que promouen i organitzen les persones físiques i jurídiques, públiques i privades, en l'àmbit de Catalunya.
>
> Llei 33/2010, de l'1 d'octubre

Fórmules que pertanyen al llenguatge d'especialitat

Una oració llarga i composta

El registre informal

El registre **informal** és el que utilitzem en les relacions amb persones pròximes com la família, els amics, els companys de classe... Normalment, apareix en textos orals o escrits espontanis. En aquest tipus de situacions és habitual utilitzar un registre col·loquial amb:

- Oracions curtes
- Exclamacions i interrogacions
- Frases fetes i expressions col·loquials
- Lèxic més general i no especialitzat
- Verbs en 1a i 2a persona

En una conversa amb amics fem servir un registre informal.

Fixa't en aquesta nota i en aquest missatge que hem trobat en una xarxa social:

> Maria, t'he deixat el dinar a la nevera. Quan arribis, escalfa-te'l! Vindré cap a les set. Després, podríem anar al cinema. Fins ara! Pere

Verbs en 1a i 2a persona, informació poc concreta, exclamacions

> Sabeu què? Ahir vaig oblidar el mòbil a l'autobús. Sí, sí... Que fort! Em podríeu passar els vostres números? Prometo que mai més el perdré de vista. L'àvia em va tornar a dir allò de "qui no tingui cap, que tingui cames"... Quin desastre!

Frases fetes, frases inacabades, interrogacions, espontaneïtat

ACTIVITATS

13. Llegeix aquests textos i indica'n el grau de formalitat. Quines característiques t'han ajudat a decidir-te? Compara la teva resposta amb un company.

A

El diagnòstic precís de les malalties de la microbiosfera del planeta requereix millorar la sensibilitat dels nostres criteris i mètodes per a mesurar la diversitat microbiana. Els canvis en la diversitat han de constituir una de les anàlisis-clau per a detectar els símptomes i evolució de la malaltia.

<metode.cat>

B

–Ei, Miquel, com et va?

–Ei, si ets tu, Emili!

–Ostres, ara feia molt de temps que no ens vèiem, oi?

–Doncs sí, des d'aquella vegada que quasi no entrem al cinema, te'n recordes?

–I tant que me'n recordo, quina cara el tio de la porta! Tots allà jurant-li que havíem perdut les entrades i no ens fotia ni cas.

–Hi havia aquella tia que anava amb tu, com es deia? Antònia, Mireia, Rut?

–És veritat! Després de tot aquell merder que vam fotre no la vaig tornar a veure mai més. Crec que es va pensar que ens en fotíem d'ella.

C

–El teu aspecte és suficient. Deu fer estona que no et veus en un mirall. A més a més, la ciutat mai no s'ha preocupat tant per nosaltres fins al punt de molestar-se a organitzar una operació tan complicada per enganxar-nos. Uns quants tocats de l'ala amb el cap ple de versos no els poden fer res, ells ho saben i nosaltres ho sabem; tothom ho sap. Mentre la majoria de la població no es dediqui a recitar la Carta Magna o la Constitució, no hi ha problema.

Ray BRADBURY: *Fahrenheit* 451.

D

Es troba en vessants generalment exposats al sud, a l'est o, més rarament, a l'oest d'algunes muntanyes pirinenques, amb afloraments rocosos, tarteres i pedregams. Molt freqüentment en àrees glacials, entre els 2 200 i els 2 940 m. Es troba sempre en àrees alpines, per sobre del límit del bosc i sobre pissarres quarsítiques i fil·lites cambroordovicianes.

<gencat.cat>

E

–Quants eren?

–Tres, em penso que anaven amb passamuntanyes, però ja li he dit que no s'hi veia gens. Després els he perdut de vista, perquè la casa em quedava entremig i no veia què feien. Aleshores he anat cap a la banda de darrere, i quan he arribat a la cantonada he tret el cap per mirar. Estaven fent alguna cosa davant de la porta d'entrada. Aleshores he tret la pistola, he fet un salt i els he cridat "Alto, policia!".

Andrea CAMILLERI: *El somriure de l'Angelica.*

14. Omple la graella amb les característiques de cadascun dels textos de l'exercici anterior:

	A	B	C	D	E
Tema	...	...	...	...	...
Canal	...	...	...	...	...
Propòsit	...	...	...	...	...

15. Enregistra una conversa amb la família o els amics, després de demanar-los permís. Escolta la gravació i transcriu un minut de conversa. Quins trets de la llengua oral informal hi has trobat?

16. Subratlla el lèxic específic d'aquesta notícia. Imagina't que ets un periodista d'una revista juvenil i que aquesta notícia ha d'aparèixer en una secció de notícies amb un toc d'humor, com la redactaries? Hauràs de fer servir un lèxic més general i frases més curtes.

El mal son provoca pèrdua de memòria

La mala qualitat del son en la fase profunda està estretament relacionada amb la pèrdua de memòria sobretot en persones adultes, segons conclou un estudi elaborat per neurocientífics de la Universitat de Berkeley: "Quan som joves, tenim el son profund, que ajuda el cervell a emmagatzemar dades i informació, però a mesura que envellim, la qualitat del nostre son es deteriora".

El període d'ona lenta o son profund és molt important en el transport dels records de l'hipocamp a l'escorça prefrontal. Aquesta fase d'ona lenta es genera al lòbul frontal del cervell; el deteriorament de la zona frontal del cervell en les persones grans està estretament relacionat amb la seva incapacitat d'entrar en el son profund.

El Punt Avui, 29 de gener de 2013.

La notícia audiovisual

Les notícies audiovisuals tenen dues característiques específiques respecte a les de la premsa escrita: la **immediatesa**, ja que permeten conèixer la informació en directe, i la **comprensibilitat**, perquè han d'arribar a un públic més ampli i s'han de fer entendre.

Comprensió audiovisual

Ves a www.tiching.com/732348 mira aquesta notícia i respon a les preguntes.

Estructura

En la ràdio i la televisió, una notícia s'estructura en tres parts: entrada, cos i tancament. És una estructura similar a la dels mitjans escrits, però amb diferències, ja que el titular i l'entradeta es fonen en una sola part, l'**entrada**, on s'expliquen les idees més rellevants dels fets. Tot seguit, el **cos** aprofundeix en la qüestió desenvolupant la informació amb ajuda d'imatges, so, vídeo i, fins i tot, declaracions de testimonis o dels protagonistes. En el **tancament** es poden repetir les dades bàsiques o bé anunciar un aspecte nou.

En la televisió, el presentador sovint llegeix el guió gràcies al teleapuntador.

La redacció i l'estil

En la televisió i la ràdio hi ha l'objectiu que la redacció dels continguts de les notícies sigui al màxim de clara:

- ✓ Oracions curtes.
- ✓ Oracions amb l'ordre gramatical lògic (subjecte + verb + predicat).
- ✓ S'eviten els tecnicismes.
- ✓ S'arrodoneixen les xifres.
- ✓ Comparacions per facilitar-ne la comprensió.

Els programes informatius

Les notícies formen part dels programes informatius, que poden ser de molts tipus: el noticiari, el flaix informatiu, el butlletí horari, l'avanç informatiu i els canals de notícies de 24 hores. Els programes informatius poden tenir una durada d'entre 2 i 45 minuts.

Per saber-ne més

El **flaix informatiu** interromp la programació per anunciar un tema de molta importància.

Estratègia oral

La veu (I): el volum

La veu és l'instrument més important del periodista, de l'orador, del docent, etc. En una exposició o en una conferència cal parlar amb prou volum perquè la veu se senti fins al fons de la sala. A més, és important que la veu surti amb força per contribuir a transmetre convicció: algú que parli molt baix ho té més difícil per convèncer.

Dins d'aquest volum adequat, de tant en tant podem apujar-lo o abaixar-lo una mica per fer més variat el discurs, per destacar una frase o per remarcar una paraula clau important.

En qualsevol cas, és important que parlem sense cridar, perquè es perd força i la gola se'n pot ressentir.

Si parlem amb micròfon el volum ha de ser menor.

@ Amplia a la xarxa...

Ves a www.tiching.com/732349 i fixa't en el volum de la veu de l'orador.

Expressió oral

Feu una notícia amb connexió en directe

▸ Agrupeu-vos en parelles. Un dels membres de la parella s'encarregarà de la presentació d'una notícia des del plató i l'altre cobrirà la notícia des del lloc dels fets. El primer haurà de presentar la notícia i donar pas a la connexió en directe de l'altre periodista. Escolliu un titular:

- √ Restriccions d'aigua en 15 pobles per contaminació
- √ Inaugurades dues carreteres el mateix dia
- √ Un incendi fa desallotjar dos blocs d'habitatges
- √ Èxit del macroconcert a l'estadi

Pauta per fer la notícia audiovisual

Fase de planificació

a) Decidiu el context en què s'ofereix la notícia, si és un informatiu de matí, migdia o vespre.

b) Decidiu si es tracta d'una notícia nova o és el seguiment d'una que l'espectador ja coneix.

Fase de producció

a) Redacteu la notícia parant especial atenció a les tres parts fonamentals: entrada, cos i tancament.

b) Penseu de considerar les preguntes bàsiques *què*, *qui*, *on*, *quan*, *com* i *per què*, i distribuïu-les segons la importància.

c) Trieu les imatges i la música que acompanyaran la notícia.

d) Assageu individualment i amb la parella diverses vegades fins que estigueu a punt per enregistrar un vídeo de la notícia o presentar-la a classe davant dels companys.

Pauta d'avaluació de l'expressió oral	
• S'ha redactat la notícia amb l'estructura "entrada, cos i tancament"?	☐
• S'han tingut en compte les preguntes bàsiques?	☐
• Les intervencions dels dos presentadors han estat ben coordinades i s'han fet amb realisme?	☐
• S'ha fet la locució de la notícia amb el volum adequat?	☐

Fem-ho així

El presentador ha de dir el nom i els cognoms del company. Al final de la connexió, l'enviat especial els tornarà a repetir, juntament amb el nom del lloc on es troba.

Aplica l'estratègia

Parla amb el volum adequat i que afavoreixi la convicció.

El presentador pot aprofitar el comiat per anunciar quan s'oferiran les possibles actualitzacions.

Repte oral

Què dius que ha passat?

▸ Organitzeu-vos en grups de tres (A, B i C). A i B llegiu individualment la mateixa notícia. A continuació l'expliqueu per separat a C, que no l'ha llegit. Teniu un minut per explicar la notícia de la manera més completa possible. C anirà prenent nota i compararà les dues explicacions rebudes amb la notícia escrita i determinarà quina era més completa.

Fem-ho així

Mentre A i B expliquen la notícia, C no fa preguntes. Es tracta d'adquirir l'habilitat de ser complet en les explicacions. I per a C, es tracta d'aprendre a escoltar bé.

4. El subjecte

Definició i tipus

El **subjecte** (S) és l'element de l'oració que concorda en persona i nombre amb el verb, i del qual s'explica alguna acció, algun procés o alguna característica.

El subjecte de l'oració pot aparèixer explícit o elidit. Quan apareix explícit sol anar al començament de l'oració:

– *Els forats negres són concentracions de matèria d'altíssima densitat.*
S

Ara bé, hi ha alguns verbs que solen portar el subjecte al darrere com ara *venir, trucar, sortir, créixer, florir, faltar, morir*, etc.:

– *Venen els nostres parents de Perpinyà.*
S

El subjecte sol ser un sintagma nominal, però també pot fer de subjecte un pronom tònic, una oració subordinada o un infinitiu:

Què pot fer de subjecte?

a) Un **sintagma nominal**:

– *Els pagesos* (S (SN)) *protesten pel baix preu de la fruita.* (predicat)

b) Un **pronom tònic** o un **pronom indefinit**:

– *Ells* (S (Pr)) *marxaran de vacances demà.* (predicat)

c) Una **oració subordinada**:

– *M'agrada* (predicat) *que em felicitin per l'aniversari.* (S (oració subordinada))

d) Un **infinitiu**:

– *Nedar* (S (infinitiu)) *va bé per al mal d'esquena.* (predicat)

FEM-HO AIXÍ

Podem reconèixer el subjecte perquè concorda en persona i nombre amb el verb del predicat:

– *El noi llegeix sota un arbre.*

– *Els nois llegeixen sota un arbre.*

En l'oració "Nedar va bé per al mal d'esquena" el subjecte és l'infinitiu *nedar*.

Oracions sense subjecte: les oracions impersonals

Hi ha oracions que no poden tenir subjecte i s'anomenen impersonals. Aquestes oracions tenen uns verbs molt concrets que expressen **fenòmens naturals**, com ara *ploure, tronar, pedregar, nevar*, etc., el verb ***haver-hi***, que indica situació o existència, i els verbs ***fer*** i ***ser*** en alguns casos:

– *Ahir va llampegar.* → *Ø* (subjecte) *Ahir va llampegar.* (predicat)

– *Hi haurà molts convidats.* → *Ø* (subjecte) *Hi haurà molts convidats.* (predicat)

– *Feia molt de vent.* → *Ø* (subjecte) *Feia molt de vent.* (predicat)

– *És tard.* → *Ø* (subjecte) *És tard.* (predicat)

FEM-HO AIXÍ

En registres formals, el verb *haver-hi* no concorda amb el sintagma que té al darrere, perquè no és el seu subjecte:

– *Hi ha molts cirerers en aquest camp.*

Els pronoms de subjecte

Els pronoms forts que fan la funció de subjecte són *jo, tu, ell, ella, nosaltres, vosaltres, ells, elles*:

- *Jo tinc un germà violinista.*
- *Tu mai no et menges el rovell dels ous ferrats.*
- *Ell/Ella s'entreté amb qualsevol llibre.*
- *Nosaltres no vindrem al sopar.*
- *Vosaltres ja coneixíeu l'obra de l'arquitecte Domènech i Montaner.*
- *Ells/Elles ens han escrit una postal des d'Estocolm.*

En aquells verbs que solen portar el subjecte darrere del verb, es pot substituir el subjecte pel pronom feble *en*, quan es vol donar un valor numeral o indefinit al subjecte:

- *Has vist si han arribat les cartes? Sí, n'han arribat dues.*
- *Creixen moltes ortigues a les vores del camí? Sí, en creixen moltes.*
- *Surten trens que vagin a Girona? En surten cada dia.*

Com veieu en els exemples, el numeral o quantitatiu que acompanya el subjecte no se substitueix:

- *Venen tres taxis buits.* → *En venen tres.*

Per saber-ne més

Hi ha també el pronom fort *vós*, que podem fer servir quan ens adrecem a algú a qui manifestem respecte:

- *Senyor Albert, vós recordeu com era el barri fa seixanta anys?*

És important no oblidar el pronom feble en frases com: "En venen tres, de taxis".

ACTIVITATS

17. Copia les oracions i marca-hi el subjecte. Digues si es tracta d'un sintagma nominal, un pronom, un infinitiu o una oració:

- L'aiguat ha provocat inundacions en baixos.
- Li agrada que faci fred.
- Vosaltres teniu les claus de casa?
- Nedar activa la circulació sanguínia.
- Tothom va aplaudir l'actuació.
- Els autors de les novel·les negres signaran exemplars aquesta tarda.

18. Indica si les oracions següents tenen subjecte explícit o elidit. Copia el subjecte de les oracions que en tinguin:

- El motor del cotxe s'ha espatllat.
- S'ha perdut durant dues hores pel bosc.
- Han forçat el pany i s'han endut els diners de la caixa.
- L'àrbitre ha expulsat el jugador de l'equip local.
- Farem classes d'anglès en una acadèmia.
- La boira es va estendre per tota la vall.
- Falten tres dies per començar les vacances.
- M'he comprat unes botes per a l'excursió.

19. Copia les oracions, subratlla'n el subjecte i indica si va davant o darrere el verb:

- Li molesta molt el fum de les pipes.
- Aquestes llibreries aguanten molt de pes.
- Ahir et va arribar un paquet certificat.
- El fil musical emet una música un pèl avorrida.
- Ha trucat un comercial d'unes assegurances de la llar.
- Els elefants són els protagonistes d'aquest zoo.

20. Indica quin és el subjecte de les oracions que el tenen elidit:

- El grup presentarà les noves cançons aquesta nit: tenen molta influència de la música folk.
- Hem fet moltes fotografies durant el viatge: seran un record de tot el que hem vist.
- He sentit les prediccions del meteoròleg: ha anunciat pluja i vent per a tot el cap de setmana.
- L'empresa ha contractat una desena de treballadors: començaran la setmana vinent.
- Sovint tinc mal de cap: és més intens com més calor fa.
- M'he de comprar un mòbil nou: se m'acaba d'espatllar.

21. Totes aquestes oracions tenen un error de concordança entre el subjecte i el verb del predicat. Reescriu-les amb aquest error esmenat:

- Les eines de jardineria s'ha rovellat.
- Ahir van sortir un tren de mercaderies carregat de préssecs.
- Les tires de la baieta s'ha enganxat amb el moble.
- S'ha gastat les piles de la ràdio.
- Els ratpenats de la zona s'alimenta de mosquits.
- Els fulls del llibre s'ha tacat de cafè.

22. Indica si les oracions següents són impersonals. Si no ho són, copia-les i subratlla'n el subjecte:

- Demà farà sol tot el dia.
- El sol sortirà a mig quart de set del matí.
- És més aviat que ahir.
- A la festa hi havia una gentada de por.
- La festa va ser tot un èxit.
- Les pel·lícules romàntiques em fan molta mandra.

23. Indica si les oracions següents són impersonals o tenen el subjecte elidit. En cas de subjecte elidit, digues quin subjecte podria ser:

- Hi ha molta gent esperant el bus.
- Esperen el bus.
- Fa calor.
- Avui és dimecres.
- Arriba d'hora.
- A l'hivern neva molt a muntanya.

24. Transforma aquestes oracions en oracions impersonals que tinguin el mateix sentit:

- L'ambient d'avui és molt humit.
- A la biblioteca trobaràs revistes científiques.
- A la natura hi viu tota mena de bestiar.
- Queia aigua a bots i barrals.
- Als monestirs de l'Edat Mitjana s'hi estaven monjos que copiaven textos en manuscrits.

25. Escriu un pronom de subjecte per a aquests predicats:

- ... ens preparem entrepans.
- ... investiguen l'origen del manuscrit.
- ... viu en una casa a la muntanya.
- ... sembles enfadada.
- ... no he entès l'obra.

26. Substitueix els subjectes subratllats pel pronom corresponent:

- La Teresa i l'Anna són bessones.
- Els meus germans i jo hem format un grup de rock.
- Tu, en Pol i jo quedarem un dia per fer el treball.
- Aquest pallasso actua en els hospitals de nens.
- La pagesa de plaça ven unes carabasses fàcils de buidar.
- Els treballadors de la companyia de telèfons de Tarragona van fer vaga tot el dia.
- La Laia, en Gerard i la Mercè han muntat un robot amb peces de Lego.

27. Reescriu les frases substituint el subjecte subratllat pel pronom corresponent:

- Ja han sortit dos camions del magatzem.
- Han crescut quatre romegueres al jardí.
- Aquest estiu vindran molts turistes.
- Han aparegut dos casos de xarampió al centre.
- Van arribar centenars de meduses a la platja.
- Demà sortiran tres caixes cap als comerços.

28. Respon les preguntes de manera que en les respostes el subjecte subratllat aparegui substituït pel pronom corresponent:

- Quants convidats vindran?
- Surten vaixells cap a les illes?
- Quants músics han sortit a l'escenari?
- Quants cotxes han arribat?
- Al Congrés d'arqueologia, venen especialistes en la matèria?
- Creixen flors al camp?
- Falten ingredients per fer el pastís?

Ortografia

5. Les vocals *o*/*u* àtones

Les vocals ***o*** i ***u*** es pronuncien diferent segons el lloc d'origen del parlant. En català oriental, la ***o*** i la **u** es pronuncien ***u*** quan es troben en posició àtona. Per això, poden provocar dubtes a l'hora d'escriure-les. En aquesta taula trobaràs algunes indicacions per escriure correctament la ***o*** i la ***u*** àtones:

FONÈTICA

Ves a www.tiching.com/732350. Escolta i respon.

***o/u* a final de mot**	**Exemples i excepcions**
• El noms i els adjectius masculins s'escriuen amb ***o***.	*carr**o**, ferr**o**, pins**o**.* **Excepció:** alguns mots acaben amb ***u***: *corre**u**, lice**u**, trofe**u**, caca**u**, muse**u**, rit**u**...*
• Els plurals d'alguns noms i adjectius masculins s'escriuen amb ***-os***.	*pisos, gossos, ferros...* **Excepció:** mots que acaben amb ***u*** i fan el plural amb -s: *corre**u**s, lice**u**s, trofe**u**s*, ...
• Els mots que s'escriuen amb ***-us*** tenen la mateixa forma per al singular i el plural perquè són invariables.	*glob**us**, vir**us**, fet**us***
• La 1a persona del present d'indicatiu de tots els verbs de la 1a i la 3a conjugació, i d'alguns de la 2a, acaben amb ***o***.	*compr**o*** (1a), *perd**o*** (2a), *llegeix**o*** (3a)
***o/u* a l'interior de mot**	**Exemples i excepcions**
• Com a regla general, una paraula s'escriu amb ***o*** o amb ***u***, segons les paraules de la seva mateixa família en què aquesta vocal és tònica.	*p**o**ntet* → *p**o**nt* (o tònica) *o**brir*** → ***o**bre* (u tònica) *p**u**ntet* → *p**u**nt* (u tònica) *s**u**car* → *s**u**ca* (u tònica)
• Els mots pseudoderivats del llatí s'escriuen amb ***u*** malgrat que altres mots de la mateixa família ho facin amb ***o***.	*b**u**cal, cons**u**lar, j**u**venil, tit**u**lar, c**u**rvatura, m**u**cosa, h**u**manitat...*
• En els verbs *collir, cosir, escopir, sortir, tossir*, i compostos, l'arrel s'escriu amb ***u*** quan és tònica i amb ***o*** quan és àtona.	*collir: c**o**llíem, c**o**lliria* → *c**u**llo, c**u**llin* *sortir: s**o**rtiré, s**o**rtíem* → *s**u**rti, s**u**rt*
• Els verbs *poder* i *voler* s'escriuen amb ***o*** en les formes àtones i ***u*** en les tòniques.	*p**o**dré, p**o**dria; p**u**c, p**u**gui.* **Excepció:** al present de subjuntiu i a l'imperatiu, la 1a i la 2a persona del plural s'escriu amb ***u*** en posició àtona: *p**u**guem, p**u**gueu; v**u**lguem, v**u**lgueu.*

ACTIVITATS

29. Indica les paraules en plural d'aquesta llista. Completa la graella amb la forma del singular i del plural i digues quines són les paraules invariables:

- fetus
- globus
- estius
- tipus
- liceus
- eucaliptus
- tribus
- ficus
- cacaus
- trofeus
- cactus
- ritus

Singular	Plural	Invariables
...	...	...

Recorda que hi ha alguns mots que acaben amb *u*, com *liceu*.

30. Classifica aquestes paraules segons si són singular o plural i completa la graella amb les formes que falten:

- mateixos
- pocs
- autors
- text
- moment
- reconeixement

Masculí		Femení	
singular	plural	singular	plural
...	...	...	...

31. Completa les paraules de la llista i classifica-les segons si s'escriuen amb *u* o amb *o*:

- còns...l
- pènd...l
- p...nxeguda
- tr...nada
- bla...
- tip...s
- c...brir
- m...ndial
- c...rba

S'escriuen amb *u*	S'escriuen amb *o*
...	...

32. Fes el plural d'aquests sintagmes:

- Text eficaç ...
- Desig complex ...
- Escabetx gustós ...
- Tros costós ...
- Gaspatxo espès ...
- Monjo boig ...

33. Completa les frases següents amb la forma adequada del verb entre parèntesis:

- Si ... (poder), la Marta faria pastissos tots els dies.
- Fa dies que en Jordi, als matins, ... (tossir).
- A la botiga diuen que demà ... (cosir) els botons de la camisa.
- Si en Joan i la Maria ... (voler) arribar d'hora, haurien de venir abans.
- Els han contractat perquè ... (collir) les avellanes molt de pressa.

34. Escriu *o* o *u* en els buits del text següent segons convingui:

Els pares del noi li han demanat que, després de s...par, els passi alguna pel·lícula antiga. L'oncle els atén, afalagat. El primer rotll... els s...rprèn amb un dia a la platja, molts anys enrere, quan ni el nen ni la nena D...lors encara no havien nascut. La Teresa ri... del vestit de bany que p...rtava i l'oncle del peix assenyala amb l'ombra d'un dit la panxa incipient del pare. Després hi ha diverses preses de la carpa mentre menja i be... del raj...lí que ca... d'un p...rr...net, no gaire diferents de les que passava en blanc i negre el Nodo i que han filmat en c...lor m...nions de cadenes de televisió estrangeres. El tercer rotll..., torna a ser familiar. S...rten tots quinze anys més j...ves, en una taula ...val molt ben parada mentre el nen, que aquell dia feia onze anys, llegeix una redacció.

Màrius SERRA: *Mon oncle.*

DICTAT PREPARAT

35. Abans de fer el dictat llegeix la notícia i col·loca les paraules següents on correspongui. Fixa't si s'escriuen amb *o* o *u*:

- decoraven
- consolidació
- col·lecció
- tipus
- atractius
- arqueològic

Es restauren els mosaics de la ciutat romana d'Empúries

Es troben en el seu emplaçament original i a l'aire lliure bona part de l'any

Des del mes d'agost i durant tot el mes de setembre, un equip de tres persones està treballant en la restauració d'alguns dels mosaics del jaciment ... d'Empúries. Les ciutats grega i romana d'Empúries tenen una bona ... de mosaics de diferents .... La majoria dels descoberts fins ara es concentren a les grans *domus* romanes i esdevenen un dels ... més interessants per als visitants.

Els mosaics que s'estan restaurant són dos dels paviments més grans que ... les estances principals de la *domus* 1 de la ciutat romana. Tot i haver estat restaurats anteriorment, els mosaics es troben en el seu emplaçament original, a l'aire lliure bona part de l'any, i requereixen un treball periòdic de ... i conservació.

Descobrir Catalunya, 19 de setembre de 2013 (adaptació). <descobrir.cat>

6. La sinonímia

Com ja saps, dues paraules o expressions són sinònimes quan tenen el mateix significat. Però per determinar si podem usar l'una en lloc de l'altra hem de veure'n el context.

Els mots *concert* i *actuació* poden ser sinònims en molts contextos.

Sinonímia parcial

Els sinònims parcials són aquelles paraules que només es poden intercanviar en determinades ocasions. Per exemple, en el cas dels verbs *aprovar* i *passar*, seran sinònims si ens referim a un curs o una assignatura:

– *En Carles ha aprovat / ha passat l'examen de química.*

Però els mateixos verbs no es poden intercanviar en la frase següent, on el sinònim adequat és *circular*:

– *Per aquest carrer passen / circulen cada dia dos mil cotxes.*

La majoria de sinònims són parcials i el parlant demostra el domini del lèxic quan sap utilitzar-los en el context correcte. De sinònims parcials n'hi ha multitud d'exemples: *comentar/dir, entrar/introduir, presoner/reclús...*

Sinonímia absoluta

Els sinònims absoluts són els mots que apareixen en els mateixos contextos, però són usats en varietats geogràfiques o en registres diferents:

– *Venen pastanagues, tomàquets i pebrots* (català central) / *pastanagons, tomàtigues i pebres* (balear).

– *Tancat per la mort* (informal) / *pel traspàs de la propietària* (formal).

Altres exemples de sinònims geogràfics són *pagès/llaurador, mandra/peresa, sorra/arena, escombra/granera.*

ACTIVITATS

36. Escriu dues frases per a cada parella de mots, una en què siguin intercanviables i una altra en què no:

- estirar/estendre
- jugar/apostar
- parada/pausa
- incorrecte/descortès
- créixer/augmentar
- llibre/volum
- examinar/observar
- plegar/acabar
- seguretat/certesa
- tallar/interrompre
- viva/espavilada
- maleta/bossa

37. Completa aquestes frases amb la forma adequada de les paraules que tens entre parèntesis:

- Els de 3r B .... (lliurar/alliberar) els treballs d'aquest trimestre demà.
- Fa mitja hora que fem .... (cola/cua) a la porta de l'estadi per entrar al concert.
- M'ha donat la seva .... (direcció/adreça) electrònica, però jo volia el seu mòbil.
- Els exploradors es van .... (assentar/asseure) en aquell territori i van acabar fundant una ciutat.
- La Marta sempre .... (renyar/renyir) en Pere quan no vol fer els deures.

38. Relaciona les paraules de la columna esquerra amb el sinònim geogràfic corresponent de la columna de la dreta:

a) mitjons	– mirall
b) granera	– fems
c) moix	– escombra
d) espill	– llaurador
e) pagès	– vermella
f) roja	– cussa
g) gossa	– gat
h) escombraries	– calcetins

7. Ramon Llull

Un autor en moments de canvis

Ramon Llull és el primer gran autor en llengua catalana. La seva obra és d'una importància cabdal en la **creació de la prosa en català**.

A més, és el primer autor europeu que utilitza una llengua vulgar com a vehicle d'expressió de continguts filosòfics, teològics, científics o místics, que fins aleshores només s'havien transmès en llatí.

Ramon Llull viu en un moment de transició en què conviuen les idees del **feudalisme** amb la **força transformadora de les ciutats**, on prospera el comerç que afavoreix el tracte entre gent de llengües, cultures i religions diferents.

L'obra de Ramon Llull és molt extensa, amb més de dos-cents seixanta títols escrits en tres llengües (català, llatí i àrab) i abraça tots els gèneres: poesia, prosa didàctica, novel·la i prosa mística.

Per saber-ne més

Ramon Llull volia arribar a tots els àmbits de la Mediterrània i per això va escriure en tres llengües: la pròpia, el català, la llengua cristiana de cultura, el llatí, i la llengua dels musulmans, l'àrab.

Portades de l'*Arbre de la ciència* (1515) i el *Llibre d'Evast e Blanquerna* (1521). Miniatura que representa Llull dialogant amb un deixeble.

La vida de Llull

Ramon Llull neix a Palma vers el 1232, fill de pares barcelonins que s'establiren a l'illa després de la conquesta de Jaume I (1229). La seva posició benestant li dona accés a la cort reial, on entra en contacte amb la cultura del moment i el conreu de la poesia trobadoresca.

Cap als trenta anys, una nit que escrivia "una vana cançó", va tenir una visió de Crist a la creu, episodi reiterat en cinc ocasions. L'experiència li va capgirar la vida, fins al punt que decidí abandonar la cort i la vida familiar per dedicar-se a la pregària i dur una vida d'ermità.

Des d'aquest moment, la seva vida va prendre una nova direcció concentrada en tres objectius:

- Convertir els infidels a la **fe cristiana**.
- Fundar monestirs per ensenyar **llengües orientals** als missioners de manera que puguin parlar amb els no-cristians i intentar convertir-los.
- Redactar obres per **refutar els errors** d'aquells que no professaven el cristianisme.

El nombre d'expedicions missionals, alternades amb la publicació de l'obra, va ser incessant. Viatjà diverses vegades a Montpeller, París, Pisa, Mallorca, Gènova, Nàpols... per entrevistar-se amb papes i reis per tal que afavorissin els seus projectes. També es desplaçà al nord d'Àfrica per evangelitzar musulmans. El 1316 va morir, però no se sap del cert si fou a Bugia (Tunis) o en el viatge de retorn a Mallorca.

Per saber-ne més

Ramon Llull va escriure una autobiografia, *Vida coetània*, on es poden llegir detalls de la seva vida.

La poesia

Llull escriu la poesia en un català ple d'occitanismes. Podem dividir-la en dos àmbits segons la temàtica que tracta: l'**autobiogràfica** i la **religiosa**. En els poemes autobiogràfics, Llull confessa les crisis personals i rememora la seva trajectòria vital. Aquest és el cas de *Cant de Ramon* i *Lo Desconhort*.

Miniatura que representa el primer viatge de Ramon Llull a Tunis.

Lo Desconhort

Quan fui gran e sentí del món sa vanitat
comencé a fer mal e entré en pecat,
oblidant Déus gloriós, siguent carnalitat;
mas plac a Jesucrist, per sa gran pietat,
que es presentés a mi cinc vets crucificat.

El Desconsol

Quan vaig ser gran i vaig sentir la vanitat del món, vaig començar a actuar malament i vaig cometre pecat, oblidant Déu gloriós i essent carnal; però plagué a Jesucrist, per la seva gran pietat, que se'm presentés cinc vegades crucificat.

(adaptació)

La poesia religiosa recull poemes dedicats a la Mare de Déu com la cançó "A vós Verge Santa Maria" o el sirventès "*Senyor ver Déu...*", que clou el *Blanquerna*.

La dolça Verge vull servir
de mon poder
Car sai m'ha tramès dolç desir
e bo esper

La dolça Verge vull servir en tot el que pugui, perquè sé que m'ha enviat un dolç desig i una bona esperança.

(adaptació)

La prosa didàctica

L'objectiu didàctic és comú a tota l'obra de Llull, però destaquen per aquesta intenció dues obres: el *Llibre de l'orde de cavalleria* i *El llibre de les bèsties*.

Llibre de l'orde de cavalleria

El *Llibre de l'orde de cavalleria*, obra primerenca redactada cap al 1272, estableix els **deures** i les **obligacions del cavaller** perfecte, identificat amb el guerrer que posa la seva espasa al servei de l'Església. Des d'aquest plantejament, descriu el ritual de consagració i la simbologia de les armes:

Llança és donada a cavaller per significar veritat, car veritat és cosa dreta i no es torç, i veritat va davant de falsedat...

(adaptació)

Per saber-ne més

El *Llibre de l'orde de cavalleria* obtingué una bona projecció: fou traduït al francès i a l'anglès, i Joanot Martorell l'emprà de base per construir els primers capítols de *Tirant lo Blanc*.

Llibre de les bèsties

El *Llibre de les bèsties* constitueix el llibre setè del *Fèlix o Llibre de meravelles*. Es tracta d'un **apòleg** o relat breu en prosa protagonitzat per animals. El text s'inspira parcialment en relats orientals i el *Roman de Renard*, un recull de contes protagonitzats per animals; però també recull anècdotes de la vida real.

L'objectiu és reflectir a través del comportament dels animals els principis que han de presidir el **bon govern** entre els humans. La cort dels animals està dividida en dos bàndols, i el relat explica les intrigues ordides per la guineu (Na Renard). La conclusió que se'n desprèn és clara: qui la fa la paga. Per això, la guineu rebrà el càstig per mentidera i traïdora.

En aquest fragment apareixen Na Renard i l'Elefant:

> Les paraules de Na Renard van preocupar molt l'Elefant, i aquest va pensar en els perills que podien tenir ell i els seus companys per l'elecció del rei i els seus consellers. Mentre l'Elefant meditava, Na Renard li va dir que l'ajudaria a convertir-se en rei. L'Elefant dubtava si Na Renard el trairia, perquè, per natura, estava més a prop dels animals carnívors, que dels herbívors.
>
> (adaptació)

Per saber-ne més

Els ***eximplis*** o exemples són narracions breus que s'insereixen dins del discurs d'un personatge amb voluntat didàctica.

Coberta del *Llibre de les bèsties*.

La novel·la

Ramon Llull va escriure dues obres narratives fonamentals: el *Llibre d'Evast e Blanquerna* (1283) i el *Fèlix o Llibre de meravelles* (1288-1289). Són les primeres mostres de la novel·la en prosa en una llengua romànica.

El *Llibre d'Evast e Blanquerna* és una novel·la exemplar perquè pretén mostrar una conducta que l'autor considera adequada. Llull descriu la realitat del seu temps i la contrasta amb la societat ideal, organitzada segons els principis de Déu.

També s'ha considerat una **novel·la urbana**, ja que és el primer relat europeu que transcorre en una ciutat i on el protagonista és un burgès:

> En una ciutat ocorregué que un jove gentil home, fill d'un noble burgès, havia quedat, després la mort del seu pare, molt abundós de riqueses temporals...
>
> (adaptació)

La novel·la s'articula en cinc llibres. El primer està dedicat a Evast i Aloma, i els altres quatre al seu fill Blanquerna, que segueix una vida religiosa i té una trajectòria ascendent dins la jerarquia de l'Església: monjo, abat, bisbe, cardenal i papa. Un cop arribat al cim de l'Església, el papa Blanquerna dimiteix per acollir-se a la vida solitària, en companyia de Déu i de la natura.

Llull també és autor del *Fèlix o Llibre de meravelles*, enciclopèdia en deu parts presentada com el viatge de Fèlix a través del món.

Xilografia d'una edició del *Blanquerna* impresa a València el 1521.

La prosa mística

La mística és una **experiència espiritual** que comporta una unió personal amb Déu. Aquesta experiència és tan subjectiva que, per expressar-la, l'autor ha de recórrer a un llenguatge molt elaborat, amb imatges, metàfores i símbols de gran bellesa literària.

El *Llibre d'Amic e Amat* (1276-1278) reflecteix l'experiència mística de Llull. És una obra en prosa poètica en què l'Amic i l'Amat, és a dir, Déu i l'home, hi expressen, sovint de forma dialogada, el lligam d'amor que els uneix.

En el versicle següent, situat en un jardí, un ocell actua de missatger, com en la poesia dels trobadors. Les referències a l'amor universal i la representació de Déu a través de la natura, el cant de l'ocell, remeten al pensament de sant Francesc d'Assís:

> Cantava l'ocell en el verger [*jardí*] de l'Amat. Vingué l'amic que digué a l'ocell: –Si no ens entenem per llenguatge, entenguem-nos per amor; car en el teu cant es representa als meus ulls el meu Amat.
>
> (adaptació)

Tomba de Ramon Llull al convent de Sant Francesc, a Palma.

ACTIVITATS

40. Llegeix les estrofes següents del *Cant de Ramon* i respon a les preguntes:

- Com es presenta Llull a si mateix?
- Hi ha alguna estrofa en què se senti desanimat?
- A quina llengua pertanyen els mots *paubre* i *fait*?

> Som creat e ésser m'és dat
> a servir Déu que fos honrat
> e som caüt en mant pecat
> e en ira de Déu fui pausat.
> Jesús ne venc crucificat
> volc que Déus per mi fos amat.
>
> Lo monestir de Miramar
> fiu a frares menors donar,
> per sarraïns a preïcar.
> Enfre la vinya i el fenollar
> amor me pres, fe'm Déu amar
> entre sospirs i plors estar.
>
> Som home vell, paubre, menyspreat,
> no hai ajuda d'home nat
> e hai trop gran fait emparat.
> Gran res hai de lo món cercat;
> mant bon exempli hai donat:
> poc som conegut e amat.

> *Soc creat i el ser m'ha estat donat per servir Déu per tal que fos honorat i he caigut en molts pecats i m'he posat en la ira de Déu. Jesús crucificat se m'aparegué, volgué que Déu per mi fos estimat.*
>
> *El monestir de Miramar vaig fer donar als frares menors per predicar als sarraïns. Entre la vinya i el fenollar l'amor em prengué, fent-me estimar Déu i estar entre plors i sospirs.*
>
> *Soc un home vell, pobre, menyspreat, no tinc ajuda de ningú i he emprès una tasca massa gran. Una cosa gran en el món he cercat; he donat molt bon exemple: soc poc conegut i valorat.*
>
> (adaptació)

41. *Al Llibre de l'orde de cavalleria*, Ramon Llull explica l'origen dels cavallers a partir d'una llegenda popular, tal com pots llegir a continuació. Quins són els orígens de la cavalleria segons aquesta creença popular? Els cavallers es consideraven l'elit de la societat feudal? Per què?

> Al començament, fou en el món vingut menyspreament de justícia per minvament de caritat, i convenia que la justícia retornés al seu honrament per te-

mor. E per açò de tot el poble foren fets milenaris i de cada mil fou elegit i triat l'home més amable, més savi, més lleial i més fort i amb més noble coratge, amb més ensenyaments i de bons nodriments que tots los altres.

(adaptació)

42. El *Llibre de les bèsties* és una narració en prosa protagonitzada per animals. Quin nom rep aquest tipus de relat en prosa?

43. Llegeix el text següent, un fragment del *Llibre de les bèsties* en què es presenta un *eximpli*. Quin ensenyament es dedueix d'aquest relat? Justifica la resposta.

En una terra es va esdevenir que totes les bèsties van acordar que donarien cada dia un animal al lleó, perquè així no haurien de patir perquè les cacessin i serien més lliures. Tots els dies –ho havien de fer a sorts– una de les bèsties es lliurava al lleó, que se la menjava. Un dia el sorteig va tocar a una llebre que, com que tenia por de morir, va trigar fins al migdia a presentar-se per ser menjada. El lleó estava molt enfadat, perquè tenia gana després de tantes hores sense menjar; li va preguntar a la llebre per què havia trigat tant. La llebre va excusar-se dient que per allà a prop hi havia un altre lleó que deia que era rei d'aquella terra i el lleó li va demanar a la llebre que li mostrés on era aquell lleó intrús. La llebre no es va fer pregar i va conduir el lleó fins un gran bassal envoltat per totes bandes d'un mur molt alt. La llebre el va posar ran de l'aigua i també el lleó, de manera que el reflex de tots dos apareixia sobre l'aigua. Llavors la llebre va dir:

–Aquí senyor. ¿No veieu aquest lleó que és dins de l'aigua i està a punt de menjar-se una llebre?

El lleó va veure el seu reflex i no va dubtar a saltar en l'aigua per combatre el seu rival. Així, el lleó va morir ofegat i la llebre amb la seva astúcia va provocar la mort del lleó.

(adaptació)

44. Se sap amb certesa que Ramon Llull coneixia la poètica dels trobadors. En aquest versicle del *Llibre d'Amic e Amat*, presenta un diàleg de prosa poètica entre l'Amic i l'Amat: de quin gènere de la poètica de l'amor cortès es fa ressò?

Plany-se l'amic i clamà lo cor de calor d'amor. Es mor l'Amic, el plorà l'Amat i li dona de consolació paciència, esperança i guardó.

(adaptació)

45. Aquestes són tres de les dotze miniatures amb què Thomas le Myésier va fer il·lustrar l'obra *Vida coetània* de Ramon Llull. Relaciona cada miniatura amb l'episodi de la vida de Llull al qual es refereix:

a) Visió nocturna del Crist crucificat, mentre Llull escriu un poema d'amor, i les dues peregrinacions.

b) Primer viatge de Llull a Bugia on és apedregat i empresonat.

c) La disputa amb un esclau musulmà que li discuteix a Llull la seva fe.

46. Ves a www.tiching.com/732252, mira el vídeo i respon a les preguntes següents:

a) Quina és la intenció de Ramon Llull?

b) Quines són les principals característiques del *Llibre de contemplació*?

c) En quina llengua el va escriure?

d) Quina és la marca personal que hi podem trobar?

e) Quants dels seus manuscrits han arribat fins als nostres dies?

Un text narratiu de Llull

Ramon Llull ubica el *Llibre d'Evast e Blanquerna* en una ciutat, habitada per burgesos, menestrals, joglars, cavallers, amb l'afany d'evangelitzar i convertir-los als bons costums. Així, compon un retrat exacte d'una època i capta la realitat social del seu temps.

En aquest fragment de la novel·la hi apareixen Evast i Aloma, els pares de Blanquerna, en un passatge que mostra el pecat de l'avarícia i la virtut de la caritat:

Ramon Llull és un dels grans escriptors catalans.

Llibre d'Evast e Blanquerna

Evast vengué son alberg, del qual obtingué molts diners i edificà un hospital en un lloc apropiat de la ciutat. L'hospital heretà tota la seva renda i en aquell hospital foren Evast i Aloma llargament servidors dels pobres de Jesucrist.

Un dia s'esdevingué que Evast i Aloma passaven per la plaça per tal que algun home els convidés a dinar i no trobaven ningú que els convidés. En aquella plaça hi havia un canviador[1] molt ric. Evast i Aloma li pregaren que per amor de Déu que els donés alguna cosa de menjar o que els donés diners per tal de comprar aliments. El canviador, que estava dominat pel pecat de l'avarícia, els va dir que no els donaria ni diners, ni menjar ni res; i s'aixecà de la taula on seia i se n'anà amb un sabater perquè li calcés unes sabates. Evast i Aloma anaven pels carrers captant per l'amor de Déu i es va donar la casualitat que passaren davant del sabater que calçava el canviador, aquell que no havia volgut donar res a Evast i Aloma. El sabater cridà Evast i Aloma i els digué:

–És hora de dinar. Jo soc un home pobre i tinc esposa i fills que viuen del que guanyo: hi ha una mica de carn a l'olla i puc comprar vi; en el meu alberg no hi ha prou pa per a tots; per amor de Déu us prego que un de vosaltres dini amb mi i que prengueu una part del que Déu m'ha fet guanyar.

Evast digué a Aloma que mengés aquell jorn amb el sabater, que ell aniria a cercar un altre lloc on pogués menjar. Mes Aloma, qui molt amava i honrava Evast, digué a Evast que ella aniria a cercar un altre lloc, i que Evast havia de restar. Entre Evast i Aloma hi hagué caritat i amor i l'un havia pietat de l'altre. Feia gran fred i gran pluja i amb treballs anaven Evast i Aloma pels carrers. Mentre Evast i Aloma discutien i l'un volia fer restar l'altre, Evast volgué de totes passades que Aloma romangués amb el sabater. Aloma que sempre era obedient a la voluntat d'Evast hi romangué; i Evast anà a cercar almoina per l'amor de Déu a un altre lloc.

Ramon LLULL: *Llibre d'Evast e Blanquerna* (adaptació).

1. canviador: banquer.

- On situa Ramon Llull l'acció?
- Per què Evast i Aloma renuncien a la seva riquesa i a la seva posició social? Des d'aquell moment, a què es dediquen?
- Quins personatges apareixen al relat? Quines activitats realitzen?
- Quin és el sentit moral del text? Què pretén ensenyar?
- A partir d'aquest fragment, consideres correcte que es defineixi el Blanquerna com una novel·la exemplar?

La notícia

Júpiter va arrasar el sistema solar i el va fer habitable

Un estudi recent de la Universitat de Califòrnia suggereix que la Terra és diferent a altres planetes perquè el planeta gegant, Júpiter, va llançar diversos planetes contra el Sol

Com una bola de demolició, durant la infància del sistema solar, Júpiter va avançar cap al Sol des de l'extraradi on s'havia format. L'empenta d'aquella massa gegantesca va arrasar una primera generació de planetes molt diferents dels actuals. Trets de les seves caselles orbitals, els planetes van acabar fets miques i llançats contra el Sol. Amb aquelles runes, es van formar els planetes de Mercuri a Mart, més petits i amb atmosferes menys denses que les habituals.

Aquesta és la hipòtesi d'un equip d'investigadors dels EUA per explicar per què el sistema solar és diferent dels centenars de sistemes planetaris descoberts durant els últims anys. En aquests mons llunyans, la massa dels planetes propers a la seva estrella és més gran que la dels solars.

Les simulacions dels científics de la Universitat de Califòrnia i l'Institut Tecnològic de Califòrnia (EUA) suggereixen que un segon moviment va permetre el naixement dels planetes terrestres que coneixem. Durant els primers milions d'anys de vida del sistema solar, quan Júpiter semblava llançat cap a una col·lisió contra el Sol, va aparèixer un altre gegant que va aturar la caiguda. Saturn es va formar més tard, però va ser atret a més velocitat cap a l'estrella i va acabar atrapant el seu germà gran.

Quan els dos planetes estaven prou a prop, van quedar travats en el que es coneix com a *ressonància orbital.* Cada vegada que Júpiter completava una volta al voltant del Sol, Saturn en feia dues, la qual cosa produïa una estirada mútua compassada, com una mare que impulsa la seva filla en un gronxador, que va aturar l'avanç dels dos objectes.

Aquest fet devia possibilitar que les restes de la destrossa de l'atac inicial de Júpiter sobrevisquessin per formar els planetes actuals. Segons els autors, caldrien diversos milions d'anys perquè els trossos de planetes fruit de la primera destrucció es tornessin a reunir. Això quadra amb les dades que diuen que la Terra es va formar entre 100 i 200 milions d'anys després de l'aparició del Sol.

L'estudi suggereix que l'entorn planetari en el qual va sorgir la vida pot no ser tan comú. En el cas de la Terra, a més, caldria comptar amb un fenomen desastrós que va crear unes condicions favorables per al desenvolupament dels éssers vius. Fa 4 500 milions d'anys la Terra va col·lidir amb un altre cos menor. Del xoc va sorgir la Lluna, que va estabilitzar l'eix de la Terra davant les influències gravitatòries del Sol o Júpiter.

Així, dos fets desastrosos devien convertir el sistema solar en un lloc peculiar on es va crear un planeta infreqüent com la Terra en el qual va aparèixer una cosa tan estranya (pel que es coneix fins ara) com la vida.

Daniel MEDIAVILLA: *El País*, 25 de març de 2015.

Comprensió del text

1. Llegeix aquestes afirmacions i digues si són veritables o falses:
   - a) Abans de formar-se el sistema solar actual no existien planetes. ▢
   - b) Els planetes Mercuri i Mart es componen de restes d'asteroides. ▢
   - c) El moviment de Júpiter i Saturn va ajudar a crear el sistema de planetes del qual forma part la Terra. ▢
   - d) La Terra es creà a partir de bocins d'altres planetes anteriors. ▢
   - e) La Lluna va col·lidir amb la Terra fa més de quatre milions d'anys. ▢
2. Indica l'ordre correcte d'aquests temes al text:

A	La Lluna es forma després de la col·lisió d'un cos amb la Terra.
B	Júpiter s'apropa al Sol i destrueix tot un seguit de planetes.
C	L'eix de la Terra s'assenta gràcies a l'aparició de la Lluna.
D	Es formen els planetes del sistema solar de Mercuri fins a Mart.

   - a) A→B→D→C ▢
   - b) B→D→A→C ▢
   - c) D→B→C→A ▢
   - d) B→D→C→A ▢
3. Explica el significat de l'expressió "durant la infància del sistema solar".
4. Digues a quins esdeveniments fa referència aquesta frase del text: "dos fets desastrosos devien convertir el sistema solar en un lloc peculiar".
5. Quina comparació fa servir l'autor per explicar la "ressonància orbital"?
6. Quina hipòtesi es defensa al llarg del text?
7. Aquest text ha aparegut en la premsa, quin és el registre que s'ha utilitzat?
8. En el darrer paràgraf es destaca que l'origen de la vida a la Terra és un fet:
   - a) irrellevant ▢
   - b) bell ▢
   - c) insòlit ▢
   - d) habitual ▢
9. Explica si estàs d'acord amb aquesta afirmació: "Els lectors d'un diari no presten gaire atenció a les notícies que es refereixen a descobertes científiques perquè solen ser textos llargs i avorrits".
10. Al llarg de l'article es fa referència a quantitats d'anys ben allunyades. Quina sensació provoquen en el lector? És important que es subratlli el temps que ha passat?
11. El coneixement d'altres teories sobre l'origen dels planetes pot ajudar a entendre millor aquest text o ja és prou clar?

Expressió escrita

12. **ORTOGRAFIA** Completa aquesta notícia amb les vocals *a*, *e*, *o*, *u* que hi falten:

> Superman va aparèixer al primer número d'*Action Comics*. Aquesta relíquia del món del còmic –només se'n conserv...n unes desen...s a tot el món– es pot adquirir fins al 24 d'agost. La licitació de la setmana passada va arribar a la xifra d'un milió i mig d'eur...s.
>
> L'exemplar, en molt bon estat, és pr...pietat de Darren Adams, que en un víde... publicat a la pàgina de la subhasta explic... per què és tan valuós i com va arribar l'exemplar a les sev...s mans.

13. **PUNTUACIÓ** Escriu els signes de puntuació que corresponguin en els buits (coma, punt, guió, signes d'interrogació i d'admiració). A més, has de corregir i posar en majúscula, quan calgui, la primera lletra de la paraula que comença oració:

> La Xesca agafa cada dia l'autobús número 3 per tornar a casa quan hi puja l'autobús és més ple que de costum ai quin pal hauré d'anar dreta tot el trajecte
>
> Una noia agafa les seves coses del seient del costat i li somriu.
>
> Que vols seure li pregunta.
>
> sí moltes gràcies
>
> Seu i mira l'hora al mòbil encara té temps

14. **REDACCIÓ** Escriu una notícia sobre un descobriment científic que canviarà completament la visió que tenim del món. Tria un bon titular i recorda de resumir la informació essencial a l'entradeta.

    Et recomanem que segueixis aquest procés:

    1. Planificació: fes un esquema de les idees que desenvoluparàs.
    2. Primera versió de la redacció.
    3. Revisió, correcció i versió definitiva.

3 La crònica

La informació en viu

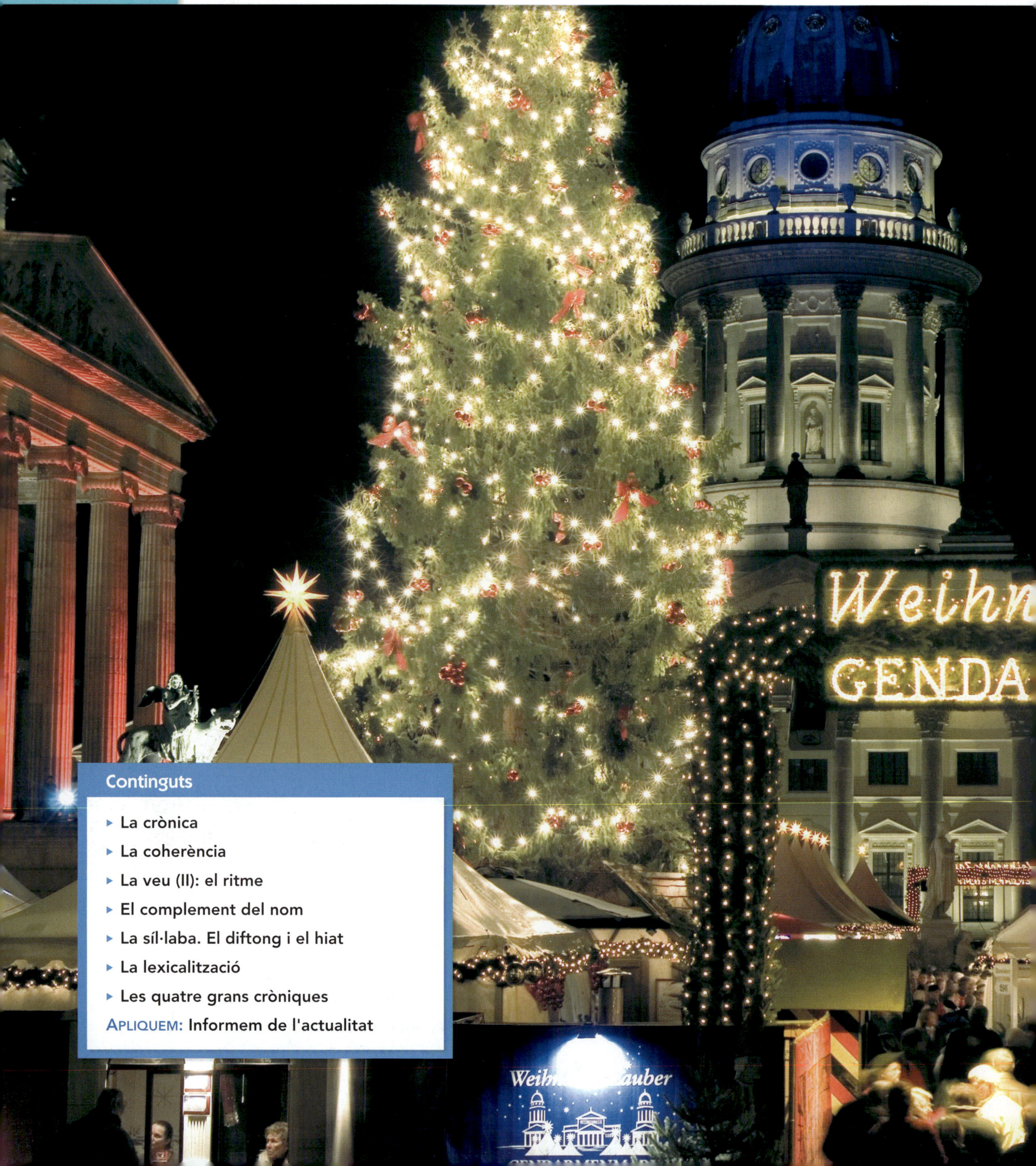

Continguts

Per començar...

Si vols tenir informació de primera mà d'uns fets, hauràs de recórrer a les cròniques. Els periodistes que escriuen cròniques han estat al lloc dels fets, els han observat en primera persona. També han parlat amb els protagonistes i han recollit les seves vivències.

Mercat de Nadal al Gendarmenmarkt de Berlín.

Els mercats de Nadal alemanys

Els mercats de Nadal alemanys, els Weihnachtsmarkt, no només han arrelat com a tradició a Alemanya, sinó que han esdevingut un atractiu turístic que fa venir centenars de milers de turistes de tot el món. I què s'hi fa, en un mercat de Nadal alemany? Principalment, s'hi combat el fred amb beguda, menjar i bon humor. "S'hi està calentet. A fora, hi fa fred. Aquí tenim la música i ens escalfem mútuament. És bonic". "És un *glühwein* especial. Va molt bé quan estàs constipat. És un bon remei casolà que porta gingebre o saüc..."

El *glühwein* és la beguda estrella: es tracta d'un beuratge relativament modern fet a base de vi negre calent i essències. No hi falten plats tradicionals i consistents d'arreu de la geografia alemanya i centreeuropea: salsitxes, col verda, xucrut i sopa de gulaix i alguna crep per als més gormands.

Els mercats de Nadal són tradició i també són negoci: en alguns, fins i tot, s'hi ha de pagar entrada. En conjunt, els mercats de Nadal alemanys atreuen un conjunt de cent milions de visitants i el volum de negoci generat és de prop de 3 000 milions d'euros.

Aquests dies la geografia alemanya és plena d'imatges com aquesta del Gendarmenmarkt de Berlín.

Oriol SERRA: *Els mercats de Nadal alemanys* (adaptació). <ccma.cat>

A **Quina diries que és la intenció d'aquesta crònica?**

B **Quina informació aporta?**

C **Si el text tingués format de notícia, diries que inclouria la mateixa informació? En què canviaria?**

D **Escolta la crònica a www.tiching.com/732253. A continuació, llegeix-la amb una entonació adequada semblant a la del periodista.**

Llegim una crònica

El desordre de les bicicletes

Copenhaguen gestiona el problema de ser la ciutat més ciclista del món

Glòria MORENO - Copenhaguen

La gran quantitat de bicicletes que hi ha a la ciutat genera diversos problemes.

Són les 8.00 del matí. Hora punta a Copenhaguen. Milers de ciclistes s'apiloten als carrers. Homes en americana i corbata, dones arreglades, algunes amb talons i tot, escolars amb motxilles, universitaris, pares que porten els seus fills. Tots pedalegen amb passió, concentrats en la ruta i a no col·lidir amb el del costat, disposats a arribar puntuals a la feina, a l'escola, a la universitat.

Salta a la vista. A Copenhaguen, la bici és la reina. La seva presència als carrers supera fins a cinc vegades el nombre de cotxes. Aquí, moltes famílies amb fills no tenen vehicle. En alguns barris de la ciutat, fins i tot, més del 80 % de la població viu sense cotxe. I els danesos n'estan orgullosos: la bici és més sana, neta, ràpida i econòmica. Però la gran expansió d'aquest mitjà de transport també comença a causar problemes.

El 55 % dels habitants de la capital la fan servir per anar a la feina o al centre educatiu. Un percentatge que és del 41 % si s'hi inclouen els que no viuen a la ciutat però sí que hi treballen o hi estudien. El nombre de ciclistes no para d'augmentar i supera el de ciutats igualment propenses al pedaleig com Amsterdam, Berlín o Estocolm.

No obstant això, cada vegada més usuaris es lamenten de la congestió que es viu al carril bici i que en ocasions pot posar en perill la seguretat de nens o persones grans. També genera queixes la falta d'aparcament, cosa que és evident al centre de la ciutat i en les principals estacions, l'exterior de les quals sol estar ple a vessar de bicicletes.

EL TESTIMONI DELS CICLISTES

Lorena Ronquillo és de Cerdanyola del Vallès però fa gairebé dos anys que viu a Copenhaguen. A aquesta jove investigadora li encanta anar a tot arreu en bici, cosa que no podia fer amb tanta freqüència quan vivia a Catalunya.

La Lorena està molt satisfeta amb la seva nova vida de ciclista urbana i, tenint en compte el preu del transport públic a Dinamarca, utilitza la bicicleta sempre que les condicions meteorològiques ho permeten. "Estalvio bastants diners i agraeixo aquests 15 o 20 minuts de pedaleig i aire fresc entre la feina i casa meva".

Per a ella, un dels principals inconvenients és la gran quantitat de bicicletes abandonades, ja sigui perquè són robades, ja sigui perquè han estat oblidades allà pels seus propietaris.

Però el tema de les bicis abandonades és només la punta de l'iceberg. El veritable problema és la falta d'aparcament. Copenhaguen està experimentant un fort augment de la població. Un ritme de creixement que, de moment, no es correspon amb el nombre d'espais per a bicis disponibles.

"Estem familiaritzats amb aquest problema i millorar-lo és un dels nostres objectius", reconeix Mikkel de Vries Baekgaard, que treballa a l'Ajuntament de Copenhaguen. Entre altres coses, el consistori es proposa crear 6 000 places més d'aparcament per a bicis en els pròxims 3 anys.

La falta de civisme dels ciclistes també genera queixes. "Són molt perillosos, envaeixen les voreres i no tots respecten els vianants", es lamenta Viveca

Tallgren, que es mou sempre en transport públic i bicicleta. Aquesta periodista d'origen finlandès, però, sí que valora els esforços de l'Ajuntament en altres sentits, com l'ampliació del carril bici. Més enllà de ser la ciutat més ciclista del món, Copenhaguen vol que els amants de les dues rodes estiguin satisfets.

Ara, 9 de novembre de 2014 (adaptació).

ACTIVITATS

1. Quina mena de gent sol anar en bicicleta per Copenhaguen?

a) En general, homes de negoci i universitaris. ☐

b) Gent de tota mena, des d'homes de negocis fins a escolars amb motxilles. ☐

c) Dones arreglades, algunes amb talons i tot. ☐

d) Bàsicament, els pares que porten els seus fills. ☐

2. Quantes bicicletes circulen per Copenhaguen?

a) Per Copenhaguen circulen cinc cotxes per cada bicicleta. ☐

b) Per Copenhaguen circulen un cinc per cent més de cotxes. ☐

c) Per Copenhaguen circulen cinc vegades més bicicletes que cotxes. ☐

d) Un 55 % dels vehicles que circulen per Copenhaguen són bicicletes. ☐

3. Indica les qualitats de la bicicleta segons els danesos:

a) La bicicleta ens ajuda a fer salut, a no contaminar i a estalviar temps. ☐

b) La bicicleta ens ajuda a fer salut, a anar més nets i a estalviar temps. ☐

c) La bicicleta provoca menys problemes, no contamina i va més ràpida que els cotxes. ☐

d) La bicicleta provoca menys problemes, no embruta i va més ràpida que els cotxes. ☐

4. Rellegeix el text i redacta:

a) La idea principal del text.

b) Els problemes que generen les bicicletes a Copenhaguen.

c) Les solucions proposades a aquests problemes.

5. Sense consultar un diccionari, indica el significat exacte del mot *civisme* en el text:

a) Actitud de respecte per les normes viàries. ☐

b) Actitud de respecte pel medi ambient. ☐

c) Actitud de respecte per les lleis i de contribució al benestar dels altres ciutadans. ☐

6. Escriu un sinònim de les paraules i expressions següents del text:

- col·lidir
- consistori
- a vessar

7. Indica a què fa referència el pronom de l'oració "I els danesos n'estan orgullosos".

8. Explica què vol dir l'expressió "el tema de les bicicletes abandonades és només la punta de l'iceberg". Indica algun altre cas o fenomen que també pugui comparar-se amb la punta de l'iceberg en el mateix sentit.

9. Quina d'aquestes opcions defineix millor el text?

a) Text periodístic que explica un fet d'actualitat a una certa distància. ☐

b) Text periodístic que explica un fet d'actualitat des del lloc dels fets. ☐

c) Text periodístic que recull testimonis dels fets que explica. ☐

d) Text periodístic que dona clarament l'opinió dels fets que explica. ☐

e) Text periodístic que fa entendre de manera subtil l'opinió de l'autor. ☐

f) Text periodístic que explica extensament un fet d'actualitat. ☐

10. La crònica recull tres testimonis. Escriu a la taula el més destacat de cadascun:

	Avantatges de l'ús de la bicicleta	Problemes
Testimoni 1	…	…
Testimoni 2	…	…
Testimoni 3	…	…

11. Quina intenció diries que té el text?

12. Justifica si t'agradaria viure en una ciutat en què la bicicleta fos el mitjà de transport més utilitzat. Indica com solucionaries els possibles problemes d'excés de bicicletes.

1. La crònica

Definició i característiques

Una **crònica** és un text, oral o escrit, que ofereix una explicació i una interpretació d'un esdeveniment d'actualitat des del lloc dels fets.

La crònica té un estil més àgil que la notícia; el periodista hi inclou elements descriptius i interpretatius fruit de l'observació directa que fa dels esdeveniments. La crònica, per tant, aprofundeix més en l'anàlisi d'un tema.

Les cròniques es poden classificar segons la **temàtica**. D'aquesta manera podem distingir, per exemple, entre cròniques de societat, de cultura, d'espectacles, de política i d'esports.

Sovint les cròniques estan elaborades per **corresponsals** o enviats especials a un país, que fan el seguiment d'una informació d'interès durant un període més o menys llarg de temps.

Per saber-ne més

Les primeres cròniques daten del segle XII. S'escrivien per explicar les vides i les gestes dels reis i són l'origen de la historiografia. En català tenim les **quatre grans cròniques**, que són el conjunt historiogràfic més important de l'època medieval.

El metro de Nova York va ple de gom a gom i les cues davant els carros de cafè són les habituals, però els turistes no poden entrar a l'estàtua de la Llibertat

"L'estàtua està tancada"

Francesc PEIRÓN. Nova York. Corresponsal

Els quatre turistes francesos –tres dones i un home– desfan el camí. Tornen al metro i això que encara no ha sortit el primer vaixell del matí. Fan vacances, sí, però, amb cara de pomes agres, no sembla que gaudeixin gaire del sol de Manhattan.

"L'estàtua de la Llibertat està tancada", exclama ell. La raó? "Diria que és per una vaga del Govern", contesta.

–Una vaga del Govern?

–Bé, l'embolic aquest que tenen.

Els visitants saben com explicar, millor fins i tot que els veïns, què significa això del tancament parcial de l'Administració federal.

Però els novaiorquesos es posen en marxa aquest dimarts com qualsevol altra jornada.

Tot continua igual.

El que no continua igual és el pla que mesos enrere van traçar en Sergi Vall i la Gemma, la seva dona.

Enmig d'una bona afluència de públic, fan cua per pujar al vaixell. Però els han avisat que només faran un tomb, sense cap parada. "Fa tres mesos que vaig fer la reserva per poder pujar a la corona de l'estàtua de la Llibertat, que és una cosa molt difícil d'aconseguir", explica la Gemma.

La Vanguardia, 2 d'octubre de 2013 (adaptació).

L'estructura i el llenguatge de la crònica

La crònica no sempre segueix l'estructura de piràmide invertida de la notícia, és a dir, no sempre explica primer els detalls més importants i després exposa els menys rellevants. Hi ha autors que s'estimen més seguir i relatar els fets en ordre cronològic fins a arribar al desenllaç.

En qualsevol cas, una bona crònica ha de seguir aquesta **estructura**:

- Un **títol** suggeridor que cridi l'atenció. Pot portar una entrada o *lead*, que resumeixi la crònica en una frase.
- Una **introducció**, amb una idea general del tema que convidi a escoltar-la o llegir-la; un **desenvolupament**, que expliqui els fets seguint un ordre cronològic o de rellevància, i una **conclusió**, que permeti resumir i reforçar el missatge que el cronista vol transmetre.

El **llenguatge** de la crònica ha de tenir les característiques següents:

- Ha de combinar la narració dels fets, les declaracions dels testimonis i el comentari personal amb què s'analitzen els fets.
- Ha d'utilitzar recursos retòrics: exclamacions per expressar ironia o sorpresa, comparacions per fer entenedor el missatge que vol transmetre o preguntes retòriques per reforçar el punt de vista del cronista.

Hi ha cròniques periodístiques que han esdevingut obres literàries, com és el cas de les obres de Josep Pla i Joan Fuster.

ACTIVITATS

13. Indica si les característiques següents corresponen més a una crònica o a una notícia:

a) Les dades informatives sempre s'ordenen de més a menys importants.

b) Respon sempre a les sis preguntes bàsiques.

c) El text és objectiu, sense interpretacions.

d) Combina la narració, les declaracions i el comentari personal.

e) Normalment es fa en directe, des del lloc dels fets.

14. Converteix aquest breu en una crònica. Imagina't que has visitat el saló i en fas una descripció, reculls testimonis i expliques la impressió que t'ha fet:

El Saló del Còmic de Barcelona tanca amb 106 000 visitants

El Saló del Còmic ha tancat les portes aquest diumenge amb un èxit notable de públic. En total, uns 106 000 visitants s'han acostat aquests quatre dies al pavelló número 8 de la Fira a Montjuïc. Són 2 000 menys que l'any passat però superen els 100 000 de les anteriors quatre edicions, que era la xifra que s'esperava aconseguir amb la d'aquest any, que ha tingut el *western* com a eix central.

Malgrat que es temia que la crisi afectaria l'assistència i les vendes, després d'un dijous i un divendres fluixos, el cap de setmana es va notar l'augment de visitants. En general, els editors han fet un balanç positiu de la trobada, que posa de manifest que el còmic interessa a molta gent.

El Periódico, 14 d'abril de 2013 (adaptació).

15. Llegeix aquest text i indica què s'hi podria afegir perquè fos una crònica encara millor:

La cursa de Moto GP

Marc Márquez es va imposar en el Gran Premi de l'Aragó. El pilot cerverí augmenta amb aquesta victòria a 39 punts el seu avantatge a la classificació del Mundial sobre Jorge Lorenzo.

Amb aquesta cursa, Márquez es consolida al capdavant de la classificació del mundial. Primer Lorenzo ha encapçalat la cursa i ha intentat escapolir-se. Márquez l'ha avançat fins i tot després de deixar enrere el seu company d'equip, Pedrosa. A deu voltes del final, ha superat Lorenzo. Hi ha hagut, però, un incident entre Pedrosa i Márquez abans de l'avançament d'aquest segon. "En una frenada he vist que en Dani [Pedrosa] anava una mica llarg, he aixecat la moto i m'he tocat molt lleugerament amb ell. Ha estat mala sort. Ho sento", ha dit Márquez.

16. Escriu una crònica sobre algun esdeveniment que hagis viscut recentment. Segueix aquests passos:

- Posa-hi un títol ben suggeridor.
- Fes una introducció amb la idea general del text.
- Detalla els fets en ordre cronològic o d'importància.
- Escriu una conclusió al final.
- Pots combinar la narració amb les declaracions i les reflexions personals.
- Intercala-hi la teva valoració de tant en tant.
- Fes servir recursos retòrics.

2. La coherència

La **coherència** textual és la propietat per la qual el text té un sentit global i la informació s'hi desenvolupa d'una manera estructurada, progressiva, sense repeticions i sense contradiccions.

Per tant, un text coherent ha de complir aquestes condicions:

a) El text ha de tractar d'un tema principal, que es desenvolupa al llarg del text i hi dona unitat.

b) Les idees secundàries han de complementar el tema inicial i ampliar-lo, però no l'han de contradir.

c) Ha de tenir la informació necessària perquè el destinatari l'entengui.

Com les peces d'un trencaclosques, el contingut de cada frase i de cada paràgraf ha d'encaixar amb el següent.

Estructurar la informació

Perquè un text estigui ben estructurat, cal ordenar bé la informació. Això s'aconsegueix amb aquestes estratègies:

a) Fent correspondre una oració, simple o composta, a cada idea expressada.

b) Procurant que hi hagi una progressió temàtica de les idees, és a dir, primer es dona la informació coneguda i després la nova. En aquest exemple la informació coneguda és el personatge Hugo, que és l'eix des d'on es va presentant la informació nova:

La invenció de l'Hugo Cabret

Després de repassar els rellotges, com cada matí, l'Hugo va presentar-se l'endemà a la parada de joguines disposat a treballar. [l'Hugo] Notava com els engranatges del seu cervell giraven en diferents direccions. A estones [l'Hugo] es feia il·lusions pensant que recuperaria la llibreta, i a estones [l'Hugo] estava empipat i ressentit. Tot i així, però, [l'Hugo] va fer la seva feina. [l'Hugo] Va escombrar i va ordenar les capses de darrere el taulell. [l'Hugo] Va desenredar els fils dels ocells que movien les ales i va repintar les joguines clivellades.

Brian SELZNICK: *La invenció de l'Hugo Cabret.*

c) Ordenant la informació de manera lògica: primer s'exposen les idees més importants i després es completen o matisen aspectes d'aquestes idees amb altres de secundàries.

d) Separant els paràgrafs de manera que agrupin les oracions que tenen unitat de sentit i que respectin la progressió temàtica.

e) Repetint o reprenent algun element del text per mitjà de pronoms, determinants o sinònims que estableixen un lligam entre les idees i eviten repeticions o que es perdi el fil del text. Per exemple:

El cinema d'animació triomfa en les grans pantalles. Aquest gènere agrada tant a grans com a petits i garanteix l'èxit de taquilla per a bona part de les produccions.

Per saber-ne més

Cada gènere pot tenir una estructura. Per exemple, un conte té una estructura de plantejament-nus-desenllaç i una notícia té una estructura de piràmide invertida.

Per saber-ne més

En una obra extensa, com un manual d'història o una novel·la, el text s'estructura en unitats més grans que els paràgrafs. Aquestes unitats poden ser capítols, apartats i subapartats, i cadascuna pot estar encapçalada per un títol.

HO TROBARÀS

Al **tema 4** estudiaràs els recursos de la cohesió: l'ús de pronoms i determinants, l'el·lipsi, els connectors, els temps verbals i la puntuació.

17. Torna a escriure aquest text de manera que sigui coherent. Tingues en compte aquests conceptes:

- Una oració per a cada idea.
- Progressió temàtica.
- Paràgrafs ben separats.

Hauràs de traslladar informació, modificar la puntuació i fer tots els canvis que et semblin convenients:

Les tradicions nadalenques a Catalunya

Ben tapat amb la manta, es col·loca a la vora del foc i els nens i les nenes el piquen amb bastons i canten una cançó perquè el tió cagui els regals que té amagats.

La celebració del Nadal el dia 25 de desembre té un origen religiós perquè aquest dia es commemora el naixement de Jesús però també té un origen pagà, perquè coincideix amb el solstici d'hivern, aquest doble vessant religiós i pagà fa que les festes de Nadal tinguin tradicions d'origen divers, la primera arrenca el dia 13 de desembre, Santa Llúcia, dia que començaven.

Les fires a totes les localitats, on la gent comprava els avets, les figures i la molsa per al pessebre i ornaments per decorar la casa, la tradició següent la trobem la nit del dia 24 (o el migdia del 25), quan es fa cagar el tió, un element relacionat amb l'arbre de Nadal nòrdic i que és una tradició que té l'origen en la llenya que s'utilitzava antigament.

Per escalfar-se i fer foc. L'escalfor i la llum d'aquests tions eren un regal per a les fredes nits de desembre, per això, amb els anys, aquesta escalfor i aquesta llum es van transformar en regals per als petits, com ara neules, torrons i llaminadures, més tard, el tronc va tenir ulls, nas, boca i barretina i una manta, es fa cagar el tió així: el tronc, recollit al bosc o comprat en una fira de Nadal. S'abriga i alimenta fins al dia 24 o 25. Llavors el tió, quan s'acaba la cançó, s'aixeca la manta i la mainada agafa els regals del tió. Cada país té les seves pròpies tradicions, que sovint són una barreja de religiositat i paganisme, i a Catalunya en tenim una bona colla.

18. Indica si aquests textos breus són coherents. Si creus que no ho són, indica on rau la incoherència:

Els científics no troben indicis de vida a Mart. Ara examinaran les mostres d'éssers vius trobades en laboratoris especialitzats.

Fa fred. Ve de gust anar amb màniga curta!

D'aquesta manera, els organismes es poden classificar segons el nombre de cèl·lules que tenen. Hi ha dos tipus de cèl·lules: les procariotes i les eucariotes. La cèl·lula és la unitat morfològica i funcional de tot ésser viu. De fet, és l'element de menor mida que es pot considerar vivent. Si només tenen una cèl·lula, són unicel·lulars; si en tenen més, són pluricel·lulars.

Era el migdia i queia un sol de justícia. L'avinguda anava d'ample a ample de cotxes i la gent circulava com boja per les voreres, buscant un bri d'ombra perquè caminar a ple sol era un infern de no dir. L'Alba contemplava l'escena canicular des de les finestres closes del recer de la seva estança. Tot era calma allí.

19. Indica si algun dels textos anteriors que denoten una contradicció podrien tenir una interpretació coherent i explica-la.

20. A continuació tens les idees que haurien de sortir en un text expositiu sobre els parcs temàtics:

- Botigues amb objectes de tota mena.
- Recinte amb atraccions, espais per a l'oci i l'entreteniment.
- Establiments de restauració de diversos tipus.
- Espectacles d'acord amb les àrees temàtiques.
- Àrees temàtiques ambientades.

Redacta un text coherent en què es vegi bé quina és la idea principal, les idees secundàries i la progressió temàtica.

21. Feu grups de quatre i prepareu una exposició escrita sobre un d'aquests temes:

a) Les activitats de lleure en l'adolescència.
b) Les expectatives dels adolescents.
c) Els valors de la societat actual.

La crònica audiovisual

Les cròniques audiovisuals es caracteritzen especialment per l'**expressivitat** pròpia de l'oralitat: és tan important la informació que es transmet com la manera de transmetre-la. Per això és fonamental fer una entonació, un ritme i un volum adequats.

La crònica oral generalment es presenta des del lloc mateix dels fets, sovint en directe. Per ajudar a construir un retrat rigorós i objectiu pot incloure els elements següents:

- Elements sonors: so ambient, declaracions dels protagonistes, etc.
- Elements visuals: imatges del lloc dels fets, dels protagonistes, pla del presentador parlant, etc.

A més, les cròniques orals sempre indiquen el lloc des d'on s'expliquen els fets i l'autor que les ha elaborat.

L'estructura i el llenguatge de les cròniques orals són semblants als de les cròniques escrites: totes han de tenir una introducció, un desenvolupament i una conclusió, i han de combinar la narració, les declaracions dels protagonistes o dels testimonis i la valoració personal.

COMPRENSIÓ AUDIOVISUAL

Ves a www.ticing.com/732351 i respon a les preguntes.

Per saber-ne més

Les cròniques orals han de ser naturals, però no s'han d'improvisar. Al contrari: s'ha de planificar i estructurar molt bé la intervenció. I és molt recomanable assajar abans d'enregistrar.

Les cròniques poden ser sobre un fet d'actualitat recent, sobre un esdeveniment cultural, etc.

Estratègies orals

La veu (II): el ritme

Quan parlem en públic, hem de controlar el ritme amb què parlem si volem que l'auditori ens pugui seguir. El públic que escolta, si perd el fil, no pot tornar enrere com quan llegeix un text: en un discurs oral, el discurs no s'atura. Per això és fonamental trobar la velocitat adequada, ni massa lenta ni massa ràpida.

Consells per trobar el ritme adequat:

- Tenir el discurs ben estructurat.
- Introduir pauses o silencis als llocs oportuns per poder descansar i respirar més a fons.
- Donar temps a l'oient perquè reflexioni sobre el que acaba de sentir i n'esperi la continuació.
- Assajar el discurs i intentar ser conscient del ritme.

@ Amplia a la xarxa...

Escolta amb atenció un orador que parla amb un ritme adequat: www.tiching.com/732352.

Expressió oral

Feu una crònica

▶ Formeu grups de quatre i prepareu una crònica d'un minut amb un dels temes proposats a continuació (o d'altres):

√ Un partit de bàsquet a l'hora del pati.

√ Una visita a un museu de la ciència.

√ Un concert de rock de la Festa Major.

√ Una fira de segona mà per finançar el viatge de fi de curs.

Aplica l'estratègia

Assaja el ritme per trobar la velocitat adequada.

Pautes per fer la crònica audiovisual

Fase de planificació

a) Redacta el text de la crònica i memoritza'l. Després, no cal que el reprodueixis paraula per paraula.

b) Evita les rimes ("tres partits han disputat i tots tres els han guanyat") i les repeticions cacofòniques ("les condicions han estat fixades en les reunions de les comissions.").

Fase de producció

a) Fes una entonació dinàmica, que posi èmfasi en els punts rellevants de la informació.

b) Marca les pauses de la puntuació. Fes que la pausa per respirar coincideixi sempre amb una d'aquestes pauses.

Pauta d'avaluació de l'expressió oral	
• La crònica ha tingut una introducció, un desenvolupament i una conclusió?	☐
• S'han evitat les rimes i les cacofonies?	☐
• S'ha fet a la velocitat adequada i marcant bé les pauses?	☐

Repte oral

El mentider

▶ Organitzeu-vos en grups de tres.

Cadascú explica durant dos minuts una cosa que li va ocórrer quan era petit, afegint-hi dues o tres informacions inventades.

Els qui escolten la història han de reconèixer quines són aquestes invencions.

Fem-ho així

Practiquem la versemblança: els qui t'escolten no han de notar-te cap canvi en la veu o la mirada quan dius la informació inventada.

3. El complement del nom

Definició i tipus

El **complement del nom** és una paraula o un conjunt de paraules que completen o modifiquen el significat d'un nom.

– *Un ordinador portàtil.* (CN: portàtil)

– *Una finestra d'emergència.* (CN: d'emergència)

El complement del nom acostuma a anar darrere el nom que modifica i pot estar format per un sintagma nominal, un sintagma adjectival, un sintagma preposicional o una oració:

Formes del complement del nom

a) Un **sintagma nominal**:

– *El carrer Monturiol.* (CN (aposició): Monturiol)

– *Un vagó restaurant.* (CN (aposició): restaurant)

b) Un **sintagma adjectival**:

– *Un jardí florit.* (CN: florit)

– *Una sopa molt calenta.* (CN: molt calenta)

c) Un **sintagma preposicional**:

– *Una empresa de logística.* (CN: de logística)

– *Uns cromos per col·leccionar.* (CN: per col·leccionar)

d) Una **oració** introduïda per un pronom relatiu:

– *Les maduixes que hem comprat avui.* (CN: que hem comprat avui)

– *L'escola on vam estudiar la primària.* (CN: on vam estudiar la primària)

Un nom pot tenir més d'un complement del nom:

– *Les colònies tèxtils del riu Llobregat.*

En aquest cas, el substantiu *colònies* té dos complements del nom, "tèxtils" i "del riu Llobregat".

A més, un sintagma que fa de complement del nom pot incloure també un complement del nom:

– *Les colònies del riu Llobregat.*

En aquest cas el complement del nom "del riu Llobregat" té com a nucli un nom, "riu", que té un complement del nom, "Llobregat".

FEM-HO AIXÍ

Si volem saber si un complement és complement del nom, eliminem el nom que ens sembla que complementa: si el complement no té sentit sense aquest nom, és complement del nom; si té sentit, aleshores és un altre tipus de complement.

Per saber-ne més

El sintagma nominal que fa de complement del nom s'anomena **aposició**.

FEM-HO AIXÍ

No has de confondre els determinants amb els complements del nom. Els determinants solen anar davant del nom per indicar-ne la quantitat, la proximitat, etc.

– *trenta-dues capses*

– *aquestes capses*

– *les meves capses...*

Els complements del nom explicatius i especificatius

Els complements del nom poden ser explicatius o especificatius.

- Els complements del nom **explicatius** són prescindibles, és a dir, si els eliminem no es modifica substancialment el sentit de l'oració; s'escriuen entre comes.
  - *Les noies, que van guanyar, van quedar-se a celebrar-ho.*

    "que van guanyar" és un complement del nom explicatiu perquè explica que **totes** les noies van quedar-se a celebrar-ho. Es podria prescindir del complement.
- Els complements del nom **especificatius** són necessaris per concretar i entendre l'abast del substantiu que complementen; no s'escriuen entre comes:
  - *Les noies que van guanyar van quedar-se a celebrar-ho.*

    "que van guanyar" és un complement del nom especificatiu perquè especifica que **només una part** de les noies va quedar-se.

Els pronoms de complement del nom

Només es poden pronominalitzar alguns dels complements del nom que comencen per la preposició *de*. Quan es poden pronominalitzar, ho fan amb el pronom *en*:

- *Han editat l'obra completa de Josep Carner.* → *N'han editat l'obra completa.*
- *L'actor va recitar de memòria la primera escena de l'obra.* → *L'actor en va recitar / va recitar-ne de memòria la primera escena.*

FEM-HO AIXÍ

El pronom *en* de complement del nom s'ha de fer servir en construccions en què sovint fem servir erròniament un possessiu:

✗ *Han fet un reportatge sobre la pel·lícula i han entrevistat els seus protagonistes.*

– *Han fet un reportatge sobre la pel·lícula i n'han entrevistat els protagonistes.*

ACTIVITATS

22. Analitza els elements d'aquests sintagmes nominals:

- Les tovalles de cotó.
- Una impressora làser de marca japonesa.
- L'entrevista radiofònica d'aquest matí.
- Alguns peixos tropicals d'aigua dolça.
- Quatre pastissets de poma i canyella.
- El seu gran repte personal.

Determinant	Nucli	Complement del nom
...	...	...

23. Subratlla els complements del nom de les frases següents i indica de quin tipus són (sintagma nominal, sintagma adjectival, etc.):

- Hem visitat la Tarragona romana i hi hem fet una ruta turística.
- Es llegeix totes les cròniques dels partits.
- En aquest bar fan unes croquetes de pernil molt bones.
- Tu talla el pernil salat mentre jo preparo el pa amb tomàquet.
- Ens hem menjat els nabius que hem collit al bosc.
- Ja vaig acabar el puzzle que tenia deu mil peces.

24. Indica tots els complements del nom d'aquestes frases i assenyala a quin substantiu complementen:

- Han netejat les ribes sud del riu Llobregat.
- Només llegeix novel·les policíaques anglosaxones amb final tràgic.
- Li han donat un premi a tota la seva trajectòria professional.
- Vaig anar a veure l'última obra dramàtica d'aquest autor barroc francès.
- Ha guanyat totes les curses del campionat del món en què ha participat.

25. Canvia cada adjectiu subratllat per una oració subordinada començada amb el pronom relatiu *que* que també faci de complement del nom:

- Els alumnes nous s'han reunit a la sala d'actes.
- Els trens elèctrics contaminen menys que els trens dièsel.
- Fa murals molt artístics amb els cromos repetits.
- La biblioteca municipal fa tallers de manualitats per a nens.
- Llença tots els retoladors gastats a rebuig.

26. Indica si els complements del nom subratllats són explicatius o especificatius:

- El document, que és del segle XIV, ha estat descobert en una biblioteca.
- Els pescadors que tornen ara porten peix blau.
- Els viatgers, cansats, se n'han anat directament a dormir.
- Vaig trobar les ulleres de sol que havia perdut.
- Hem canviat la finestra que no tancava bé.
- La filla d'aquest pintor, que viu a Florència, és dissenyadora.

27. Subratlla tots els complements del nom d'aquest text, digues quin nom complementen i indica de quin tipus són:

> Una de les majors delícies del Canadell és anar, havent dinat, a jaure un parell d'hores, a l'ombra del ventre d'una barca. A les dues de la tarda, l'ombra, torrada, té un parell de pams d'amplada, i la sorra, que el sol acaba de deixar, encara és calenta. La llum és d'una blancor gasosa, efervescent, enlluernadora. A l'aire, sobre les parets blanques, a l'arena rosada, la llum en fusió fa unes flotants, vaporoses llengüetes d'aire que saltironegen. La pàl·lida buidor blavissa del cel sembla tenir una crispació lumínica. Sobre el blau fort de la mar passa el ramat monòton de moltonets d'escuma.
>
> Josep Pla: *El quadern gris* (adaptació).

28. Afegeix dos complements del nom a aquests substantius:

- Una cançó ...
- L'entrepà ...
- L'acudit ...
- L'examen ...
- Un discurs ...
- El motor ...

29. Torna a escriure les frases substituint els complements del nom subratllats pel pronom corresponent:

- Tinc tres paquets de xiclets.
- Han fet una exposició amb tots els quadres del magatzem.
- No he aconseguit mai acabar cap col·lecció de cromos.
- Catalunya exporta el seixanta per cent dels vins.
- Dona'm més detalls del que va passar.

30. Reescriu les frases seguint l'exemple:

> Exemple: Els experts estudien el virus però, de moment, no han trobat la vacuna del virus. → Els experts estudien el virus però, de moment, no n'han trobat la vacuna.

- El locutor es mira els partits des de la tribuna de premsa per fer la retransmissió dels partits.
- El guia mostrava els racons més interessants de la ciutat i els turistes feien fotografies d'aquests racons.
- M'he de llegir aquest llibre i fer un resum de dues pàgines del llibre.
- La legislació sobre els comerços ja regula els horaris d'obertura i tancament dels comerços.

31. Torna a escriure les frases substituint els pronom per un complement del nom amb sentit:

- En compro tres quilos.
- N'hem menjat dues dotzenes.
- Van ajornar-ne l'estrena fins al mes vinent.
- N'exposaran el quadre més representatiu.

32. Reescriu aquestes frases canviant el possessiu per un pronom de complement del nom:

- La policia precinta un taller il·legal i deté tots els seus treballadors.
- Donen cops a l'olivera per fer caure les seves olives.
- Uns desconeguts han ocupat l'Ajuntament i han destrossat el seu mobiliari.
- Ja no queda pastís, només trobaràs les seves engrunes.

4. La síl·laba. El diftong i el hiat

La síl·laba

Una **síl·laba** consisteix en un o més sons que es pronuncien junts en un sol cop de veu: *a-la, fal-di-lla, io-gurt.*

Les síl·labes es poden classificar segons si són tòniques o àtones.

La **síl·laba tònica** és la que es pronuncia amb més força o intensitat: ***à**-nec, sa-**bó**, man-**te**-ga, fa-ris-**tol**,* mentre que la **síl·laba àtona** és la que es pronuncia amb menys intensitat i no du mai accent gràfic: *bo-**ca**, **au**-**to**-car, **re**-**to**-**la**-dor, ce-**ba**.*

Hi ha mots que són àtons, com ara els articles, les preposicions febles, els pronoms febles i la conjunció *que*.

Els mots compostos i els adverbis acabats en *-ment* tenen dues síl·labes tòniques: ***rà**pida**ment**, **pi**caba**ra**lla.*

Setcases és un mot compost i té dues síl·labes tòniques.

La separació sil·làbica

Les paraules se separen sil·làbicament seguint aquestes normes:

a) S'han de separar els dígrafs ***rr**, **ss**, **sc**, **l·l**, **tj**, **tg**, **tx**.*

b) No s'han de separar els dígrafs ***gu**, **qu**, **ll**, **ny**,* i els grups ***ig**, **ix**, **tx*** a final de mot.

c) S'han de respectar els límits dels prefixos en els mots derivats: ***des**-fer, **nos**-al-tres, **ben**-in-ten-ci-o-nat, **mal**-e-du-cat.*

d) No s'ha de deixar cap lletra sola al final o al començament de línia.

El diftong

Un **diftong** consisteix en un grup de dues vocals que es pronuncien en una mateixa síl·laba. Una de les dues vocals ha de ser una ***i*** o una ***u***.

Els diftongs poder ser decreixents o creixents:

Decreixents
a) a, e, i, o, u + i → *afaitar, feina, estudii* (en balear), *almoina, fruita.*
b) a, e, i, o, u + u → *taula, beure, xiulet, cloure, duu.*
Creixents
a) Quan la ***u*** va entre les consonants ***g*** o ***q*** i una vocal ***a***, ***e***, ***i***, ***o***: – *pa-rai-gua, un-güent, pin-güí, ai-guo-ta, a-de-quat, fre-qüent, a-qüí-fer, quo-ti-di-à.*
b) Quan la ***i*** o la ***u*** són a principi de mot: – *iar-da, ien, io-gurt, ua-di.*
c) Quan la ***i*** o la ***u*** són entre dues vocals. En aquests casos, formen diftong amb la vocal següent: – *no-ia, pe-uet, jo-ia.*

Per saber-ne més

La ***i*** i la ***u*** dels diftongs decreixents, que ocupen la segona posició, s'anomenen **semivocals**.

La ***i*** i la ***u*** dels diftongs creixents, que ocupen la primera posició, s'anomenen **semiconsonants**.

Atenció!

- Tingues en compte, però, que no formen diftong les sigles del tipus IEC, IESE, IUCE.

El hiat

Un **hiat** consisteix en un grup de dues vocals que no es pronuncien en la mateixa síl·laba i no formen, per tant, diftong.

Són hiats:

- La combinació de les vocals **a**, **e**, **o**: *pre-o-cu-pat*, *bal-ne-a-ri*, *a-or-ta*.
- La ***i*** o la ***u*** seguides de **a**, **e**, **o**: *vi-a*, *du-el*, *su-or*.
- Els grups de dues vocals en què la segona porta dièresi o accent: *ve-ï-na*, *su-ís*, *a-mo-ï-nar*. O aquells mots que haurien de dur dièresi i no en porten perquè són excepcions: *co-in-ci-dir*, *a-gra-ir*, *e-go-is-ta*, etc.

FEM-HO AIXÍ

A la paraula *hiat* hi ha un diftong, per tant, l'article definit *el* no s'apostrofa davant la paraula *hiat*.

ACTIVITATS

33. Separa en síl·labes les paraules següents i subratlla'n la síl·laba tònica:

- sostre
- ascensor
- desitjar
- aranya
- metgessa
- préssec
- avellana
- desarrelat
- piscina
- benestant
- dèficit
- setmanal
- àguila
- col·legi
- immensitat

34. Per on podries partir aquests mots a final de línia? Indica'n totes les possibilitats:

- al·legoria
- maleït
- maledicció
- escenificació
- pastisseria
- desunió
- obrellaunes
- eloqüència
- ineficàcia
- desil·lusionable
- alegries
- adhesiu

35. Busca els errors d'aquestes particions sil·làbiques i justifica'ls:

- de-sen-gany
- a-i-gü-e-ra
- i-na-cce-ssi-ble
- i-o-gur-te-ra
- pla-tge-ta
- es-to-ig
- eu-cli-dià
- te-rri-ssa-i-re
- ae-ro-es-quí
- pa-ra-i-gu-ot
- des-ca-feï-nat
- al-lun-yar

36. Indica el nombre de síl·labes de les paraules següents i subratlla els diftongs que hi hagi:

- apoteosi
- hiat
- àloe
- coïssor
- moianès
- alegroi
- europeu
- xiuxiuejar
- ambigüitat
- arqueologia
- despreocupació
- satisfactòriament
- balneoteràpia
- accentuació
- aguantallibres
- reorganització
- feinejar
- almoina
- teatre
- iode
- cacauet
- quota
- guitarrista
- encreuament

37. Justifica si els diftongs de les paraules de l'activitat anterior són creixents o decreixents.

38. Escriu paraules que tinguin:

a) Una síl·laba i un diftong creixent →
b) Una síl·laba i un diftong decreixent →
c) Dues síl·labes i un hiat →
d) Dues síl·labes i un diftong creixent →
e) Dues síl·labes i un diftong decreixent →
f) Tres síl·labes i un diftong →
g) Tres síl·labes, un diftong i un hiat →
h) Quatre síl·labes i un diftong decreixent →

DICTAT PREPARAT

39. Prepara't aquest dictat. Indica les dues paraules amb diftong creixent, les tres paraules amb diftong decreixent i les dues paraules amb hiat.

Experimentà un calfred. Començava a fer un fred punyent allà dalt, i el vent es filtrava, tallant, entre les roques. També, de vegades, els penyals queien rodolant muntanyes avall, despresos pel sol del migdia sobre la neu, i passaven entre ells, cosa que era sortosa, o per damunt de llurs caps, cosa que era alarmant. Les nits eren mortificadores i glaçades, i no gosaven cantar o parlar massa fort, perquè els ecos eren torbadors, i semblava que el silenci no volia ser trencat, excepte pel brogit de l'aigua, per l'udol del vent i pel cruixit de les roques.

J. R. R. TOLKIEN: *El Hòbbit.*

5. La lexicalització

Hi ha diversos mecanismes que creen paraules noves, com ara quan afegim un prefix o un sufix a una paraula preexistent. Un altre mecanisme és la **lexicalització**, un procés per mitjà del qual es formen unitats lèxiques noves a partir de sigles, de canvis de categoria o de sintagmes o oracions:

- Quan un **acrònim** o una **sigla** esdevé un mot: *sida*, *radar*... Com a mots, poden portar accent o poden tenir una forma singular i una plural:
  - *làser, làsers.*
- Quan un mot **canvia de categoria gramatical** sense que canviï la forma. Per exemple, el mot *esmorzar* com a verb ha canviat i s'ha format com a nom:
  - *Al Joan li agrada esmorzar.* → *L'esmorzar és un àpat fonamental de la dieta.*
- Quan **un sintagma** o **una oració** es pot incorporar al lèxic. Això ocorre quan s'assoleixen dues característiques: el sintagma queda fixat i fa referència a un significat específic. Per exemple:
  - *targeta groga, pa de pessic, llum verda,* etc.

El sintagma *targeta groga* ha estat lexicalitzat.

La lexicalització d'un sintagma

Un sintagma es lexicalitza quan està fixat, és a dir, no admet elements al mig o canvis d'ordre. Per exemple, el sintagma *targeta groga* no admet el mot molt al mig: "targeta molt groga".

A més, els sintagmes lexicalitzats adquireixen un significat específic, que no es pot deduir a partir de les paraules que formen el conjunt sinó que fa referència a un significat global del sintagma. *Targeta groga* no fa referència a una targeta groga qualsevol de color groc sinó a aquella que significa una amonestació de l'àrbitre a un jugador de futbol.

Sovint el significat global que es forma és metafòric, com ara *diner negre*, que es construeix sobre la metàfora cultural que associa la il·legalitat amb la foscor i el color negre. Altres exemples són:

- *pell de gallina, cap quadrat, cadena humana, rescat financer...*

Per saber-ne més

Entre els diversos sintagmes que es poden lexicalitzar trobem els complements del nom. Originàriament, eren un complement del nom autèntic, però en lexicalitzar-se tenen les característiques que hem esmentat:

- *pa de pessic*
- *tauleta de nit*
- *blat de moro*
- *mà de ferro*
- *full de càlcul*
- *sala de cures*

ACTIVITATS

40. Explica el significat d'aquests sintagmes lexicalitzats que originàriament eren complements de nom.

A continuació explica si tenen un significat global que no es pot deduir dels mots individuals, i si és metafòric:

- ull de poll
- ball de xifres
- mal de cap
- col de Brussel·les
- olla de pressió
- tauleta de nit
- mà de ferro
- blat de moro
- prova de foc
- panet de Viena
- violència de gènere
- camisa de dormir

41. Indica quins dels sintagmes subratllats són una unitat lexicalitzada. En cas que ho siguin, busca'n el significat i escriu-lo:

- La sala semblava un orgue de gats: tothom parlava.
- Buida la galleda de fregar.
- Hem tastat un pa d'olives negres molt bo.
- Li ha sortit un ull de poll al dit gros del peu.
- Aquest tren de rodalia fa massa parades.
- Em sembla que està enfadat amb mi perquè m'ha fet una cara llarga.

6. Les quatre grans cròniques

Les cròniques de l'expansió

L'expansió de la Corona d'Aragó durant el segle XIII cap al sud i cap al Mediterrani troba el seu relat en les quatre grans cròniques: el *Llibre del fets*, de Jaume I; la *Crònica del rei en Pere*, de Bernat Desclot; la *Crònica*, de Ramon Muntaner, i la *Crònica*, del rei Pere el Cerimoniós.

Les cròniques incideixen decisivament en el prestigi de la llengua catalana. A partir del segle XIII, els fets i les gestes dels reis es redacten en la llengua del poble, perquè siguin un bon instrument de propaganda. Expressen la memòria dels reis, però també són la justificació de les decisions del poder i de la monarquia, i solen presentar els fets com una manifestació del **providencialisme**.

Per saber-ne més

El **providencialisme** és la justificació dels esdeveniments de la història com a fruit de l'actuació de la providència o voluntat de Déu, que ha volgut que les coses ocorreguessin tal com han estat.

Jaume I: *El Llibre dels fets*

Jaume I (1213-1276) és l'autor del *Llibre dels fets*, una crònica personal del seu regnat. Es tracta d'un fet insòlit, ja que és la primera vegada a la literatura d'Occident que un rei escriu les seves memòries amb la voluntat de deixar constància escrita del seu temps, un regnat llarg i ple d'èxits, per a "aquells qui vulguin sentir". És, per tant, un text escrit en primera persona amb una forta presència de l'oralitat.

> I per tal que els homes coneguessin i sabessin, quan hauria acabat aquesta vida mortal, això que nos havíem fet amb l'ajuda del Senyor poderós, en qui és vertadera trinitat, deixem aquest llibre per memòria a aquells qui vulguin sentir les gràcies que Déu Nostre Senyor ens ha fet i per donar exemple a tots els altres homes del món.
>
> (adaptació)

La participació directa del rei és indiscutible perquè ell inspira el relat, en selecciona els episodis i en dicta el text. Això ho confirma la utilització del ***Nos* majestàtic** i algun *jo*, i la gran quantitat de notes personals. El to de l'obra és verídic i l'estil és apassionat i íntim.

Tots els esdeveniments importants de la vida del rei hi són registrats: l'engendrament llegendari del rei, la batalla de Muret, la infantesa al castell de Monzó, la conquesta de Mallorca, de València i de Múrcia, els conflictes amb Alfons el Savi de Castella, les revoltes dels nobles aragonesos, etc.

Destaquen els episodis de la conquesta de Mallorca i de València, que semblen diaris de guerra, amb detalls precisos:

> I érem a Borriana, i, quan volguérem aixecar el campament, una oreneta havia fet niu prop de l'escudella de la tenda, i manàrem que no llevessin la tenda fins que ella se n'hagués anat amb els seus fills, ja que en nostra fe havia vingut.

Jaume I presidint les Corts catalanes.

Bernat Desclot: la *Crònica del rei En Pere*

La *Crònica del rei En Pere* té un **to objectiu** i distant, ben diferent de la de Jaume I. L'autor, que signa amb el pseudònim Bernat Desclot, és un funcionari de la cancelleria, fet que es reflecteix en la riquesa d'informació sobre la cort. Redacta el text en tercera persona amb trets dialectals característics del Rosselló, que podria ser el lloc d'origen de l'autor.

A la crònica, hi predomina l'aire cavalleresc perquè el monarca es presenta i actua com un personatge de la **novel·la artúrica**:

> Barons, no creieu que sigui cap rei de cristians al món entre tanta gent, que tingui tan bons vassalls i tan fidels al seu senyor com jo... I jo, barons, no sóc sinó un cavaller entre altres...
>
> (adaptació)

Per saber-ne més

La novel·la artúrica inclou un conjunt de narracions en vers i en prosa, també denominades "matèria de Bretanya", que es desenvolupen al voltant de la figura del rei Artús, el mag Merlí, els cavallers de la taula rodona (Lancelot, Perceval, etc.) i la recerca del Sant Greal.

Ramon Muntaner: l'aventurer

Ramon Muntaner (1265-1328), nascut a Peralada, va participar en moltes campanyes militars dels reis catalans. De vell es va retirar a Xirivella, on va escriure la crònica.

El període històric que abraça la *Crònica* de Muntaner és el punt àlgid de l'**expansió pel Mediterrani**: narra els fets que ell mateix va viure durant el regnat de cinc reis, des de Jaume I fins a Alfons el Benigne.

Tal com ja havia fet Jaume I, Muntaner escriu sobre unes experiències personals, de manera que abandona l'àmbit de la història per tendir a l'**autobiografia**. De fet, s'observa l'èmfasi que posa a demostrar que va ser testimoni directe dels fets que narra:

> I, per això, començo pel fets del senyor rei En Jaume, el qual jo vaig veure assenyaladament quan jo era fadrí. Dit senyor rei anà a l'alberg del meu pare, en Joan Muntaner, que era un dels més grans albergs d'aquell lloc i era al cap de la plaça.
>
> (adaptació)

La crònica de Muntaner inclou els capítols de les conquestes de Mallorca, València, Sicília, Sardenya i els comtats de Neopàtria i Neàpolis a Grècia.

El relat mostra un to d'exaltació èpica permanent i magnifica tot allò que afecta els reis d'Aragó. Per això escriu una prosa exagerada amb comparacions constants entre la realitat i la ficció:

> El rei En Pere era el millor cavaller del món, que conduïa els bons cavallers de la terra com mai el rei Artús no tingué a la taula rodona.
>
> (adaptació)

La *Crònica* de Muntaner destaca per la qualitat literària i l'ús de formes populars. De la cultura dels joglars pren la famosa fórmula "què us direts?", que manté la tensió del relat i l'atenció del públic.

Per saber-ne més

Els capítols brutals dels almogàvers capitanejats per Roger de Flor subministren l'esquema narratiu per a l'estada de Tirant a Constantinoble.

Pere el Cerimoniós: el governant

Pere el Cerimoniós (1319-1387) va tenir un regnat molt llarg, marcat per greus conflictes polítics i socials: pesta negra, reincorporació per la força del regne de Mallorca, revolta dels nobles, guerres amb Castella i Gènova.

> I estant en aquesta situació, començà a la ciutat de València la gran mortaldat, en el mes de maig de l'any de Nostre Senyor de mil tres-cents quaranta-vuit, i creixé tant que, abans que fos mitjan juny, hi moriren cada dia més de tres-centes persones...
>
> (adaptació)

Pere III el Cerimoniós, en un retrat atribuït a Gonçal Peris.

Escrita pel mateix rei, seguint l'exemple del seu besavi Jaume I, i un grup de col·laboradors, el monarca ja no es presenta com un heroi cavalleresc, sinó com un **príncep renaixentista** que exerceix el poder sense escrúpols.

ACTIVITATS

42. Llegeix aquest passatge del *Llibre dels fets* i destaca-hi els elements autobiogràfics i el to verídic:

> I Nos ens casàrem amb la reina Dona Elionor per consell dels nostres homes, que ens aconsellaven que, com que el nostre pare no tenia cap més fill que Nós, que prenguéssim muller de jove, perquè tenien gran recança per la nostra vida, per raó de malalties o que ens donessin metzines, i que fos com fos volien que romangués de Nos un hereu per tal que el regne no sortís del nostre llinatge, perquè el comte Don Sanxo, fill del Comte de Barcelona, i Don Ferrando, que era oncle nostre i fill del rei Alfons, intentaven ésser reis tots dos.

43. A l'inici de la seva crònica, Ramon Muntaner explica una visió en què un home vestit de blanc va encarregar-li d'escriure la *Crònica*. Assenyala en aquest fragment els enunciats que indiquen la presència del providencialisme:

> –Muntaner, lleva't de seguida i pensa de fer un llibre de les grans meravelles que has vist que Déu ha fet en les guerres on tu has estat, ja que a Déu plau que per tu siguin manifestades. Que sigui qui sigui el rei d'Aragó, que s'esforci a fer i a dir les mateixes gràcies que Déu ha fet en aquests afers que tu recontaràs, i que vegi i conegui que a la dretura ajuda sempre nostre Senyor.
>
> (adaptació)

44. El fragment següent conté per dues vegades un recurs de Ramon Muntaner per apropar-se al lector, o a l'oient. Quin és aquest recurs?

> Que us he de contar què s'esdevingué a un cavaller alà que s'escapava amb sa muller, ell en bon cavall i sa muller en altre. I tres hòmens de cavall dels nostres els perseguiren. Què us diré? Lo cavall de la dona flaquejava, i ell, amb l'espasa plana, li donava, i a la fi los nostres hòmens a cavall els aconseguiren.
>
> (adaptació)

45. Quin escriptor, contemporani de Jaume I, escriu també textos de contingut autobiogràfic, però en vers?

46. El passatge següent de la *Crònica* del rei Pere el Cerimoniós explica la repressió exercida per ell mateix contra els revoltats de la ciutat de València.

La crueltat que s'hi exhibeix demostra una característica fonamental d'aquesta quarta crònica. Quina és?

> I n'hi hagué alguns que foren arrossegats i penjats, i altres solament penjats. Dels quals n'hi hagué alguns, així com ho mereixien, als quals fou donat a beure del metall de la campana de la Unió que havien fet, la qual estava en la casa del Consell de la ciutat, que és prop de la seu.
>
> (adaptació)

Un *eximpli* de Muntaner

La *Crònica* de Ramon Muntaner, a més de relatar aventures i fets d'armes, expressa l'opinió de l'autor sobre la política i la societat del moment. Tal com es mostra en aquest fragment, Muntaner fou un servidor entusiasta de tots els monarques de la Corona d'Aragó. En aquest *eximpli* sobre la mata de jonc, defensa que els monarques catalans seran forts si estan units:

La mata de jonc

I així és necessari que d'ara endavant el senyor rei Alfons [Alfons el Benigne], rei d'Aragó i de València i de Sardenya i comte de Barcelona i d'Urgell, fill seu [de Jaume II el Just], s'esforci i que hi faci molt de bé que ha tingut un mirall en el dit senyor rei, el seu pare.

I pot fer-se el càrrec que ell és rei d'Aragó i de València i de Sardenya i de Còrsega i de Mallorca i de Sicília; que si ell ho vol, el regne de Mallorca és sota el seu comandament com ho és el regne d'Aragó i així mateix el regne de Sicília; que de tots ells és el cap i major. I mentre que a ell li plagui, que aquests regnes tingui per cosa seva i pròpia i el senyor rei de Mallorca i el senyor rei de Sicília siguin d'una voluntat i d'un voler, així com deuen ser poder fer-se compte que seran sobirans de tots els reis i prínceps del món tant de cristians com de sarraïns...

I si algú em demana "En Muntaner, quin és l'exemple de la mata de jonc?", jo li responc que la mata de jonc té aquella força que si tota la mata lligada amb una corda ben forta i tots junts la voleu arrencar us dic que deu homes per més que tibin, no l'arrencaran ni encara amb més gent; i si lleveu la corda, de jonc en jonc la trencarà del tot un noi de vuit anys, que no en quedarà ni un sol jonc. I així seria d'aquests tres reis si entre ells hi havia divisió o discòrdia, cosa Déu no ho vulgui, tingueu en compte que tenen uns veïns que pensarien de consumar l'un amb l'altre. Cal que es guardin d'aquest pas: que mentre tots tres siguin d'una mateixa voluntat, no tement cap altre poder del món si no com us he dit abans, seran sempre senyors dels seus enemics.

Ramon MUNTANER: *Crònica* (adaptació).

- Quin sentit té l'*eximpli* de la mata de jonc? Quina conclusió se'n desprèn?
- El fet d'expressar-se a través d'exemples, semblances i comparacions quin objectiu persegueix? De quina mena de textos és característic?
- Quin autor que ja has estudiat en els temes anteriors utilitza també *eximplis*?
- Quina és la funció de la pregunta que hi ha a l'inici de l'exemple de la mata de jonc?

Primer foli d'un manuscrit de la *Crònica*, de Ramon Muntaner. S'hi pot veure una miniatura que representa Ramon Muntaner escrivint la seva crònica.

Apliquem

Informem de l'actualitat

Activitat prèvia: De la imatge al text

▸ Sou a la redacció del diari i heu rebut aquestes fotografies de l'enviat especial al Pirineu per a la primera gran operació sortida de la temporada d'hivern, però la notícia o la crònica que ha escrit no ha arribat. Haureu d'escriure-la vosaltres a partir de les fotografies!

Ho trobaràs

Als **temes 2 i 3** hi hem estudiat els dos gèneres periodístics més relacionats amb la informació sobre l'actualitat: la notícia i la crònica.

Pautes per escriure

1. Formeu grups de tres i decidiu si escriureu una notícia o una crònica.
2. Escriviu tres o quatre frases sobre el contingut de cadascuna de les fotografies.
3. Escriviu la notícia o la crònica tenint en compte la diferència d'estructura i d'estils.
4. En acabar, pengeu els textos al web del centre.

La notícia

- Heu de respondre les sis preguntes: *qui*, *què*, *quan*, *com*, *per què* i *on*.
- Heu de posar-hi titular, entradeta i cos (sense conclusió).
- Feu l'estructura de piràmide invertida.

La crònica

- Escriviu-la amb un estil àgil i amb interpretació dels fets.
- Seguiu l'estructura Títol-Introducció-Desenvolupament-Conclusió.
- No cal fer la piràmide invertida: una crònica pot ser perfectament cronològica, amb un desenllaç final.

TRANSFORMACIÓ TEXTUAL: ELS FETS ORIGINARIS

▸ Novament a la redacció, us arriba l'article d'opinió següent i rebeu l'encàrrec de publicar també la notícia dels fets que l'han originat. Heu de transformar aquest article d'opinió en una notícia.

El *running* em matarà a disgustos

Aquest cap de setmana els membres del grup Gresca, Quilòmetres i Custòdia Compartida (que es dediquen al *running* i als esmorzars de forquilla) van organitzar una cursa popular de muntanya. Volien recollir diners per a una malaltia. Però la seva cursa no era l'única que es va fer el cap de setmana en el mateix espai natural. N'hi havia una altra per recollir diners per a les víctimes d'un huracà. L'organitzava el grup Mamis Runners, una associació de dones que comparteixen l'afició pels blogs de moda i les maratons.

Aquest matí he corregut per la muntanya i m'he dedicat a comptar els vestigis de tanta solidaritat. Una pedra al camí amb una X blanca, pintada, que t'indicava que per allà no hi havies de passar. Una roca amb un número 15, verd, grandiós, que t'indicava que, ves per on, ja havies arribat al quilòmetre quinze i, pertot arreu, banderoles penjades a les branques amb l'emblema del club muntanyenc.

Pintar alguna pedra o algun arbre per indicar els camins s'ha fet sempre. Però una cosa és senyalar un camí i l'altra és senyalar cada quilòmetre de les quinze curses de cada cap de setmana. Aquestes pedres i aquests arbres quedaran pintats durant anys. I no caldria. Ni Hansel i Gretel es perdrien en aquest bosc. Només cal seguir el camí a través de les bossetes buides de gels energètics que et trobes a cada dues passes i que ningú no recollirà.

Empar MOLINER:
Ara, 3 de juny de 2015 (adaptació).

Pautes per a la transformació

1. Separeu els fets objectius de les opinions i les afirmacions iròniques.
2. Analitzeu els fets i seleccioneu quins poden ser presentats com a notícia.
3. Redacteu la notícia seguint les convencions d'aquest gènere.
4. En acabat, pengeu els textos al web del centre.

Pauta d'avaluació de la transformació d'article d'opinió a notícia	
• La notícia conté fets objectius o opinions?	☐
• Respon les sis preguntes clau?	☐
• Té titular, entradeta i cos (sense conclusió)?	☐
• Té l'estructura de piràmide invertida?	☐

4 Els gèneres d'opinió (I)

L'article d'opinió i l'editorial

Continguts

- L'article d'opinió i l'editorial
- La cohesió
- La veu (III): l'entonació
- El verb
- L'accentuació i la dièresi
- Els camps semàntics i la hiponímia
- La prosa moral. L'Humanisme

AVALUACIÓ: L'article d'opinió

Per començar...

En els mitjans de comunicació no només hi trobes les notícies, també hi ha les opinions del director, de l'equip editorial o de diferents col·laboradors. Expressen la manera de pensar de qui els signa i tenen la intenció de crear opinió entre els lectors.

El text d'opinió següent és de Joan Barril, director del programa de ràdio *El Cafè de la República*.

L'agricultura en la nostra societat

Bona nit, són les 9. Avui s'ha celebrat al Parlament una sessió per debatre coses tan estranyes de debatre com és el sector primari. Es coneix com a sector primari allò que surt de la terra i que forma part de la nostra alimentació. Es tracta, doncs, de l'agricultura. Aquesta part de la nostra economia que ens serveix per alimentar-nos i per donar feina als homes i les dones que formen part de la tradició ancestral de la humanitat.

De tant en tant ens fixem en l'agricultura, mirem cap al cel i veiem que en qualsevol moment poden caure pedres gelades que arrasaran les collites. A vegades, anem a plaça i veiem que els productes de la terra s'han apujat molt. És aleshores quan som injustos i comencem a dir que els pagesos són, en realitat, uns aprofitats. Res més fals. Administrar el camp exigeix una feinada i unes assegurances que no sempre són enteses per la gent de ciutat.

Avui s'ha demostrat una certa sensibilitat pels conreus de Catalunya. Doncs ja era hora! Però no deixem que la nostra visió del món es vegi enterbolida per la sensació que les fruites, les hortalisses i el gra surten de la terra per generació espontània. Vaja, com si la figura del pagès hagués deixat d'existir perquè potser a aquest pas la figura del pagès deixarà d'existir.

Joan Barril: 9 de juliol de 2014 (adaptació). <ccma.cat>

A **Fixa't en l'inici d'aquest text i digues de quin mitjà de comunicació et sembla que procedeix.**

B **Quina opinió té l'autor de les feines del camp?**

C **Quins elements del text et permeten pensar que l'autor fa algun retret als parlamentaris?**

D **Abans d'escoltar el text llegit per Joan Barril, imagina com seran el ritme i l'entonació: ràpid o lent, tranquil·la o exaltada.**

E **Vés a www.tiching.com/732254 i escolta l'enregistrament. Compara les teves suposicions amb el que has escoltat. Les has encertat? Et sembla convincent la manera com Joan Barril exposa el text?**

L'article d'opinió

La fascinació de les noves tecnologies

Luri sospesa la gestió de les tecnologies en els joves

BARCELONA - Gregorio LURI

El gran valor del nostre temps és la novetat, i el nostre imperatiu quotidià, la innovació, malgrat que tots sabem que la *Ilíada* seguirà a les nostres prestatgeries molt després que hàgim substituït aquella última meravella tecnològica per la qual avui sospirem, per una altra molt més meravellosa. Les coses noves es renoven a si mateixes a una velocitat tan gran que els nostres estudis sobre les seves conseqüències van uns quants passos per darrere del mercat. Davant la fascinació de la novetat, estem cada vegada més desprotegits. Aquest és un dels signes del nostre temps. L'home ha deixat de ser la mesura de totes les coses. No obstant, com que les noves tecnologies no només han vingut per quedar-se, sinó que hi tenim dipositades les nostres complaences, no ens podem permetre el luxe de parar la seva producció per ponderar els seus efectes.

Llibres recents com *¿Qué está haciendo internet con nuestras mentes?*, de Nicholas Carr, o *Contra el rebaño digital*, de Jaron Lanier, ens asseguren que el futur tecnològic no és necessàriament de color rosa. Personalment, no crec que hàgim d'assistir impassibles al fet que els nostres fills estiguin passant una mitjana de sis hores diàries connectats a les seves pròtesis digitals (televisió, mòbil, consola, ordinador, etcètera), i redueixin així alarmantment les seves possibilitats de relacionar-se cara a cara, de manipular artesanalment la realitat o d'experimentar les possibilitats aventureres de la branca més alta d'un arbre.

El que separa un arbre digital d'un arbre real no és un matís, és un món. Però, per als joves, i d'una manera cada vegada més diàfana també per als nens, les noves tecnologies i l'ús de les xarxes socials són béns de primera necessitat. Creuen que reforcen la seva independència, però alguns viuen en un continu *botellón* electrònic. Mentre que gairebé el 100 % té instal·lat un antivirus al seu ordinador, només el 17 % té algun filtre d'accés als continguts d'Internet. La dada és rellevant, perquè la majoria reconeix que utilitza Internet per aconseguir experiències d'oci. Internet s'està imposant d'una manera cada vegada més evident com un passatemps.

El que busquen els adolescents és, bàsicament, música, jocs, humor i esports. Un 14 % reconeix que visita llocs que ells mateixos qualifiquen "per a adults". Un 30 % es mostra d'acord amb aquesta afirmació: "Em poso nerviós o m'enfado quan no puc o no em deixen navegar".

Les virtuts que hi troben els partidaris de les noves tecnologies són qüestionades radicalment pels detractors, de manera que comencem a veure clar que tenen diferents concepcions tant sobre la intel·ligència humana com sobre les habilitats necessàries per afrontar el futur. Però estem veient també que la relació freqüent amb la pantalla fomenta uns hàbits posturals i de relació amb el propi cos que han de merèixer la nostra atenció, perquè el sedentarisme associat a la pantalla està contribuint a l'obesitat i a la disminució de les habilitats físiques dels nens.

En general, les noves tecnologies semblen fer realitat les paraules de l'evangelista Mateu (25-29):

"A tothom qui té, més se li donarà, i tindrà en abundància; però a aquell que no té, fins i tot el que té se li prendrà". Tenim prou indicis per sospitar que les noves tecnologies amplifiquen, per bé i per mal, les habilitats intel·lectuals d'aquells que les utilitzen. Allà on, per exemple, la persona metòdica hi troba una mina, la persona dispersa hi troba un laberint.

El Periódico, 5 de gener de 2012.

ACTIVITATS

1. El text comença amb una frase categòrica: "El gran valor del nostre temps és la novetat, i el nostre imperatiu quotidià, la innovació". Creus que presenta un fet objectiu o és l'opinió de l'autor? Raona la resposta.

2. Què representa *La Ilíada* en aquest context? Podries expressar aquesta idea d'una altra manera?

3. L'autor parla de "les virtuts" que hi troben els partidaris però no les menciona. Quines podrien ser, segons tu?

4. Quins són, segons el text, els problemes que pot causar en els adolescents l'ús abusiu de l'ordinador?

5. Explica el sentit de les expressions següents:"Hi tenim dipositades les nostres complaences", "pròtesis digitals", "béns de primera necessitat", "botellón electrònic".

6. Escriu un sinònim dels mots següents que apareixen a l'article d'opinió de Luri:

- velocitat: ...
- conseqüències: ...
- fascinació: ...
- desprotegits: ...
- ponderar: ...
- habilitats: ...

7. Busca un antònim de les paraules següents del text:

- impassibles: ...
- redueixin: ...
- artesanalment: ...
- diàfana: ...
- reforcen: ...
- afrontar: ...

8. Busca al text els mots corresponents a les definicions següents:

a) Deure que ens imposem o que ens imposen.
b) Tornar a fer o fer de nou.
c) Allò amb què es representa o caracteritza alguna cosa.
d) Que excel·leix, està per sobre del nivell ordinari.
e) Promoure el creixement d'alguna cosa.
f) Joves entre la infància i l'edat adulta.

9. Digues si són veritables o falses les afirmacions següents i indica les frases del text que ho confirmen o ho rebaten:

a) Si volem estar al dia, hem d'inventar coses noves constantment. ☐
b) Les novetats tecnològiques ens enlluernen i no en veiem els perills. ☐
c) L'autor creu que les noves tecnologies no tenen futur. ☐
d) Els joves d'avui no poden viure sense connectar-se. ☐
e) De les nostres habilitats per afrontar el futur dependrà que fem un bon o un mal ús de les noves tecnologies. ☐
f) Les noves tecnologies no són útils per a tothom. ☐

10. Digues quina de les frases següents resumeix millor el sentit del text:

a) Els joves actuals estan massa enganxats a Internet i a les xarxes socials. ☐
b) L'atracció que sentim cap a les noves tecnologies ens pot portar a fer-ne un ús abusiu. ☐
c) Els pares haurien de controlar més l'ús que els seus fills fan d'Internet i de les xarxes socials. ☐
d) L'ús de les noves tecnologies fomenta la incomunicació de les persones. ☐

1. Els gèneres d'opinió (I): l'article d'opinió

L'**article d'opinió** és un text en què l'autor analitza un tema i expressa les seves idees personals.

Normalment es tracta d'un text argumentatiu ja que s'analitza un tema i es vol convèncer el lector d'una tesi. L'article d'opinió pot adoptar diferents formes: editorial, columna, carta al director, crítica, etc.

El sociòleg Salvador Cardús escriu habitualment en la premsa.

Estructura

L'article d'opinió té una estructura determinada per facilitar l'exposició i l'argumentació de les idees de l'autor:

Títol: Sintetitza el conjunt o capta l'atenció del lector.

Introducció: Es presenta el tema en un paràgraf diferenciat.

Argumentació: S'exposa una tesi acompanyada de diferents raonaments. Es pot oferir la versió contrària per tal de rebatre-la. Els raonaments solen anar acompanyats de proves, exemples, dades, etc.

Si es vol oferir més d'un argument, és convenient presentar-los en paràgrafs diferents.

Conclusió: Reforça la idea central però, a vegades, deixa la conclusió oberta al lector.

Per saber-ne més

El **to** pot ser **neutre** (si es vol ser objectiu), **polèmic** (si el tema és controvertit o es rebat l'opinió d'algú) o **irònic** (si se li vol donar un matís humorístic).

Característiques del llenguatge

L'article d'opinió té un **llenguatge propi** que el diferencia de la notícia o del reportatge. Les característiques principals són:

- Sovint està escrit en **1a persona**, ja que expressa l'opinió de qui l'escriu.
- S'utilitzen **verbs i expressions d'opinió**: *crec, penso, al meu parer, em sembla...*
- També podem trobar-hi **oracions impersonals i passives**: *hom diu..., es pensa que...*
- S'utilitzen **expressions** que indiquen **recomanació** o **obligació**, com ara *seria bo, caldria, s'hauria de...*
- Presència d'**adjectius i adverbis valoratius** favorables o pejoratius: *magnífic, irreparable, decebedor, malauradament...*
- Es fan servir **verbs** que expressen **causa i conseqüència**: *causar, produir, originar, facilitar...*
- Tendeix a utilitzar **frases llargues**, amb oracions subordinades adverbials o adjectives, i amb substantius abstractes.

En les tertúlies televisives també es fa servir l'argumentació.

Text argumentatiu

Hi ha diferents **tipus d'arguments** que podem fer servir per defensar una tesi i convèncer el lector:

- Argument **d'autoritat**. Es basa en l'opinió de persones enteses en la matèria o en dades fiables: "Llibres recents ens asseguren que el futur tecnològic no és necessàriament de color rosa".

- Argument basat en la **relació causa-efecte**: "...que els nostres fills estiguin una mitjana de sis hores diàries connectats a les seves pròtesis digitals redueix alarmantment les seves possibilitats de relacionar-se".
- Arguments basats en **exemples**: "La campanya sobre el reciclatge de residus ha donat els seus fruits: als municipis del Vallès Oriental s'han recollit un 20% més d'ampolles i envasos".
- Argument d'**analogia**, en què apliquem a la nostra idea una conclusió vàlida per a un altre cas: "De la mateixa manera que es diu que per aprendre a pintar cal haver mirat molts quadres, per aprendre a escriure bé cal haver llegit molt".
- Arguments basats en **l'opinió general**, idees que tothom accepta. Sovint s'utilitza la forma impersonal del verb: "s'ha demostrat que..., es creu que..., tothom sap que..."

Per saber-ne més

Apel·lar als sentiments o als valors morals dels lectors és també un recurs argumentatiu, sobretot davant de catàstrofes naturals o humanes.

ACTIVITATS

11. Tornant al text sobre les noves tecnologies, i segons el que acabes de llegir més amunt, podries assenyalar les diferents parts estructurals del text?

12. Llegeix el fragment següent d'un text sobre la insolidaritat i després fes les activitats següents:

a) Busca en el text adjectius o adverbis valoratius.

b) Busca un recurs estilístic que apel·li als sentiments.

c) Quin recurs lèxic s'utilitza per posar de relleu la diferència entre autòctons i immigrants?

> I, tanmateix, és trist comprovar com gran part de l'opinió pública, amarada de buidor i d'insolidaritat, viu d'esquena al drama quotidià de la immigració. És doblement trist, perquè és l'indici més clar de la degradació moral i política que precedeix el final dels pobles lliures. La lluita pels drets dels immigrants és el mateix combat de sempre a favor de les llibertats. No hi ha democràcia possible sense ciutadans lliures i avui, a casa nostra, hi ha una legió d'immigrants que són esclaus d'unes lleis i d'unes situacions injustes i d'unes condicions de treball immorals. Són el nou proletariat del segle XXI, que truca a les portes d'Europa demanant treball i llibertats, dues coses que als seus països d'origen no abunden. Els ho negarem també nosaltres?
>
> Antoni SEGURA: *Avui*, 28 d'agost del 2001.

13. Basant-te en els diferents tipus d'arguments, troba'n un de diferent per a cada una de les afirmacions següents:

- Cal evitar el tabac.
- Europa no fa res per impedir l'arribada massiva d'immigrants en condicions deplorables.
- És impossible eradicar el fracàs escolar.
- La taxa de natalitat a Europa és cada vegada més baixa.
- Les espècies que no se s'adaptin desapareixeran.

14. El text següent és un article d'opinió en què els paràgrafs han estat desordenats. Ordena'ls:

> **a)** Per una banda, hi ha gent que creu que les noves tecnologies a l'escola són un avantatge. Pensen que s'aprèn més i que facilita molt a l'hora de cercar informació, a més, els alumnes estan més motivats a l'hora de treballar amb l'ordinador.
>
> **b)** Jo crec que l'ordinador és molt necessari per cercar informació i per treballar a l'escola. Vivim en una societat totalment tecnològica i a gairebé el 100% de les cases hi ha ordinadors, és per això que penso que a l'escola hem de treballar amb aquestes eines per formar-nos millor.
>
> **c)** Els llibres digitals a l'escola es van introduir fa poc temps, al nostre centre fa 3 anys que treballem amb el projecte "1 × 1", és a dir, un alumne, un ordinador. No estem gaire segurs de si això és una bona manera d'aprendre o si els alumnes es distreuen més.
>
> **d)** Per contra, hi ha persones que s'estimen més el llibre i la llibreta. D'aquesta manera a l'hora d'estudiar o de fer deures no et pots distreure amb l'ordinador. Hi ha professors que van començar a treballar amb els llibres digitals i ja ho han deixat de fer perquè no els anava bé o bé pels errors de la xarxa d'Internet que feien més lentes les classes.
>
> *Bellnet*, 3 de maig de 2013 (adaptació).

15. A continuació hi ha unes expressions extretes del text anterior. Relaciona-les amb alguna de les característiques de l'article d'opinió:

a) Per una banda,... Per contra,...

b) Jo crec que...

c) Vivim en una societat totalment tecnològica.

d) És per això que...

- Idees que tothom accepta.
- Exposició de diferents arguments.
- Argument basat en l'opinió de l'autor.
- Connector que expressa conseqüència.

16. A continuació tens una notícia breu sobre la població xinesa que ha aparegut en un diari. Llegeix-la i respon les preguntes següents:

Canvi de rumb a la Xina

La República Popular de la Xina ha decidit posar fre a la seva política de fill únic i permetre que les dones puguin tenir un segon fill, davant la constatació que la població estava envellint ràpidament. Amb aquesta mesura esperen posar fi a la pràctica de milers d'avortaments forçats selectius i d'abandonament de nenes duts a terme fins ara ja que les famílies, posats a tenir un sol fill, preferien que fos un nen.

a) Reflexiona sobre els canvis que això comportarà per a la societat xinesa. Per una banda, disminuirà el dolor de les famílies que es veien obligades a desfer-se d'un fill desitjat. Però, per l'altra banda, la població augmentarà de manera notable en un país ja ara molt superpoblat.

b) Segueix l'esquema que et proposem amb les dades i arguments que tinguis al teu abast de manera que conformin el guió d'un article d'opinió. Pots incloure-hi raons de tipus ètic.

c) Una vegada hagis omplert el quadre, redacta un article d'opinió. Respecta l'estructura del quadre anterior.

Títol	(Pensa un títol atractiu que doni idea de per on anirà la teva opinió)
Exposició del tema	(Presenta el tema fent referència a la informació que comentaràs)
Arguments a favor d'una tesi – dades de suport	(Exposa els arguments a favor del teu punt de vista i fonamenta'ls en dades)
Arguments en contra – dades de suport	(Exposa els arguments contraris o les objeccions que es poden fer als que has presentat abans)
Altres consideracions o informacions addicionals	(Afegeix informacions o consideracions addicionals que reforcin la teva tesi)
Conclusió	(Resumeix el teu punt de vista en no més de dues línies a manera de conclusió)

Dades que et poden ser útils:

- La Xina té 1 300 milions d'habitants.
- Cap al 1970 s'implanta la mesura del fill únic a les grans ciutats (no al camp).
- Es passa de 5,8 fills per família a 1,8.
- Els nous rics no fan cas de la mesura i paguen les multes que els imposen.
- La població ha envellit molt i es tem no poder continuar sent competitius.

2. Els gèneres d'opinió (I): l'editorial

Un **editorial** és un text elaborat per l'equip de redactors d'un diari que expressa l'opinió de la redacció o del director, d'acord amb la ideologia del diari. Els editorials parlen d'un tema important d'aquell dia.

Molts diaris publiquen dos articles editorials cada dia, en la mateixa secció i en la mateixa pàgina. Aquests articles estan redactats per editorialistes identificats i compromesos amb la línia ideològica i política del diari, i no van signats. En alguns diaris hi ha també un article del director, amb el mateix contingut que tindria un editorial, però en aquest cas signat.

Per saber-ne més

- L'estil dels editorials **evita l'ús de la primera persona**, ja que representa una opinió col·lectiva.
- Està redactat amb claredat i precisió amb un llenguatge seriós i directe.

ACTIVITATS

17. Llegeix l'editorial següent sobre el segrest d'un periodista i respon les preguntes:

Marc Marginedas i el valor del periodisme

El diari ARA vol mostrar tota la seva solidaritat amb Marc Marginedas, corresponsal de guerra d'*El Periódico* segrestat a Síria, i se suma a la crida perquè sigui alliberat, sa i estalvi. Aquest segrest torna a posar damunt la taula el paper que juga el periodisme en situacions com la que es viu en aquell país. El mateix Marginedas ja havia denunciat que, en els últims temps, s'havia perdut el respecte a la figura del reporter, cosa que feia cada cop més perillosa la seva feina.

Això, però, no l'ha fet renunciar a viatjar als escenaris bèl·lics per informar. Des de la ja llunyana guerra de Crimea (1853-56), sempre hi ha hagut periodistes en el camp de batalla per intentar explicar la veritat. De manera paral·lela, els diferents bàndols en disputa sempre han intentat condicionar, pressionar i manipular perquè la versió dels fets els fos favorable. El periodisme, doncs, és l'única garantia que la població podrà tenir accés a una informació al màxim d'objectiva i veraç. I això només es pot fer d'una manera: sent-hi per donar fe en primera persona dels fets que es relaten sense sotmetre'ls a cap altre filtre. En un temps en què la crisi dels mitjans de comunicació tradicionals conflueix amb el poder dels estats per influir en l'opinió pública, és molt important que les societats prenguin consciència del valor del periodisme entès com un compromís amb els que no tenen veu, els que més pateixen, com ara la població civil en situacions de guerra. Marc Marginedas representa aquest tipus de periodisme compromès amb la veritat, encara que això comporti posar en perill la seva pròpia integritat personal. Ara, però, l'única cosa que esperem és que aviat puguem informar del seu alliberament. I celebrar-lo.

Ara, 25 de setembre de 2013 (adaptació).

a) Busca en el text arguments basats en:
- Idees que tothom accepta.
- La crida als sentiments del lector.
- Relació causa-efecte.

b) Busca mots o expressions contundents i directes que donin suport al missatge de l'article.

c) Busca en el text dos connectors que oposen conceptes i un que expressa conseqüència. Substitueix-los per un connector amb el mateix valor, reescrivint la frase si cal.

d) Digues quin dels següents enunciats defineix millor el sentit de l'article i justifica-ho:
- Els periodistes de guerra es juguen la seva vida per informar sobre conflictes armats. ☐
- El periodisme responsable és necessari per tal que la població pugui tenir una informació veraç dels conflictes bèl·lics. ☐
- Cal reclamar la llibertat de Marc Marginedas perquè és un periodista responsable. ☐

18. Aquí tens el títol de cinc editorials del mateix dia. Tres diaris tracten el tema del naufragi d'un vaixell amb immigrants a prop de Lampedusa. Els altres dos s'ocupen dels terratrèmols que tenen lloc al Delta de l'Ebre, causats pel projecte Castor.

La Vanguardia: *Lampedusa: un somni esvaït*
El País: *Risc sísmic*
Ara: *Fa res Europa per evitar el drama de les pasteres?*
El Punt Avui: *Castor i la inseguretat del subsòl*
El Periódico: *Lampedusa, en la consciència europea*

Creus que el títol és irrellevant o ja suposa una presa de posició davant del problema? Quina creus que deu ser l'opinió del diari? Raona la resposta.

3. La cohesió

La **cohesió** és la propietat per la qual les diverses parts que componen un text es presenten ben lligades entre si mitjançant diversos mecanismes gramaticals.

Les oracions i els paràgrafs estan articulats a través de diversos elements que permeten que el missatge ens arribi ordenat i entenedor:

Pronoms i determinants

- Els utilitzem per fer referència a noms o idees ja mencionats. D'aquesta manera hi ha mots que ja no s'han de repetir, que s'anomenen antecedent:
  - *No trobo les claus. Les has vistes?*
  - *Hauries de portar cafè quan surtis. No en queda gens.*
  - *Seria bo ampliar les inversions en aquest àmbit. Ara, si no ho veus clar, no t'hi emboliquis.*
  - *Aquest model ha tingut problemes de solidesa, d'estabilitat i de preu de construcció. Tots aquests factors n'han impedit la sortida al mercat.*
  - *Que en Joan és el culpable? Això és una bestiesa!*
- Una forma de referència és l'el·lipsi. El pronom subjecte pot ser el·líptic quan se sobreentén de qui parlem:
  - *La Irene va tancar la porta d'una revolada. Corrent com una boja (ella) va baixar les escales de tres en tres.*

Connectors

- Són paraules o expressions que ens permeten relacionar els diferents elements de l'oració, o les oracions i els paràgrafs entre si. Poden expressar diverses idees:
  - Oposició: *però, tanmateix, per contra, en canvi, no obstant això*
  - Causa: *perquè, ja que, atès que, com que, gràcies a*
  - Conseqüència: *per tant, doncs, en conseqüència, de tal manera que*
  - Finalitat: *perquè, per tal que, a fi que*
  - Introducció i enumeració dels arguments: *per començar, en primer lloc, en segon lloc, per una banda, per l'altra, finalment, per acabar*

Temps verbals

- La falta de concordança entre els temps verbals dificulta la cohesió del text i, per tant, la comprensió. No es poden barrejar passat, present i futur si no és que es vol marcar un canvi de perspectiva (per ex., passat, per a la relació de fets; present, per a l'opinió de l'autor). També cal tenir cura de la concordança de persona i nombre.

Puntuació

- La puntuació és també un element de cohesió del text, de manera que els errors de puntuació comporten errors de comprensió. Per exemple, cal distingir bé entre punt i seguit i punt i a part, si volem presentar una bona estructuració de les idees.

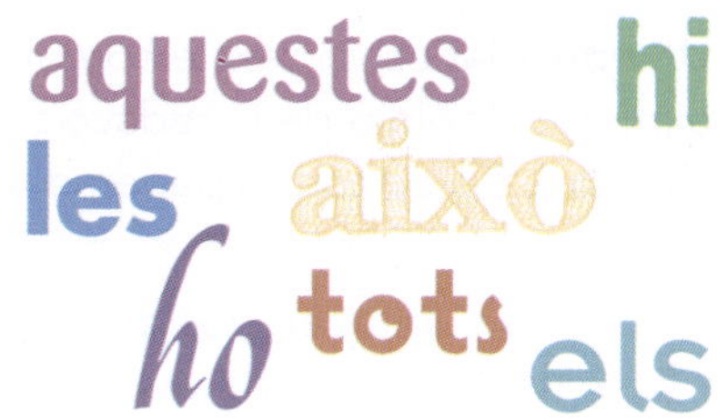

Pronoms i determinants són elements de cohesió.

La cohesió lliga les parts d'un text.

Sinònims, hipònims i hiperònims

Són recursos de llenguatge que, a més de proporcionar riquesa al text, tenen una funció de cohesió lèxica entre oracions diferents:

– *L'incendi va destruir l'alzinar (hipònim). Tots els veïns estaven d'acord que el bosc (hiperònim) ja no tornaria a ser mai més el mateix.*

ACTIVITATS

19. Seguint l'exemple, completa els altres espais buits amb la forma correcta. Després subratlla tots els pronoms que hi trobis i indica el mot o mots als quals fan referència, és a dir, l'antecedent:

> Em va agradar *El vell i la mar*; és un relat bonic, tan trist i poètic com *Cròniques Marcianes*. En certa manera, totes dues obres (parlar) ... del mateix: de les coses que (desaparèixer) ... amb el temps.
>
> A partir de llavors, la Violeta i jo ens (embarcar) ... en una mena de croada literària: jo li (deixar) ... un llibre i ella me'n (donar) ... un altre.
>
> César MALLORQUÍ: *Les llàgrimes de Shiva* (adaptació).

20. Busca en el text següent a través de quins elements de cohesió es fa referència a l'element principal, el "passeig de Gràcia". S'hi utilitza algun recurs de cohesió lèxica?

> **El passeig de Gràcia**
>
> Barcelona, com a ciutat cosmopolita que augmenta any rere any el nombre de pernoctacions, s'ha d'adaptat a aquesta nova realitat que modifica el caràcter d'una de les seves vies més peculiars. Les oportunitats de negoci són evidents i no convé perdre-les. Però sense oblidar mai que els usuaris del passeig de Gràcia són, com és lògic, els que s'hi passegen, que l'atractiu d'aquesta via és únic i que totes les transformacions a què se sotmeti han de ser respectuoses amb aquestes dues realitats.
>
> *La Vanguardia*, 14 d'octubre de 2013.

21. Uneix les idees següents en una sola frase mitjançant un connector que indiqui causa o conseqüència, o que indiqui oposició:

a) Jugar-se la vida/informar objectivament.

b) Efecte d'hivernacle/desaparició d'espècies animals.

c) Fortes inversions en habitatge / augment dels sense sostre.

22. Omple cada un dels buits següents amb alguna d'aquestes expressions connectives: *mentre que*, *tot i que*, *de tota manera*, *malgrat*, *és per això que*.

– L'Ajuntament de Lleida ha organitzat un concurs per aprendre a lligar. ..., el regidor de joventut lleidatà ha aclarit que el curs no té una intenció frívola.

– ... tradicionalment els articles d'opinió han anat relacionats amb els mitjans de comunicació, actualment molts es difonen a través dels anomenats blogs.

– Alguns d'aquests professionals tenen espais fixos ... d'altres només fan aportacions quan el moment ho requereix.

– La dels immigrants és sempre una generació disposada a jugar-se el present per conquerir un futur millor per als seus fills. ... una societat lliure i generosa hauria de fomentar i facilitar el reagrupament familiar.

– El concert del grup italià es va dur a terme ... la pluja que a primeres hores de la tarda va descarregar a tota la comarca.

23. Connecta les oracions que tens a continuació amb les de més avall i troba un hipònim o un hiperònim que les relacioni:

a) L'aspirina no et traurà el mal de panxa;

b) Tenen dos gats, un gos i un canari.

c) Primer va ser el terratrèmol i després el tsunami.

d) Els edificis del barri nou no són gaire grans,

– Després diuen que no els agraden ....

– però a l'avinguda principal hi ha ... espectacular.

– val més que provis un altre ....

– Pobra gent! No paren de sofrir ...!

EL MONÒLEG ORAL

El **monòleg d'opinió** és una reflexió argumentada on l'autor exposa les seves idees i opinions. Com en un article d'opinió, té una estructura en tres parts i s'hi fan servir diversos tipus d'arguments, si bé han de ser més àgils i dinàmics que en un text escrit.

Els monòlegs a la televisió, ràdio i Internet van lligats generalment a programes més amplis. Per exemple, molts presentadors de notícies obren l'emissió diària amb un monòleg en el qual donen la seva opinió sobre el fet més rellevant del dia. És a dir, fan una mena d'editorial oral.

El monòleg humorístic

Els **monòlegs humorístics** segueixen la tradició satírica que fa crítica de la societat a traVes de l'humor. Si bé la intenció primera del monòleg és la de distreure i divertir, sovint aquests monòlegs tenen una càrrega de profunditat en el contingut i tracten temes polítics i socials.

COMPRENSIÓ AUDIOVISUAL

Ves a www.tiching.com/732354 i respon a les preguntes.

@ Amplia a la xarxa...

Ves a www.tiching.com/732355 per veure un monòleg d'opinió.

ESTRATÈGIA ORAL

La veu (III): l'entonació

La veu pot tenir un to més elevat (agut) o menys (greu). Quan parlem, la veu dibuixa una successió de tons que pot ser ascendent, descendent o sostinguda. Aquests canvis de to o corbes melòdiques són l'entonació.

Bàsicament hi ha tres **tipus bàsics d'entonació**, segons la intenció del parlant. Fixem-nos sobretot en la part final de l'entonació:

- Frases **declaratives**: tenen un final descendent.

  L'Elisenda ↑ va arribar tard. ↓

- Frases **interrogatives**: solen tenir un final ascendent.

  Què fas aquesta nit? ↑

  També hi pot haver altres patrons entonatius, com ara un final descendent, especialment quan la frase comença amb *que*.

  Que vindrà ↓, el Gerard? ↓

- Frases **imperatives**: comença amb un to agut i té una forta davallada final.

  ↑ Ves-te'n! ↓

És important variar l'entonació per no avorrir el públic. Una bona estratègia per evitar la monotonia és fer alguna pregunta de tant en tant o una frase exclamativa, ja que tenen entonacions diferents.

Amb l'entonació també expressem emocions i actituds: si estem contents, tristos, enfadats, sorpresos... Per exemple, una mateixa frase, segons l'entonació que fem, pot voler dir una cosa o una altra. Per això és tan important assegurar-nos que fem servir el to que exigeix el text.

El periodista Antoni Bassas domina l'entonació a la perfecció.

Atenció!

És important evitar l'error comú d'acabar les frases afirmatives amb entonació ascendent. Recorda que quan hi ha un punt l'entonació ha de ser descendent.

@ Amplia a la xarxa...

Ves a www.tiching.com/732357 i escolta una entonació deficient. Compara-la amb una bona entonació a www.tiching.com/732359.

Expressió oral

Fes un monòleg oral

▸ Formeu grups de quatre i prepareu un monòleg d'opinió o un monòleg humorístic d'un minut i mig o dos.

Pautes per fer el monòleg oral

Fase de planificació

a) Tria una notícia o tema central al voltant del qual prepararàs el teu monòleg. També podràs relacionar-hi altres notícies del dia.

b) Decideix si el monòleg serà d'opinió o humorístic. En el primer cas, prepara una argumentació àgil. En el segon, busca els motius humorístics a través de la caricatura i la paròdia de notícies i personatges.

c) Escriu el text del monòleg i assaja'l. Després, no cal que el reprodueixis paraula per paraula, pots improvisar, però sempre coses amb sentit.

Fase de producció

a) Fes una entonació dinàmica, que posi èmfasi en els punts rellevants de l'opinió o de l'humor.

Aplica l'estratègia

En el monòleg oral l'entonació és fonamental per acompanyar tant els arguments si és d'opinió, com els recursos de comicitat si és humorístic. En el primer cas serà més continguda, mentre que en el segon, pot ser més teatral.

Pauta d'avaluació de l'expressió oral	
• El monòleg d'opinió ha emprat recursos argumentatius efectius?	▢
• El monòleg humorístic ha emprat recursos de comicitat efectius?	▢
• L'entonació ha concordat amb el sentit i la intenció del text?	▢

Repte oral

El debat personal

▸ Un mateix alumne ha de fer un monòleg a favor i en contra d'un fet, personatge o idea. Ha de dedicar un minut a cada posició. Els companys del públic hauran de valorar cada argumentació i decidir quina és l'opinió real de l'alumne.

Fem-ho així

En aquest exercici es tracta de ser convincent tant quan parles a favor com quan parles en contra del fet.

4. El verb

Definició i característiques

El **verb** és la categoria gramatical que indica l'acció, el procés, l'estat o l'existència del subjecte. El verb és el nucli del predicat i és imprescindible perquè hi hagi una oració: *venim*, *dormen*, *plou*, etc.

Cada verb està format per un lexema i diversos morfemes:

- El **lexema** o **arrel** conté el significat del verb: ***cant****-es*, ***dorm****-im*.
- Els **morfemes** informen de la persona, el nombre, el temps i el mode del verb. A *cant-****aves***, *-aves* informa que es tracta d'una 2a persona del singular de l'imperfet d'indicatiu; a *dorm-****irem***, *-irem* informa que es tracta d'una 1a personal del plural del futur simple d'indicatiu.

L'arrel del verb *córrer* és *corr-*.

La veu

La **veu** descriu la relació que hi ha entre l'acció expressada pel verb, el subjecte i un possible complement.

- En la **veu activa**, el subjecte és l'agent que fa l'acció del verb i el complement directe, en cas d'haver-n'hi, la rep o l'experimenta:
  – *En Pere* (S) *neteja* *la cuina* (CD).
- En la **veu passiva**, és el complement agent qui fa l'acció del verb; per contra, el subjecte, anomenat pacient, rep o experimenta aquesta acció:
  – *La cuina* (subjecte pacient) *és netejada* *per en Pere* (complement agent).

Formació de la veu passiva

La veu passiva es forma amb el verb *ser* (en el mateix temps verbal que la frase en veu activa) i el participi del verb conjugat, que ha de concordar en gènere i nombre amb el subjecte pacient:

– *Alexander Fleming* ***va descobrir*** *la penicil·lina.* → Activa

– *La penicil·lina* ***va ser descoberta*** *per Alexander Fleming.* → Passiva

Per saber-ne més

La **passiva reflexa** és una construcció passiva molt habitual en català: es forma amb el pronom *es* i el verb conjugat en veu activa i tercera persona. No té agent:

– *Es broden bates i bosses.*

– *Es parla francès.*

Tipus de verbs: copulatius i predicatius

Els verbs poden ser copulatius o predicatius:

Els verbs **copulatius** o **atributius** expressen l'estat o l'existència del subjecte. Són *ser*, *estar* i *semblar*, que fan de nexe entre el subjecte i el complement del predicat que hi concorda (l'atribut):

– *Aquests científics són iranians.*

– *L'Emma semblava malalta, però ja està bona.*

Els verbs **predicatius** expressen una acció o un procés del subjecte (*créixer*, *caminar*, etc.). Poden ser **transitius** o **intransitius**:

- **Transitius**, si poden tenir complement directe, com ara *cantar*, *comprar*, *veure*, *cosir*, etc.
  – *Llegeixo* *una novel·la gòtica* (CD).

FEM-HO AIXÍ

Els verbs transitius referits a les percepcions dels sentits, com ara *veure*, *sentir*, etc., es transformen en intransitius quan hi afegim el pronom **hi**:

– *M'ha entrat aigua a l'orella i ara no hi sento.*

– *Encén el llum, que no hi veig.*

Amb alguns verbs transitius podem formar oracions amb complement directe i sense:

– *En Gerard escriu una postal. / En Gerard escriu.*
CD

- **Intransitius**, si tenen un complement obligatori amb preposició, com ara *disfressar-se* o *consistir*, o bé no tenen complement obligatori, com ara *córrer* o *caure*:

– *La cerimònia consisteix en un ritus pagà.*

– *Corro molt de pressa.*

Els verbs predicatius, a més, poden ser pronominals o no. Els verbs **pronominals** es reconeixen fàcilment perquè es construeixen amb el pronom feble *es* conjugat segons la persona del subjecte (*em, et, es, ens*, etc.). Els verbs pronominals poden ser transitius o intransitius i es caracteritzen perquè l'acció del verb sempre afecta el subjecte.

– *En Miquel s'ha emprovat la camisa.* (transitiu)

– *Afanyem-nos, que és tard.* (intransitiu)

Per saber-ne més

En català també hi ha **verbs auxiliars** (*haver, ser, anar, caldre*, etc.): són verbs que apareixen al costat d'un altre verb per formar un temps verbal (*hem menjat, vas tornar*), la veu passiva (*era construït*) o una perífrasi (*cal comprar, hem de pagar*).

Atenció!

Els verbs *caure* i *callar* no són pronominals:

– *~~M'he~~ caigut de la bici.* → *He caigut de la bici.*

– *El públic ~~s'ha~~ callat de cop.* → *El públic ha callat de cop.*

ACTIVITATS

24. Separa el lexema i els morfemes d'aquestes formes verbals: *saltaríem, comptéssiu, tasteu, bullirà, pugis, obries, tornaves, baixà, ajupireu, senten, fugíssim, estudio.*

25. Indica la persona, el nombre, el temps i el mode de les formes verbals de l'activitat anterior.

26. Indica si les oracions següents estan en veu activa o en veu passiva:

– El mecànic revisa el nivell de l'oli.

– Els comptes d'aquesta entitat són revisats per auditors prestigiosos.

– Els ferits han estat assistits pel personal mèdic.

– El dependent arregla l'aparador.

– Les abelles porten el pol·len al rusc.

27. Subratlla el subjecte i el complement directe d'aquestes oracions actives. Després, reescriu les oracions en veu passiva:

– L'escombriaire buidava les papereres.

– La tieta enfornarà les galetes de xocolata.

– El jurat ha fet públic el veredicte.

– El primer violinista toca la peça amb una gran perfecció.

– Els radiadors han escalfat de seguida la sala.

– La conferenciant va explicar l'origen de la vida a la Terra.

28. Subratlla el subjecte pacient i el complement agent d'aquestes oracions passives. Després, reescriu les oracions en veu activa:

– El mur de Berlín va ser enderrocat pels berlinesos.

– La festa ha estat organitzada per tots els alumnes.

– La moto ha estat revisada pel mateix pilot.

– El traçat del tramvia va ser dissenyat per un enginyer holandès.

29. Forma una oració amb cada verb i justifica si és atributiu o predicatiu: *treballar, estar, ser, semblar, aprendre, arribar, descobrir, plantar, convèncer.*

30. Subratlla els verbs d'aquestes oracions i digues si són transitius o intransitius:

– He relliscat a la banyera.

– Ens han embolicat el regal amb paper daurat.

– El cotxe del davant ha frenat de cop.

– Aquest jugador avui ha marcat cinc gols.

– El termòmetre indica la temperatura exterior.

– Ha arribat molt cansat del viatge.

– Els nens han crescut aquest estiu.

– El rondallaire explica contes tradicionals.

31. Corregeix la frase següent: "És millor que et callis". Quin error hi ha? Després, escriu dues oracions amb el verb *caure* i dues més amb el verb *callar*.

La conjugació verbal

Els verbs s'agrupen en **conjugacions**, és a dir, en conjunts de verbs que segueixen un mateix model de flexió. En català hi ha tres conjugacions, que es distingeixen per la terminació de l'infinitiu:

- **1a conjugació**, en què l'infinitiu acaba en *-ar*: *caminar*, *pujar*.
- **2a conjugació**, en què l'infinitiu acaba en *-er* o *-re*: *saber*, *entendre*.
- **3a conjugació**, en què l'infinitiu acaba en *-ir*: *sortir*, *descobrir*.

La tercera conjugació: purs i incoatius

Els verbs de la tercera conjugació poden ser **purs** o **incoatius**. La majoria són incoatius. Només són purs *ajupir, bullir, collir, cosir, dormir, escopir, fugir, morir, obrir, omplir, sentir, sortir, tenir, tossir* i *venir*.

- Els verbs **purs** uneixen els morfemes al lexema: *sent-o*, *sent-irien*, *sent-íssiu*.
- Els verbs **incoatius** incorporen l'increment ***-eix*** entre el lexema i els morfemes en 1a, 2a i 3a persona del singular i en 3a del plural del present d'indicatiu, del present de subjuntiu i de l'imperatiu: *serv-eix-o*, *serv-eix-es*, *serv-eix*, *serv-eix-en*.

FEM-HO AIXÍ

Per saber si un verb és regular o irregular podem consultar un diccionari general en línia:

- http://dlc.iec.cat/: Indica les formes irregulars d'un verb.
- http://www.diccionari.cat/: Indica la conjugació de cada verb.

El verb *bullir* és pur.

Els verbs regulars i els verbs irregulars

- Els verbs **regulars** estan formats per un lexema que no varia mai i uns morfemes de persona, nombre, temps i mode que s'afegeixen al lexema. Es conjuguen seguint uns verbs que es prenen com a model (normalment, *cantar*, *perdre*, *témer*, *servir* i *dormir*). Són regulars *cuinar*, *somniar*, *partir*, etc.
- Els verbs **irregulars**, en canvi, tenen un lexema o unes terminacions que canvien al llarg de la conjugació. No segueixen totalment la conjugació dels verbs model. Són irregulars *anar*, *estar*, *aparèixer*, *dir*, *fer*, etc.

Els principals verbs irregulars

La majoria de verbs irregulars són de la segona conjugació. Els principals verbs irregulars són els que tenen doble lexema i els que tenen un lexema velar en alguns temps.

Verbs amb doble lexema

És el cas dels verbs *anar*, *ser*, *jeure*, *treure* i *néixer*:

- El verb *anar* té l'arrel *va-* per a la 1a, 2a i 3a persona del singular i la 3a del plural del present d'indicatiu (*vaig*, *vas*...) i de subjuntiu (*vagi*, *vagis*...) i per a l'imperatiu (*ves*...), i l'arrel *an-* per a la resta de temps i persones (*anirem*, *anaven*, *aneu*...).
- Els verbs *jeure*, *treure* i *néixer* tenen l'arrel amb **e** (*jeu-*, *treu-*, *neix-*) i **a** (*jau-*, *trau-*, *naix-*): s'escriu amb ***a*** en les formes en què aquesta vocal és àtona (*jaiem*, *naixien*...) i s'escriu amb ***a*** o ***e*** en la resta de formes segons com es pronunciïn (*jec* o *jac*, *néixer* o *nàixer*...).

El verb *jeure* o *jaure* té un doble lexema.

Verbs amb lexema velar (*c*/*gu*)

Els verbs que acaben en ***-c*** a la 1a persona del singular del present d'indicatiu incorporen en el lexema el dígraf ***-gu-*** en els temps següents:

Infinitiu	Present d'ind.	Passat simple d'ind.	Present de subj.	Pretèrit imperfet de subj.	Imperatiu
seure	*sec*	*seguí* *segueres...*	*segui* *seguis...*	*segués* *seguessis...*	*segui* *seguem...*

Els verbs amb lexema velar són els següents:

a) Verbs acabats en *-ldre*, *-ndre* i *-ler*, com ara *resoldre*, *vendre*, *valer*.

b) Verbs acabats en *-èixer*, com ara *conèixer*.

c) Verbs que tenen els diftongs *-au-*, *-eu-*, *-iu-* o *-ou-* al lexema, com ara *complaure*, *beure*, *escriure*, *commoure*.

Els participis dels verbs amb lexema velar tenen diverses terminacions:

-gut: *cregut*, *plogut*... -òs: *reclòs*, *inclòs*... -olt: *dissolt*, *resolt*...

-ès: *après*, *ofès*... -ost: *respost*, *correspost*... -ós: *difós*, *confós*...

Atenció!

Els gerundis dels verbs amb lexema velar no es formen amb la grafia *gu*:

– *beure* → *bevent*

– *moure* → *movent*

ACTIVITATS

32. Escriu els infinitius d'aquestes formes verbals i classifica'ls segons la conjugació:

- vius
- bullia
- obrirem
- escolten
- engegarà
- sabut
- temeren
- saludaven
- cabíeu
- aplaudeixo
- portessin
- fugíssim

1a conjugació	2a conjugació	3a conjugació
...	...	...

33. Conjuga la 2a persona del singular del present d'indicatiu d'aquests verbs. Després, classifica'ls a la taula segons si són purs o incoatius:

- tossir
- definir
- dormir
- collir
- alentir
- reduir
- escopir
- assistir
- dirigir
- sortir
- enfortir
- omplir

Purs	Incoatius
...	...

34. Escriu les formes verbals indicades:

a) 3a persona del singular del passat simple dels verbs *cloure*, *dependre* i *beure*.

b) 1a persona del singular del present de subjuntiu dels verbs *correspondre*, *moure* i *resoldre*.

c) 2a persona del plural del present de subjuntiu dels verbs *seure*, *comparèixer* i *excloure*.

d) 1a persona del plural de l'imperfet de subjuntiu dels verbs *confondre*, *comprendre* i *aparèixer*.

e) 3a persona de l'imperatiu dels verbs *estendre*, *concloure* i *desaparèixer*.

35. Per què són irregulars les formes verbals següents:

- vagin
- aparec
- estengui
- difonguéssim
- ves
- vaig
- responguis
- comparegué
- clogueres
- conegut
- escric
- confonguessin

36. Escriu els participis dels verbs següents i classifica'ls segons la terminació:

- cloure
- comprendre
- beure
- respondre
- difondre
- dependre
- resoldre
- seure
- excloure
- concloure
- dissoldre
- estendre
- correspondre
- confondre
- moure

-gut	-ès	-ós	-òs	-ost	-olt
...	...	...	...	...	...

37. Explica les diferències morfològiques que hi ha entre els verbs *cantar* i *anar*.

38. Completa les formes verbals amb *a* o *e*. Després, indica la persona, el nombre i el temps de cada forma:

- j...uen
- n...scut
- tr...urien
- n...ixerà
- tr...u
- j...iem
- n...ixen
- j...guessis
- tr...gueu
- j...uré
- tr...ien
- n...squé

5. L'accentuació i la dièresi

Les regles d'accentuació

Totes les paraules tenen una **síl·laba tònica**, excepte alguns **monosíl·labs**, que són **àtons**. Les paraules han de portar un accent gràfic en la síl·laba tònica segons aquestes normes:

Paraules agudes	• S'accentuen totes les acabades en ***a***, ***e***, ***i***, ***o***, ***u***, ***as***, ***es***, ***is***, ***os***, ***us***, ***en***, ***in***: *sofà, cafè, camí, petó, comú, cabàs, estès, pastís, esbós, talús, depèn, Berlín...* • Els diftongs finals no s'accentuen: *servei, veniu, mireu.*
Paraules planes	• S'accentuen les que **no acaben en les dotze terminacions** anteriors: *exàmens, càntir, marxàvem, cantàveu, xilòfon.*
Paraules esdrúixoles	• S'accentuen **totes**: *màquina, Antàrtida, història, farmàcia.*

El mot *Antàrtida* és esdrúixol.

Accent greu o agut?

- L'**accent greu** (`) indica una vocal oberta, per això en diem també accent obert (*màrtir, pèsol, fòssil*).
- L'**accent agut** (´) indica vocal tancada, per això en diem també accent tancat (*excés, camí, cartró, cuscús*).

Les vocals ***i*** i ***u*** només poden dur accent agut (*camí, música*), la vocal ***a*** només pot dur accent greu (*màquina, demà*) i la ***e*** i la ***o*** duen accent greu o agut segons el cas (*tèrbol, érem; còmplice, córrer*). En aquest cas, doncs, cal fixar-se en la pronúncia i mirar el diccionari en cas de dubte.

Per saber-ne més

Hi ha quinze mots monosíl·labs que s'escriuen amb **accent diacrític** per evitar la confusió amb altres mots que tenen la mateixa forma gràfica però un signficat diferent:

bé - be, déu - deu, és - es, mà - ma, més - mes, món - mon, pèl - pel, què - que, sé - se, sí - si, sòl - sol, són - son, té - te, ús - us, vós - vos.

La dièresi

La dièresi indica:

- Que es pronuncia la ***u*** dels grups *güe/güi/qüe/qüi*, en què la ***ü*** forma diftong creixent amb la vocal posterior, com, per exemple: *llengües, pingüí, qüestió, terraqüi.*
- Que la vocal ***i*** o ***u*** no forma diftong (per tant, forma hiat) amb la vocal anterior. Aquest hiat es produeix, en general, per dos motius:
  - **a)** La ***i*** o ***u*** és tònica o deriva d'una ***i*** o ***u*** tònica, però no es pot accentuar segons les regles d'accentuació. Per exemple: *veí, veïnat.*
  - **b)** La ***i*** o ***u*** inicia el morfema gramatical o terminació, mentre que la vocal anterior és final de lexema: *confi-ïn, ingenu-ïtat* (el guionet marca la separació entre lexema i morfema gramatical).

Atenció!

La ***i*** o la ***u*** entre consonant i vocal, no formen diftong: *Ma-ri-a, và-lu-a, pa-ci-èn-ci-a.*

Excepcions principals

- No porten dièresi les terminacions verbals d'infinitiu, gerundi, futur i condicional en els verbs acabats en vocal + *ir*: *conduir, conduint, conduiré, conduiria.*
- No porten dièresi els sufixos *-isme, -ista*: *egoisme, altruista.*
- No porten dièresi les paraules formades amb els prefixos *anti-, co-, contra-, re-* seguits de vocal. Per exemple: *antiinflamatori, coincidir, contraindicació, reubicar.*

Hi ha alguns mots com *saüc, traïdor* en què la ***i*** i la ***u*** no formen diftong.

ACTIVITATS

39. Classifica les paraules següents segons si són agudes, planes o esdrúixoles:

- martell
- pèssima
- prémer
- míssil
- cassola
- memòria
- empènyer
- estatut

40. Accentua, si convé, les paraules següents i digues quina regla segueixen:

- barnus
- prehistoria
- debil
- llapis
- Ramon
- antartic
- telefon
- materia
- victoria
- pelut
- examen
- avui
- martir
- huma
- Maria
- correr

41. Totes les paraules següents porten accent gràfic. Pronuncia-les i digues si l'accent és obert o tancat. En cas de dubte, consulta el diccionari:

- tofona
- deieu
- boto
- polvora
- mobil
- canço
- coneixer
- perdes
- ences
- pesol
- creixer
- enten

42. Llegeix el text següent:

> Vaig fer una ganyota perque no m'acabava de semblar be, pero vaig pensar que no teniem altra solucio i vaig allargar la ma cap a la butlleta. Vaig agafar un retolador com el que fan servir els pares i vaig entrenar-me uns quants cops a fer la firma de la mare fins que va sortir-me prou be. Abans de sortir de l'habitacio, vaig vanagloriar-me de com ens havia estat d'util la meva extraordinaria tecnica.
>
> Gemma LIENAS: *Així és la vida, Carlota* (adaptació)

a) Posa-hi els accents que falten.

b) Subratlla els monosíl·labs tònics i els àtons.

c) Hi ha alguna paraula que, fora d'aquest context, pugui anar amb accent o sense?

43. Marca la síl·laba tònica dels mots següents i accentua-la, si cal. Si tens dubtes, consulta un diccionari:

- reptil
- futbol
- medul·la
- video
- dioptria
- periode
- pneumonia
- Etiopia
- Himalaia
- xandall
- termostat
- pol·len
- atmosfera
- textil
- olimpiada
- iber

44. Construeix una frase amb cada una de les paraules de la parella de manera que quedi clar el significat:

- món - mon
- sí - si
- pèl - pel
- mà - ma
- déu - deu
- sòl - sol
- què - que
- més - mes

45. Completa les frases següents:

– Considera que els seus ... són quatre cabres i tres .... (bens/béns)

– Tenen tanta ... que no saben ni on .... (son/són)

– ... tan tossut que ... discuteix amb tothom. (es/és)

– ... mal d'estómac i li he preparat un .... (te/té)

– El ... s'escalfa si els rajos del ... hi incideixen tot el dia. (sol/sòl)

– Li he preguntat ... vindria i m'ha dit que .... (si/sí)

– L'... adequat dels mòbils és un tema que ... interessa. (us/ús)

46. Corregeix els errors de les frases següents posant accent o dièresi. Després justifica per què en porten:

– Van sortir a sopar al xalet suis i es van trobar un grup de suissos que celebraven un aniversari.

– Volen distribuir un lot a cada treballador perquè s'acosta Pasqua.

– L'aportació de l'administració a les escoles bressol s'ha reduït i estan pràcticament a la ruïna.

– Tot el que produien ho duien als mercats dels paisos més necessitats.

– Aquest raim és molt verd, em sembla que no el pairé en tota la nit.

DICTAT PREPARAT

47. Prepara aquest dictat. Abans de fer-lo, observa les paraules que porten accent o dièresi:

> Però aquestes històries mai no van ser cregudes del tot.
>
> Tot just començava a clarejar. Era una albada grisa diluïda entre la broma que el vent esquinçava a grans ràfegues.
>
> La Lluïsa no havia pas dormit. Ningú no havia dormit a Figueres. Des de la seva habitació, la noia havia sentit el trepig de la gentada, les passes més pesades dels grups de soldats, els xiscles, els crits.
>
> Per fi va decidir despertar l'Emili. No es podia estar més en les dues habitacions que els servien d'habitatge.
>
> Luce FILLOL: *Demà farà bo.*

6. Els camps semàntics i la hiponímia

Camps semàntics i camps lèxics

Un **camp semàntic** és un conjunt de mots relacionats entre si pel significat, que fan referència a una mateixa noció. Els mots d'un camp semàntic no cal que tinguin la mateixa categoria gramatical.

Per exemple, el camp semàntic del periodisme està format per mots com *periodista, crònica, entrevistar, directe, escrit, comunicació*, etc.

Els camps semàntics estan formats per diversos camps lèxics.

Un **camp lèxic** és un conjunt de mots d'un camp semàntic amb una relació més estreta entre si i amb la mateixa categoria gramatical.

Dins el camp semàntic del periodisme hi podem trobar, per exemple, els camps lèxics següents:

- Especialitats del periodisme: *redactor, entrevistador, operador de càmera...*
- Estris del periodista: *micròfon, càmera...*
- Activitats que duu a terme un periodista: *filmar, entrevistar, redactar...*

Per saber-ne més

Els camps semàntics poden variar segons les llengües, perquè la cultura de cada comunitat humana determina la manera d'entendre i classificar la realitat. Per exemple, el mot *bleda* en català forma part de dos camps semàntics (verdures i trets del caràcter) i només un en castellà (verdures).

ACTIVITATS

48. Indica a quin camp semàntic pertanyen les paraules següents:

- facturar, arribades, embarcament, torre de control, enlairar, sala d'espera → ...
- xarxa, ormejar, tonyina, ham, arrossegar → ...
- prestatgeria, llegit, fitxa, carnet, bibliotecària, consultar → ...

49. Indica quines són les paraules intruses en els camps semàntics següents:

bunyol	nedar	bec
torró	sorra	plomatge
coca	onatge	volar
arrossegar	maregassa	niu
profiterola	reguitzell	piuladissa
enfornar	navegar	boscà
magdalena	calma	vernís

50. Indica a quin camp lèxic pertanyen les paraules següents:

- tornavís, clau anglesa, serjant, martell, trepant, tenalles → ...
- escalivar, fregir, guisar, marinar, bullir → ...
- farigola, menta, camamilla, marialluïsa, sàlvia, regalèssia → ...

51. Agrupa les paraules dels camps semàntics següents en diversos camps lèxics. Indica quina etiqueta posaries a cada camp semàntic i als camps lèxics que estableixis:

neolític, excavar, àmfora, fòssil, datar, muralla, edat del ferro, reconstruir, paleolític, mosaic.

injectar, consulta, crític, cortisona, diagnosticar, lleu, paracetamol, quiròfan, operar, penicil·lina, sala d'espera, estable, drenar, ibuprofèn.

esquí, neu pols, derrapar, remuntador, descendir, telecadira, fixació, cabina, neu granulada, encerar, neu primavera, raqueta, encordar-se, ajustar.

Hiponímia i hiperonímia

La **hiponímia** és la relació que hi ha entre un mot específic i un molt més general que l'inclou en el seu significat.

Per exemple, hi ha hiponímia entre *cadira* i *moble* perquè el significat específic de *cadira* ("moble consistent en una peça llisa sostinguda per tres o quatre potes") queda inclòs en el significat de *moble* ("objecte que serveix per equipar una casa").

El mot amb el significat més específic rep el nom d'**hipònim** (*taula*) i el mot de significat més genèric rep el nom d'**hiperònim** (*moble*). La **hiperonímia**, per tant, és la relació de significat inversa a la hiponímia: és la relació que hi ha entre un hiperònim i els seus hipònims.

Un conjunt d'hipònims i el seu hiperònim constitueixen un camp lèxic. Així, les paraules *vaca, conill, gat, gos, cavall, elefant* són hipònims de l'hiperònim *mamífer* i totes formen un camp lèxic.

Els hiperònims són les paraules que solen encapçalar les definicions de noms i verbs que trobem als diccionaris. De fet, una bona definició sempre hauria de començar amb un hiperònim, com en els exemples següents:

clavell *m.* Flor que té els pètals com arrugats i acabats en forma de serreta i que pot ser de color blanc, vermell, groc o blau.

explicar *v.* Dir clarament com és una cosa, amb tots els detalls i amb exemples, a fi que sigui ben entesa.

Per saber-ne més

Els hiperònims també serveixen per substituir un hipònim en un text per evitar que es repeteixi:

– *Va tallar cinc roses del seu jardí i les va posar en un gerro: l'olor de les flors va omplir de seguida l'habitació.*

La definició del mot clavell comença pel seu hiperònim, flor.

ACTIVITATS

52. Fixa't en aquests mots i destria els quatre hiperònims i els seus hipònims corresponents:

• falciot	• cep	• flautí	• pasta
• fredolic	• ocell	• contrabaix	• bolet
• instrument	• ravioli	• fideu	• tenora
• rossinyol	• tuba	• rovelló	• cigonya
• cadernera	• macarró	• cornella	• arpa
• estornell	• llenega	• espagueti	• galet

53. Escriu l'hiperònim d'aquests mots:

- camisa, faldilla, americana → ...
- otitis, pneumònia, dermatitis → ...
- pont, aqüeducte, barana → ...
- terrissaire, fuster, mecànic → ...
- torradora, liquadora, batedora → ...
- farmàcia, adrogueria, carnisseria → ...
- estomatòleg, cardiòleg, neuròleg → ...

54. Completa les definicions amb un hiperònim:

- maionesa: ... de color groc que es fa amb ou i oli.
- gamba: ... de color rosat o vermell que té el cos allargat i en forma corba.
- alzina: ... amb les branques molt espesses i les fulles petites, dures, de color verd fosc tot l'any.
- alegria: ... de satisfacció i de plaer que et produeix alguna cosa.
- traginar: ... objectes d'un lloc a un altre.

55. Troba la paraula corresponent a la definició:

- Moble amb portes, que té, a dins, prestatges, penjadors o calaixos per a guardar-hi roba, llibres... → ...
- Tros de terra ben separat i marcat on es té cura d'arbres i plantes diverses. → ...
- Més d'hora. → ...

7. La prosa moral. L'Humanisme

Prosa moral per a un temps de crisi

A la segona meitat del segle XIV, un seguit de factors submergeixen la societat medieval en un procés de **crisi profunda**. A la pesta negra, epidèmia que recorre el continent europeu i redueix dràsticament la població, cal sumar-hi revoltes dels pagesos contra els senyors, anyades de fam, guerres entre cristians –com la Guerra dels Cents Anys–, enfrontaments entre la monarquia i la noblesa, brots de xenofòbia contra els jueus, divisió de l'Església entre el papa de Roma i el d'Avinyó...

Tots aquests factors determinen la progressiva fi de la mentalitat medieval i el trànsit cap al món renaixentista.

Com a reacció a aquest món en transformació, apareixen autors, frares de diferents ordes religiosos, que fan diferents propostes de solució: Francesc Eiximenis, Vicent Ferrer i Anselm Turmeda.

Assalt a una ciutat durant la Guerra dels Cent Anys.

Francesc Eiximenis

Francesc Eiximenis (1327-1410) neix a Girona. De jove ingressa a l'orde dels franciscans i obté una formació sòlida, ampliada a Oxford i a Tolosa de Llenguadoc, on aconsegueix el títol de Mestre en Teologia. Passa els darrers anys a València (1383-1408), on redacta el *Regiment de la cosa pública*, fins que Benet XIII, el nomena bisbe d'Elna, al Rosselló (1409).

Obra

Eiximenis és un autor d'èxit, amb una obra molt extensa, en llatí i en català, traduïda a diferents llengües i difosa més tard per la impremta. Aquest autor s'adreça a un públic lector que no coneix el llatí i, per tant, que no té accés als textos religiosos, però que necessita **orientació moral**. Compon *Lo Crestià*, síntesi de tot allò que ha de conèixer un bon seguidor de Crist.

Lo Crestià és una enciclopèdia immensa, planejada en tretze volums, dels quals n'escrigué quatre: *El Primer, el Tercer, el Dotzè* (inclou el *Regiment de la cosa pública*) i el *Tretzè del Crestià*. L'obra respon a la preocupació per corregir el pecat; amb aquest propòsit descriu els costums socials i la vida de les ciutats, de les cases, de les institucions... És un document valuós sobre la Baixa Edat Mitjana.

L'autor aplica totes les tècniques de l'oratòria religiosa, la predicació, farcint els textos de faules i comparacions per fer planera la doctrina. I tot expressat en una llengua popular, plena de frases fetes i aforismes.

Vicent Ferrer

Vicent Ferrer (1350-1419) neix a València i ingressa a l'Orde de Predicadors (dominics). Format sòlidament en Teologia i filosofia esdevé una figura política, vinculat a la casa reial, amb influència en la resolució del Compromís de Casp. L'afany evangelitzador el porta a viatjar per tots els regnes peninsulars, Occitània, Suïssa i França, on mor.

Per saber-ne més

El **Compromís de Casp** (1412) va ser una reunió de nou compromissaris enviats per Aragó, Catalunya i València per votar el futur rei de la Corona d'Aragó després de la mort sense descendència de Martí l'Humà. L'escollit, després de dos anys de turbulències, fou Ferran d'Antequera.

Obra

L'obra de Vicent Ferrer és una **col·lecció extensa de sermons**, més de trescents, transcrits directament pels *reportadors*, grup d'escrivans que recollien directament les seves paraules.

L'originalitat i rellevància de Vicent Ferrer s'expliquen perquè converteix la predicació en un **espectacle de masses** i l'acompanya de tota mena de gesticulacions, crits i altres recursos impactants (exclamacions, onomatopeies, frases fetes...) amb l'objectiu de provocar i captar l'atenció del públic.

A més, per fer amena la predicació, també hi insereix anècdotes, contes, comparacions i *eximplis*.

La posició de Vicent Ferrer davant dels nous temps és conservadora, per això, la seva doctrina s'aferra a la mentalitat medieval i és incapaç d'antendre els nous horitzons que obre l'Humanisme.

Pati de la casa natal de Vicent Ferrer a València.

> Ara vegem quines són les aigües corruptes, és a dir, la mala vida de la gent. Que abans de vindre sant Domènec, tota la gent era malalta, perquè així com aquestes aigües no deixaven fructificar la terra quan era regada, així la mala vida i els pecats dels hòmens no deixaven a la terra, és a dir, la cristiandat, fer fruit de devoció ni de virtuts, en tant que ella romania en l'oblit. I d'aquestes aigües parla sant Joan: "Molts dels hòmens van morir a causa de les aigües, perquè s'havien tornat amargues", etc.
>
> Vicent FERRER: *Sermó sobre sant Domènec* (adaptació).

Anselm Turmeda

Nascut a Mallorca, Anselm Turmeda (1352-1425?) és franciscà. Amplia coneixements a l'Estudi General de Lleida i a Bolonya. L'any 1385 la seva vida fa un tomb: penja els hàbits, s'instal·la a Tunis i **es converteix a l'islam**. Així, doncs, la seva posició davant la crisi social és diferent a la dels altres escriptors.

Per saber-ne més

Turmeda també escriu en àrab, com ara l'*Autobiografia i atac als partidaris de la creu*, on argumenta la seva conversió a l'islam.

Obra

En prosa, va escriure la *Disputa de l'ase*. És un debat crític entre Turmeda i un ase sobre la superioritat de l'ésser humà respecte als animals.

> –Senyor Ase, com més us escolto, més em ve en voluntat de sentir-vos parlar. Car jo us juro que si Déu us hagués creat home, i que haguéssiu estat predicador, jo crec que tot el món hauria vingut a sentir vostre sermó, deixant els altres predicadors; tant és plaent la vostra conversa.
>
> Anselm TURMEDA: *Disputa de l'ase* (adaptació).

Pàgina d'una edició de la *Disputa de l'ase* de 1922.

En vers, és autor de *Les cobles a la divisió del regne de Mallorques* i del *Llibre dels bons amonestaments,* que inclou l'*Elogi dels diners*, denúncia de la corrupció que afecta les institucions.

L'Humanisme

L'Humanisme neix com un corrent minoritari que ofereix una alternativa al pensament medieval. En oposició a la concepció medieval de Déu com a centre de l'Univers, els humanistes prenen **l'home com a centre** de referència. Aquest moviment suposa una redescoberta de la cultura clàssica, que durant l'Edat Mitjana havia estat oblidada. Els intel·lectuals humanistes prendran els escriptors grecollatins com a model. Per ser modern, doncs, cal imitar els antics.

Petrarca va ser un predecessor de l'Humanisme.

L'Humanisme es va forjar a Itàlia amb Dante, Boccaccio i Petrarca:

- **Dante Alighieri** (1265-1321), autor de la *Vita Nuova* i la *Divina Comèdia*, transforma la poesia amorosa en el ***dolce stil nuovo***, en què la dona, Beatriu, és vista com un àngel (*donna angelicata*).
- **Giovanni Boccaccio** (1313-1375) escriu el *Decameró*, on un grup de nois i noies que fugen de la pesta s'expliquen un conjunt de cent **relats humorístics i eròtics** sobre la societat de l'època.
- **Francesco Petrarca** (1304-1374) representa l'ideal de l'Humanisme, estudiós de manuscrits dels clàssics llatins i interessat per l'art i la filosofia de l'antiguitat. Al *Canzoniere*, centrat en la figura de Laura, consagra **el sonet i el vers decasíl·lab** com a formes de la poesia del Renaixement.

Des d'Itàlia l'Humanisme i el Renaixement es van estendre per Europa. A la Corona d'Aragó hi van arribar aviat i van influenciar diversos escriptors, entre els quals destaca Bernat Metge.

Bernat Metge

Bernat Metge (1340/46-1413) és l'autor català que més va incorporar l'Humanisme en la seva obra. Pertany a la nova fornada d'escriptors formats a la **Cancelleria Reial**, una institució que exigeix el domini del llatí, que és la via de difusió de l'Humanisme.

Neix a Barcelona i el seu padrastre l'introdueix a la Cancelleria, on va ocupar diversos càrrecs d'alt nivell. S'encarrega de gestions diplomàtiques, amb viatges a la cort papal d'Avinyó, punt de trobada de funcionaris i humanistes, un contacte clau per a la seva obra. El 1396 el rei Joan I va morir en circumstàncies estranyes i van acusar els membres del consell reial, especialment Bernat Metge, que era el secretari privat del monarca. Després de passar un temps a la presó, on va escriure la seva obra més important, *Lo Somni* –precisament per defensar-se de tal acusació–, va resultar-ne absolt.

Escultura titulada *El somni de Bernat Metge*, feta per Joan Piqué el 1926.

Obra en vers

L'obra poètica de Metge beu de la tradició medieval. Així, la poesia narrativa de contingut simbòlic, *Llibre de Fortuna i Prudència*, explica un viatge fantàstic en primera persona amb un to de burla. De manera semblant, el *Sermó* és una paròdia de la doctrina moral dels predicadors:

Consciència no hajats, si volets viure.	*No tingueu consciència si voleu viure* (adaptació)

Obra en prosa

A diferència de l'obra en vers, la prosa de Metge inaugura l'Humanisme. Des del punt de vista estilístic, es tracta d'una prosa elegant que trasllada a la sintaxi catalana l'estil de la llatina. Així, per exemple, s'hi troben molts **hipèrbatons**, recurs retòric que consisteix a alterar l'ordre habitual de l'oració i col·locar el verb al final, com es feia en llatí:

> Cosa corporal (segons que dessús has oït) coses espirituals no pot veure.
>
> Bernat METGE: *Lo somni* (adaptació).

També va incorporar molts llatinismes, és a dir, paraules que no havien arribat al català per l'evolució popular.

Metge també té un paper destacat com a traductor d'obres escrites en italià representatives de l'Humanisme, com per exemple el *Decameró* de Boccaccio. La traducció és una via fonamental de difusió de les idees i l'estil humanistes a la Corona d'Aragó.

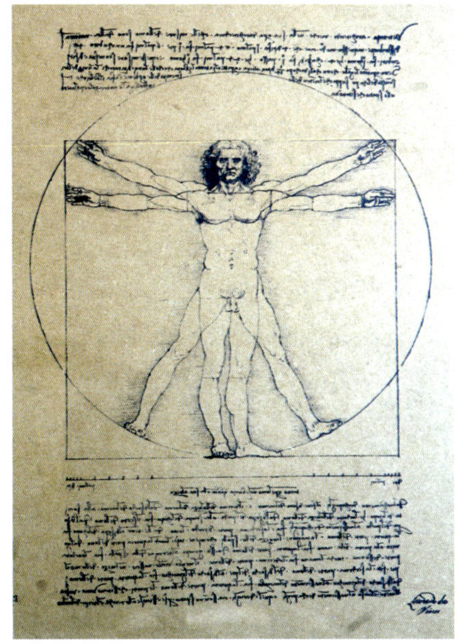

Dibuix de Leonardo da Vinci, l'Home de Vitruvi.

Lo somni

Lo somni és un diàleg humanista totalment pioner en el seu context ja que pren de model autors grecollatins com Plató, Ciceró, Virgili, i, també els autors italians Dante i Petrarca.

El llibre s'origina en la necessitat de Metge d'aconseguir el favor del nou rei Martí l'Humà. A la mort del monarca anterior, Joan I, Bernat Metge és empresonat i, per justificar-se, Metge compon aquesta obra única, primer **diàleg renaixentista** en llengua vulgar.

El llibre s'articula en **quatre diàlegs**, entre l'esperit del rei mort, Joan I, i el mateix Bernat Metge. El tema dels dos primers és netament humanista: la immortalitat de l'ànima. Dins dels diàlegs, el difunt rei no dubta a defensar la innocència de l'escriptor:

> –No ploris –va dir ell– ni estiguis trist. Quant al meu interès, no et cal plorar, ja que estic convenientment per la gràcia divina, i no voldria tornar al món per ser monarca. I encara menys pel teu plor, perquè si m'has perdut a mi, que era el teu senyor, tan bo o millor l'has guanyat. Ell et traurà per a honor teu de la presó en què et trobes i no patirà que se't faci injustícia, perquè és just i virtuós i coneixerà aviat la mala intenció dels teus perseguidors.
>
> (adaptació)

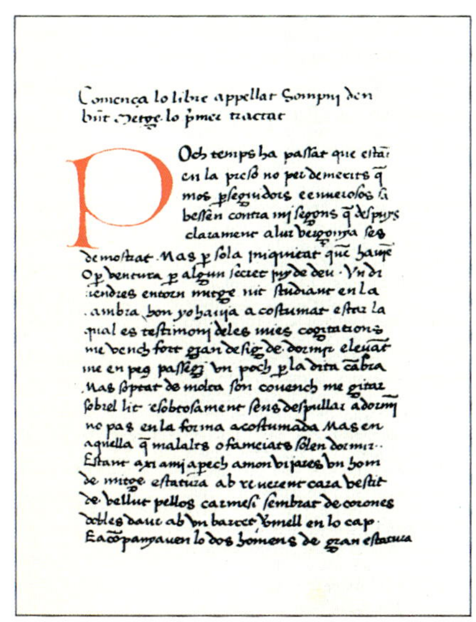

Primer foli del manuscrit de *Lo somni*.

Els altres dos diàlegs, de contingut medieval però escrits sota la influència de Boccaccio i amb una prosa igualment vigorosa, constitueixen una sàtira sobre el comportament dels homes (llibre III) i de les dones (IV), amb un interessat elogi final a Maria de Luna, esposa del rei i possible intercessora seva.

ACTIVITATS

56. Defineix el concepte d'Humanisme. Sabries dir per què es designa amb aquest nom?

57. Et sembla que els canvis socials i econòmics que es van produir durant el segle XIV van tenir una influència decisiva en la nova concepció de l'home i del món? Explica-ho breument.

58. Quin autor medieval català incorpora l'Humanisme? Raona la resposta.

59. Quines parts de *Lo somni* de Bernat Metge s'adscriuen a la tradició medieval?

60. Quina temàtica de *Lo somni* és humanista?

61. En el primer dels dos textos següents, Vicent Ferrer condemna la "mala vida" i adverteix del destí final: l'infern. En el segon text, Bernat Metge sembla que proposa la "mala vida" com a norma. Quins són els comportaments valorats de manera tan oposada per dos escriptors contemporanis?

> El primer grau de la mala vida és el tracte carnal amb homes i dones, que viuen en aquest món carnalment, així com una bèstia desfermada, inclinades a la luxúria, a beure i a menjar, a dormir i a ballar. Aquest primer grau de la mala vida, i aquestes persones, on van? Van al primer grau de l'infern. S'acosten al diable, en gran multitud, a l'ànima mesquina. Quan surt del cos, immediatament és agafada pels diables, la duen a l'infern i obren el calabós primer dels àngels dolents; i quan l'ànima veu aquella pena terrible, crida gran crits: Oh! I aquí he d'estar jo? Vegeu què els passa a tals persones.
>
> Vicent FERRER: *Sermons* (adaptació).

> Jamés almoina no farets,
> que això us perdríets:
> no us confessets, si dir devíets
> les veritats...
> e privadesa no vullats
> de dona casta
> molt hom se'n vana qui no en tasta.
>
> Bernat METGE: *Sermó.*
>
> *Mai no donareu almoina, que això us perdria; no us confesseu si heu de dir la veritat... i no vulgueu intimitat amb dona casta, que molta gent es vanta d'allò que no tasta.*
>
> (adaptació)

62. Llegeix aquest fragment d'un sermó de Vicent Ferrer. Quines característiques de la seva obra hi trobes?

> I com viviu de la mateixa manera que les bèsties? Un ase, quan veu una somera, tot seguit corre: 'Haaaic!'. Però l'home no ha de ser com l'ase.
>
> Vicent FERRER: *Sermons* (adaptació).

63. Llegeix amb detall les intencions que porten Francesc Eiximenis a escriure *Lo Crestià*. Quin és el contingut del llibre? A quin públic s'adreça?

> ...qui demana quina és la finalitat per què es fa aquest llibre, responc i dic que la fi principal d'aquesta obra és il·luminar, endreçar i despertar, adoctrinar i amonestar tot fidel cristià d'haver diligent cura de la seva vida i dels camins de Déu... i dic que aquest llibre s'apel·la Crestià per tal quant ací és conté sumàriament tot el fonament del cristianisme i tot el que es pertany perquè la gent segueixi la vida cristiana...
>
> Francesc EIXIMENIS: *pròleg a Lo Crestià* (adaptació).

64. Llegeix la descripció dels efectes de la Pesta Negra segons el testimoni de Giovanni Boccaccio. Quin any arriba l'epidèmia? D'on procedeix? Quina és la reacció de la societat? Davant d'aquests excessos, té sentit l'obra dels moralistes? Raona la resposta.

> Us diré, doncs, que ja era l'any de la fructífera Encarnació del Fill de Déu, al nombre de mil tres-cents quaranta-vuit, quan a l'egrègia ciutat de Florència pervingué la mortífera pestilència... començada uns quants anys abans a les parts orientals... que s'havia eixamplat fins a Occident amb gran misèria.
>
> I hi havia qui pensava que viure amb moderació i guardar-se de qualsevol excés donava molta resistència al mal... i fent la seva colla, vivien separats dels altres... i defugint qualsevol luxúria... D'altres, d'opinió contrària afirmaven que el remei més segur per a tant de mal era de beure a plaer i gaudir, anant cantant arreu i distreure's, satisfer-se de qualsevol cosa tant com podien, i riure i burlar-se del que passava; i tal com ho deien ho portaven a la pràctica segons les seves possibilitats, dia i nit, anant ara en aquella taverna ara en aquella altra, bevent sense seny ni mesura...
>
> Giovanni BOCCACCIO: *pròleg al Decameró.*

Un text d'Eiximenis

Aquest text de Francesc Eiximenis s'adreça als jurats de la ciutat de València, que és una ciutat esplendorosa, perquè, a finals del segle XIV i durant tot el XV, esdevé el centre polític, econòmic i cultural del país.

També és el nucli més important de la literatura catalana. La majoria d'escriptors o hi ha nascut, com Vicent Ferrer, Jordi de Sant Jordi, Ausiàs March, Joanot Martorell, Jaume Roig, Isabel de Villena, Joan Roís de Corella... o s'hi instal·la, com Francesc Eiximenis.

Regiment de la cosa pública

Diuen els qui molt de temps l'han posseïda que, si el paradís és a la terra, en el regne de València és; i verdaderament l'experiència clara ens ensenya que aquesta és una de les més assenyalades terres del món, si penseu en totes les seves nobleses de les quals us en diré algunes poques, que ara em venen a la memòria.

Perquè aquí l'aire és en general bell i clar i no espès ni de fum ni tèrbol com a França, a Anglaterra o a Alemanya, sinó clar i bell quasi bé tot l'hivern i a l'estiu, i a la primavera i a la tardor... la ciutat és en terra plana i la planúria és de gran bellesa i envoltada de turons i valls molt belles, fèrtils i de vista molt agradable... tot aquest regne té una gran mar i una gran terra i la terra s'estén amb el mar, posant tot el costat del regne vers les illes... i dita terra és abundosa de fonts i de rius i de molts bones aigües...

Aquesta ciutat i aquesta terra és poblada de viles nobles i bones i de llocs i de castells i de polides alqueries i de bons conreadors i de molta gent de paratge (nobles) i de grans dignitats eclesials i de molta persona santa... i el poble està avesat a seguir l'ofici eclesiàstic i als sermons... Aquesta terra té un llenguatge compost de diverses llengües que li són al voltant... i dins aquesta beneïda ciutat trobareu qui us pot ensenyar les principals llengües del món com són llatí, hebreu i morisc.

Francesc EIXIMENIS: *Regiment de la cosa pública* (adaptació).

Primera pàgina d'un manuscrit del llibre primer de *Lo Crestià*, de Francesc Eiximenis.

- Sobre quins elements construeix Eiximenis l'elogi de la ciutat?
- A què fa referència l'autor quan diu al títol "la cosa pública". Quins temes creus que deu tractar aquesta obra d'Eiximenis?
- El text diu "I el poble està avesat als sermons". Què vol dir amb això?
- Com és l'estructura social de València? Quins estaments formen la població? I quines minories lingüístiques i culturals? Aquesta descripció té correspondència amb la societat actual? Raona la resposta.

L'article d'opinió

Educació i riscos a les xarxes socials

Internet té enormes avantatges, però alhora també planteja riscos. Per això és vital conèixer molt bé l'entorn on es mouen els nostres fills per poder educar-los adequadament. I és exactament en educació on més feina i recursos s'han de destinar. Si volem que els nostres fills disposin de la informació necessària per navegar d'una manera segura a Internet, és imprescindible trencar la bretxa digital generacional que existeix entre pares i fills, educadors i alumnes.

Les amenaces a Internet són moltes, i en concret a les xarxes socials. Ens podem trobar fenòmens com el *ciberbullying*, el *sexting* o el *grooming*, entre d'altres. Malauradament, aquestes pràctiques abusives tenen lloc cada dia a les xarxes socials i representen una greu amenaça per als nostres joves. El *ciberbullying* és l'assetjament entre menors a través de la xarxa, el *sexting* és l'enviament de continguts sexuals generats pel mateix emissor i el *grooming* fa referència a l'assetjament sexual de menors per part d'adults.

Davant aquesta situació ens preguntem si els joves coneixen quins són els riscos d'oferir dades personals a les xarxes socials. Pensen abans d'actuar a Internet? Són conscients de les conseqüències que poden comportar els seus actes, no només per a ells mateixos sinó també per a terceres persones? Però també hauríem de ser capaços de reflexionar sobre si els adults disposem de les eines i coneixements necessaris. Els pares eduquem els nostres fills en valors com l'educació, el comportament en públic, el civisme, però els estem educant en la importància de la privacitat? Cal fer-hi doncs alguna cosa. És el moment que tots els sectors de la societat ens adaptem a l'ús de les noves tecnologies i ens sensibilitzem dels perills que suposen per a la privacitat dels més joves.

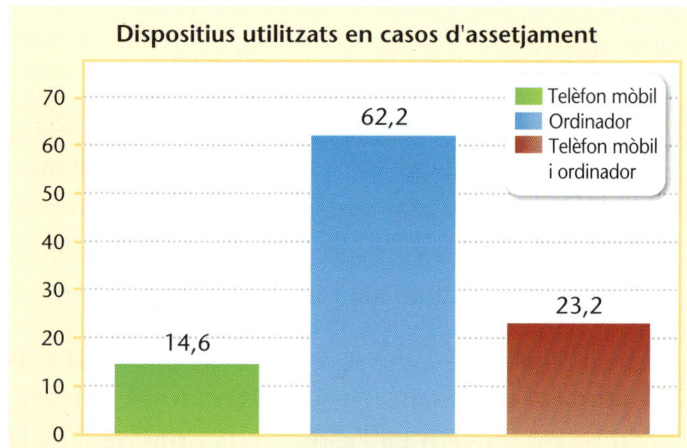

No es tracta de prohibir, sinó de conscienciar, sensibilitzar, comprometre's i donar eines de formació per tal que cadascú pugui decidir sobre l'ús que fa de les seves dades i de les de terceres persones. Per aconseguir-ho és necessària una implicació per part de les administracions, centres educatius, sector privat, associacions de pares, mitjans de comunicació, etcètera, per mentalitzar-nos, cadascun de nosaltres, de la importància de protegir les nostres dades a Internet.

Esther MITJANS: *El Punt Avui*, 26 de maig de 2010.

Comprensió del text

1. Respon si són veritables o falses les afirmacions següents:

a) El *ciberbullying* és l'assetjament entre menors a través de la xarxa. ▢

b) La bretxa digital és un tipus d'abús a la xarxa. ▢

c) Internet promou la privacitat entre les persones. ▢

d) Convindria poder prohibir l'accés a la xarxa als menors d'edat. ▢

2. Indica en quin ordre apareix la informació següent al text:

A	Cal educar en la i mportància de la privacitat.
B	Cal trencar la bretxa digital generacional.
C	S'ha d'actuar conjuntament per protegir les nostres dades a Internet.
D	A la xarxa es produeixen fenòmens abusius.

a) B→D→C→A ▢ c) B→D→A→C ▢

b) D→B→C→A ▢ d) D→B→A→C ▢

3. Indica quina d'aquestes paraules és sinònim del mot *vital* en aquesta expressió: "Per això és vital conèixer...":

a) imprescindible ▢ c) adient ▢

b) avaluable ▢ d) fatídic ▢

4. Identifica la idea principal del text:

a) Les xarxes socials són un entrebanc per mantenir relacions personals de confiança. ▢

b) L'ús de dispositius connectats a Internet perjudica la relació entre els adults i els adolescents. ▢

c) Els adolescents han d'aprendre a gestionar l'ús que fan de les seves dades a les xarxes socials. ▢

5. Al llarg del text es fa servir la paraula *xarxa* i el sintagma *xarxa social*, quina és la diferència?

6. Quin és l'objectiu de l'autora quan fa la pregunta: "els estem educant en la importància de la privacitat?"

a) Presentar el seu propi parer sobre el tema. ▢

b) Insistir en la importància del paper dels adults per protegir els menors. ▢

c) Introduir la proposta de solució a aquestes situacions. ▢

d) Rebutjar les mesures que s'han portat a terme fins ara. ▢

7. Després de llegir el text, un docent pensarà que els perills de la xarxa són:

a) freqüents ▢ b) greus ▢ c) inexistents ▢

8. Mira el gràfic de la lectura i fes-ne una interpretació.

9. Segons la teva pròpia experiència, dona dos consells per evitar un abús a Internet a una professora, a un pare i a un adolescent d'11 anys.

10. En aquest text l'autora se centra ens els efectes perniciosos de l'ús d'Internet, ara digues tres avantatges de viure connectats.

11. Resumeix en una línia i mitja cada paràgraf del text i, a continuació, digues quina és la idea general que vol transmetre. Coincideix més amb la d'algun paràgraf concret? Per acabar, fes un resum del text en tres línies.

Expressió escrita

12. **ORTOGRAFIA** Escriu les grafies que falten als mots següents del text:

- a...etjament
- nece...aris
- abu...ives
- av...ntatge
- amena...es
- co...cienciar

13. S'accentuen els mots *referencia*, *sino*, *son*, *hauriem*, *coneixer* i *importancia en el text*? Per què?

14. **PUNTUACIÓ** Col·loca punt o coma, si cal, als llocs assenyalats del fragment següent. Comenteu per què hi va punt, coma o res:

> El *bullying* no és un conflicte ... entre dues parts amb interessos contraposats ... és un procés de victimització on una part abusa del seu poder per sotmetre l'altre ... és un tipus de violència ... a vegades física però sempre psicològica ... insidiosa ... que es construeix lentament en el dia a dia ... de les relacions interpersonals ... és difícil d'identificar ... ja que en els inicis sol ser poc evident i pot mantenir-se oculta als adults ... però és ben coneguda per l'alumnat.

15. **REDACCIÓ** Escriu un text de 10 línies explicant els sentiments que pot sentir algun company o companya que pateix *ciberbullying*, algú que l'exerceix i els qui ho saben però no hi intervenen.

1. Planificació: fes un esquema de les idees que desenvoluparàs.
2. Primera versió de la redacció.
3. Revisió, correcció i versió definitiva.

5 Els gèneres d'opinió (II)

La columna i la carta al director

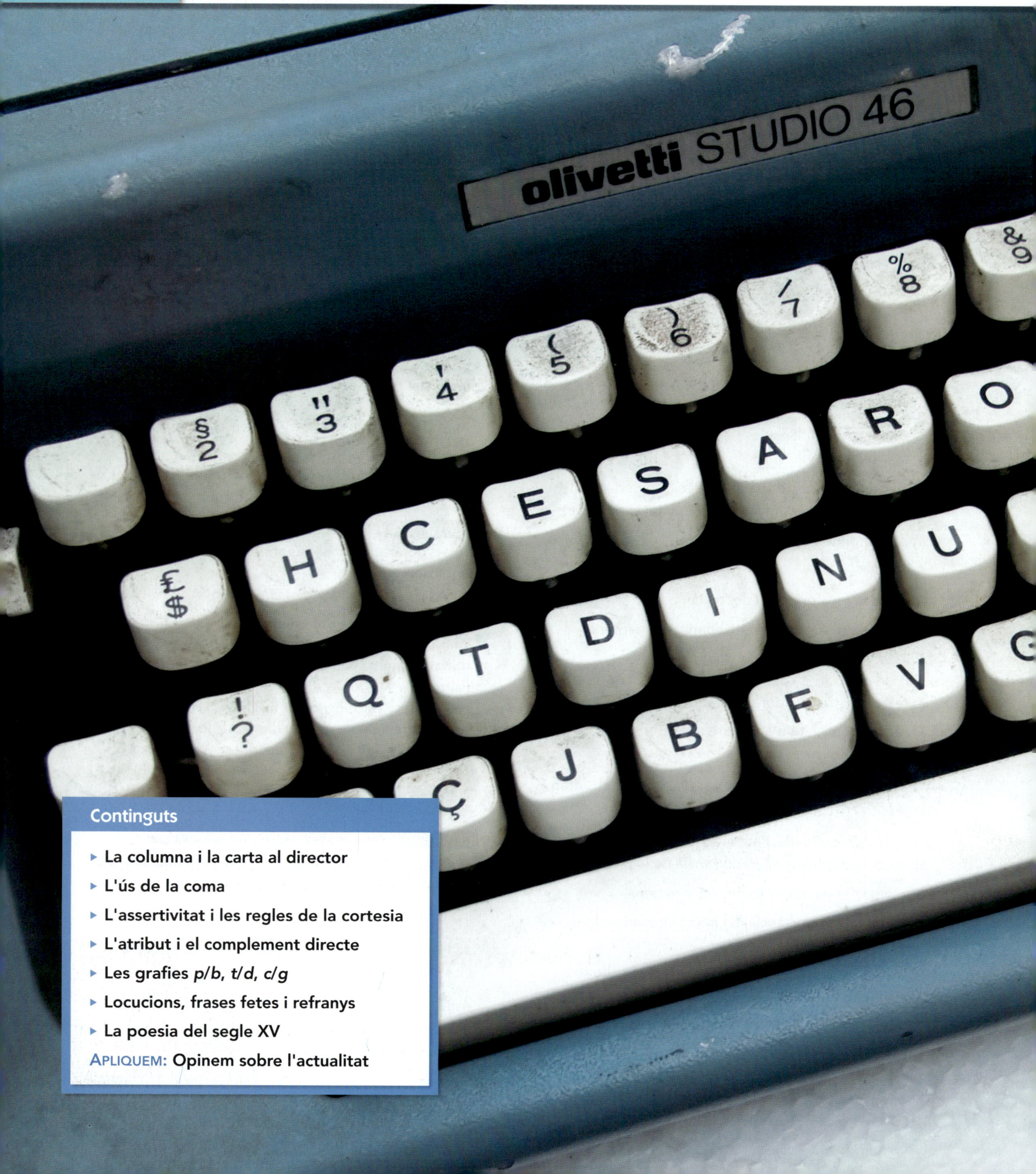

Continguts

Per començar

En la majoria de publicacions hi ha uns articles d'opinió en forma de text estret i allargat que anomenem columnes. Els temes són variats; els estils, també. Són col·laboracions habituals de periodistes o escriptors que els lectors segueixen amb interès.

A continuació tens una columna de Josep M. Espinàs, escriptor i columnista veterà en diversos diaris i revistes.

Per a mi és més que una màquina

Jo sempre he escrit –i encara escric– amb una vella Olivetti llibres i articles, versos i cançons. El teclat de la màquina em fa pensar en el teclat d'un piano. Cada tecla que premo és com una nota que ha de procurar no desafinar per poder relacionar-se amb les altres notes que formen la modesta melodia d'una frase. Amb la meva màquina, escriure és construir una successió de pulsacions que siguin fidels a allò que vull dir, encara que a vegades tinc la impressió que les tecles actuen pel seu compte i s'anticipen al que jo pugui pensar. Sembla que la meva màquina cerebral cedeixi el pas al ritme de l'Olivetti.

Els meus amics, en Pau i en Joan, em fan el favor de passar a l'ordinador els articles que escric a màquina. Sense el seu ajut, jo seria un articulista invàlid. Suposo que no seria massa difícil canviar d'instrument i equipar-me informàticament com Déu –i la modernitat– mana, però a aquestes altures de la meva vida no em veig amb cor de trair la meva Olivetti, a la qual he estat sempre fidel. I a vegades em sembla sentir la seva veu que em diu: "Suposo que no m'abandonaràs després de tants anys de companyia". Perquè la màquina em parla. A vegades m'avisa, em renya: t'has equivocat de tecla. A vegades, quan he premut el punt final d'una frase, em sembla que em somriu.

Josep Maria ESPINÀS: *El Periódico*, 23 de gener de 2015 (adaptació).

A **Quin és el tema d'aquesta columna? Saps què és una Olivetti?**

B **Explica la frase: "Les tecles actuen pel seu compte i s'anticipen".**

C **L'autor atribueix a la màquina d'escriure actituds que només tenen els humans. Quines són aquestes actituds? Per què ho fa?**

D **Has vist mai una màquina d'escriure? Compara-la amb un ordinador i digues quins són els avantatges i inconvenients de cada aparell.**

E **Llegeix la columna en veu alta com si fossis l'escriptor que fa una conferència. Pensa que el text està escrit en primera persona perquè parla d'un tema personal. Intenta reflectir-ho en l'entonació.**

La columna

La intimitat i la barra

Ahir al matí em vaig despertar, vaig posar la ràdio i el primer que vaig sentir van ser burles sobre la decisió del Tribunal Constitucional de denegar l'empara a un senyor a qui una empresa va acomiadar perquè feia servir el correu electrònic corporatiu per a qüestions personals. El treballador n'era cap primer administratiu i hi treballava des del 1976! Va argumentar que l'empresa havia vulnerat la seva intimitat i, en conseqüència, demanava que se li anul·lés l'acomiadament. Explica l'agència Efe: "Per al Constitucional, l'acomiadament és vàlid perquè es tractava d'un correu electrònic corporatiu, per al qual tant l'Estatut dels Treballadors com el conveni del sector en el qual era immersa l'empresa (el químic) admeten el control de la companyia. Així, la sentència considera que 'la limitació de l'ús del correu electrònic a finalitats professionals duia implícita la facultat de l'empresa de controlar-ne la utilització amb la finalitat de verificar el compliment pel treballador de les seves obligacions i els seus deures laborals'. És a dir, l'empresa pot intervenir el correu electrònic corporatiu per saber quin ús en fan els treballadors".

El millor del cas és que el treballador feia servir aquest correu per proporcionar "informació confidencial de l'empresa a personal d'una altra entitat mercantil". S'ha de ser burro, francament. Si et dediques a passar informació de l'empresa on treballes, com a mínim pren unes mínimes precaucions. La primera, no fer servir el correu corporatiu. El correu i el mòbil, perquè el paio també feia servir el mòbil corporatiu per passar dades a aquesta altra "entitat mercantil". És una estupidesa espectacular –per aquesta qüestió de l'espionatge laboral– però és que l'ús del correu de l'empresa per a qüestions personals és tan habitual que ja poca gent és conscient del que suposa. He passejat de vegades per oficines, redaccions de diaris, de ràdios i d'editorials, i sovint hi veig més gent dedicada a parlar amb la novieta o a intercanviar *e-mails* graciosets amb els amics que no pas a treballar. Sempre m'he preguntat com m'ho faria jo si tingués una empresa i hagués de veure com, en hores de feina, els meus empleats es dediquen més a la vida privada que no pas a pencar. Vaig començar a treballar als catorze anys, en un estudi de dibuix, als disset vaig passar a un altre, i a un altre als vint. No es feia mai cap trucada ni se'n rebia cap, tret que fos per un cas radicalment greu, com que haguessin ingressat la teva àvia a l'UCI. Les trucades personals es feien, totes, fora de la jornada laboral i mai des del telèfon de l'empresa. Actualment, passeges entre les taules d'una oficina i qui no es passa tot el dia al WhatsApp es dedica al Candy Crush. És clar que, amb els sous de merda que molta gent cobra ara, què els vols de manar? Ètica i responsabilitat laborals?

Quim MONZÓ: *La Vanguardia*, 11 d'octubre de 2013.

Llegir els comentaris

Des del primer dia a l'Ara.cat hem moderat els comentaris dels lectors a la pàgina web. Vull dir que no hem publicat els insults i les desqualificacions gratuïtes. Porta feina, hi ha un marge subjectiu que a vegades no és del tot just, i sovint alenteix la publicació, però és imprescindible. És el primer pas, i no pas el més important, per aconseguir que un mitjà interactiu tingui qualitat. No és que cregui que els comentaris milloren l'article, és que ho sé. Ho he comprovat mil vegades, una cada dia. El repte és integrar-los cada dia millor, fer-los lluir més, trobar maneres ràpides i eficients de moderar-los, destacar els més rellevants. Em sorprèn quan encara es discuteix que un mitjà que vol ser educat tingui el dret (i el deure) de filtrar els que hi escriuen. És lògic discutir els criteris, no el fons. Cada cop em trobo més col·legues que s'aconsellen els uns als altres, per no patir, "no llegeixis els comentaris". Com que penso que millorarem si tenim en compte els bons lectors, hi ha una primera feina que és aixecar el llistó. Així aconseguirem que llegir els comentaris sigui plaent i estimulant, i no una tortura.

Carles CAPDEVILA: *Ara*, 25 d'octubre de 2013. (adaptació).

ACTIVITATS

1. Respon a les preguntes següents sobre la columna de Quim Monzó:

a) Quin problema planteja l'autor?

b) Per què el treballador es va adreçar al Tribunal Constitucional?

c) Quina va ser la resposta del Tribunal Constitucional a la seva demanda?

2. Consideres que el text de Quim Monzó és un text informatiu o valoratiu? Raona la resposta. En quin punt creus que se situa l'autor? A favor del denunciant o de la sentència?

3. Fixa't en aquesta frase: "És clar que, amb els sous de merda que molta gent cobra ara, què els vols demanar?" Creus que Monzó està justificant que s'utilitzi l'ordinador de l'empresa per a qüestions personals?

4. Malgrat que es tracta d'un text en varietat estàndard, Monzó fa servir algunes expressions col·loquials, com ara el mot *novieta*. Busca-les i digues-ne un equivalent en llengua estàndard.

5. Digues si, segons el text de Monzó, són veritables o falses les afirmacions següents:

a) La ràdio ha tractat amb respecte la decisió del Tribunal Constitucional. ▢

b) El treballador es va queixar al Tribunal Constitucional perquè l'empresa li havia controlat l'ordinador. ▢

c) El demandant treballava en una empresa d'assegurances. ▢

6. Digues quina de les següents afirmacions respon millor a l'esperit de l'article:

a) Està justificat utilitzar el correu de l'empresa si han ingressat la teva àvia a l'UCI. ▢

b) No pots ser deslleial a la teva empresa i pretendre que no et passi res. ▢

c) Algunes persones fan servir el correu de l'empresa per a usos privats perquè cobren sous molt baixos. ▢

7. Quin tema planteja la columna de Carles Capdevila?

8. Compara les dues columnes. Tenen alguna cosa en comú? Alguna diferència? Explica-les després d'analitzar el contingut, el to i el llenguatge.

9. Dona un sinònim de les paraules següents: *moderat*, *imprescindible*, *repte*, *rellevants*, *col·legues*, *plaent*.

10. Quina d'aquestes afirmacions respon millor a l'esperit del text "Llegir els comentaris"?

a) És just censurar els comentaris insultants en benefici d'un periodisme ètic i responsable. ▢

b) Els comentaris insultants d'alguns lectors espanten els altres comentaristes. ▢

c) Les persones que envien comentaris insultants s'emparen en l'anonimat. ▢

11. Els dos textos que has llegit plantegen problemes relacionats amb l'ús o l'abús de les noves tecnologies. Intenta formular en un text de vuit o deu línies el teu punt de vista.

1. Els gèneres d'opinió (II): la columna

La **columna** és una variant de l'article d'opinió que apareix de manera periòdica, sempre al mateix lloc del diari i amb una extensió determinada. Se'n diu columna per la forma que adopta i els seus autors s'anomenen columnistes.

La columna sovint té un caire irònic, com les de Quim Monzó o Empar Moliner, però també pot ser de denúncia de determinats fets o actituds, com les de Josep Maria Espinàs, Sebastià Alzamora, Pilar Rahola o Isabel-Clara Simó.

A vegades la forma de la columna no és vertical sinó horitzontal, però les característiques són les mateixes.

La columna va signada per l'autor i apareix sempre a la mateixa pàgina i al mateix lloc. Són fixes i regulars i s'ajusten a un espai, sempre de la mateixa extensió.

L'autor té llibertat per triar el tema, l'enfocament i l'estil. No està sotmesa a una estructura determinada i tampoc no se solen justificar els arguments amb dades, sinó que s'hi expressa una opinió personal.

La columna pot tenir funcions diferents:

- **Expositiva** o narrativa, quan el columnista es limita a exposar uns fets sense demanar una reacció al lector.
- **Apel·lativa**, quan vol produir un efecte determinat en el lector.
- **Valorativa**, quan emet un judici sobre els fets de què parla.

És un gènere molt creatiu, que combina la realitat periodística amb l'estil literari. Això fa que sovint el lector busqui tant el plaer estètic de la lectura com conèixer l'opinió del columnista.

Cada columnista té el seu estil, i abunden els jocs de paraules, la ironia, les exageracions... I no és estranya la utilització d'un llenguatge col·loquial o fins i tot de mots malsonants quan es vol donar força als arguments exposats.

Per saber-ne més

La columna pot portar un **títol genèric**, que la identifica amb l'autor. Per exemple, *Tovallons negres*, la columna d'Empar Moliner al diari *Ara*.

Sebastià Alzamora escriu una columna al diari *Ara*.

DIJOUS, 4 JUNY 2015

Quim Monzó

Que la força t'acompanyi

Dimarts, a la porta de l'edifici de *La Vanguardia* em vaig trobar amb el col·lega Suso Pérez, que en sortia. Anava amb la seva bicicleta plegable Brompton a la mà i es va posar a desplegar-la. Vam parlar d'això i d'allò, que si són verdes i que si són madures, i em va recomanar que em comprés una bici per anar per la ciutat. Quan ja en vam tenir prou se'n va anar, dalt de la bici i amb el casc negre que fa servir sempre: un Bern model Macon.

¿Per què tanta gent que va en bici es nega a dur-ne? Molts ciclistes tenen una aversió al casc que recorda la dels motoristes de fa un quart de segle, més

ara.cat

22.11.2014

TOVALLONS NEGRES

Te l'enviaré

La setmana passada, la vigilant de seguretat, a la porta de l'emissora, la cantava. Sense voler, imitava la veu dolça de la intèrpret: "Al·leluia, al·leluia..." Li vaig preguntar què era allò que refilava. "Home, la cançó de La Marató. *Al·leluia*, de l'Andrea Motis. No l'has sentit?" Vaig fer que no amb el cap. Tot i que sí que l'havia sentit perquè l'Andrea Motis havia anat a cantar-la aquell dia a la ràdio.

Aquesta setmana qui ha anat a la tele a cantar una de les cançons del disc de La Marató és la cantant Izah. Es

LA VANGUARDIA 23

Pilar Rahola

La pregunta

Era molt difícil fer un homenatge més grandiós a la puta i la Ramoneta que el que va perpetrar, durant anys, el pujolisme. Però Unió ha superat amb escreix l'aposta i el resultat és un monument èpic a les dues esmunyedisses senyores del catalanisme. Després de setmanes d'anar embolicant la troca i d'anunciar-nos que plantejarien una consulta per definir la posició sobre la independència, la democràcia cristiana catalana ha utilitzat la retòrica vaticana per fer un gir de 360 graus i així no moure's de lloc. I quin és el lloc? El grau zero de la definició, el territori nebulós que anomenen l'ambigüitat. És a dir, Unió ha aconseguit el súmmum de la dialèctica, aconseguint fer una pregunta

Molts columnistes són escriptors que donen prestigi al diari.

ACTIVITATS

12. Llegeix el fragment següent d'una columna i fes les activitats que se't proposen.

a) Et sorprèn el títol de la columna? Com poden estar relacionats els mots *Google* i *iaia*?

b) Esbrina què són els papers de Snowden.

c) L'expressió "en el món d'abans", a quina època et remet?

d) Busca en el text mots o expressions que denotin un to humorístic.

e) L'autor s'ha permès inventar una paraula. Busca-la i intenta donar-ne una explicació.

Google i la iaia

Deixar de ser tan innocents quan fem servir joguines comunicatives és molt higiènic

No es tracta ara de fer el viu i de dir allò tan odiós de "jo ja ho sabia", però cal haver estat molt crèdul, molt ingenu i molt tecnoeufòric per pensar que els serveis d'espionatge d'allà o d'aquí no posarien les seves manetes en les nostres comunicacions privades per l'atractiu ciberespai. Que l'anomenada Agència de Seguretat Nacional (NSA) dels EUA hagi xafardejat al cor de Google i Yahoo és el més corrent i previsible del món, la qual cosa no vol dir que sigui el més desitjable, ni el més adequat, ni el més eficaç des del punt de vista de la seguretat. En el món d'abans, els poders de l'Estat i altres poders també es dedicaven, quan volien, a violar (de manera més barroera o més fina) la nostra correspondència, aquella que viatjava romànticament en sobres que transportaven trens, vaixells i avions. També ho feien, si calia, amb les nostres trucades des dels vells i entranyables telèfons fixos. Benvinguts siguin els papers de l'amic Snowden, si demostren que la iaia tenia més raó que un sant quan avisava que cal desconfiar sempre amb els estranys.

Francesc-Marc ÀLVARO: *La Vanguardia*, 1 de novembre de 2013.

13. Quina funció predominant creus que té la columna de l'exercici anterior: expositiva, apel·lativa o valorativa? Per què?

14. Llegeix aquest fragment d'una columna d'Antoni Puigvert apareguda a *La Vanguardia*. Quins mots o expressions del llenguatge col·loquial podem trobar en aquest text? Per quins altres de menys col·loquials els podries substituir?

Si jo dic, en un sopar d'amics, que no m'agrada el formatge, no me n'oferiran ni en aquell sopar ni en cap altre. Jo seré, per a la meva penya, "aquell que no li agrada el formatge". Però si resulta que, mesos després, en un altre sopar, em despenjo glossant les bondats del manxec, del tupí del Pirineu o del provolone, els meus col·legues no sabran per on agafar-me: em tindran per un inconsistent. Com que el nostre present està caracteritzat pels canvis arbitraris d'opinió, de gust i de camisa, és probable que els meus col·legues no m'ho tinguin en compte i em prenguin per un excèntric, per mentider inofensiu.

Antoni PUIGVERD: *La Vanguardia*, 25 d'octubre de 2013 (adaptació).

15. Aquí tens dos paràgrafs d'una columna de Josep Maria Espinàs que té una intenció valorativa. Quins elements ens ho fan pensar? El text que has llegit té un to general bastant neutre, però de sobte utilitza un vocabulari malsonant. Amb quin objectiu?

Escoltar per saber pensar

Hi ha una història molt divertida. Un pare, amb ganes que les seves dues filletes comencin a interessar-se per les misterioses lleis del món, agafa un vas i l'omple d'aigua. "Veieu?". Aleshores escalfa el líquid, que es converteix en gasós en forma de vapor. Després el fica al congelador i l'aigua es transforma en glaç, un element sòlid. El pare pregunta a les nenes si coneixen altres exemples de líquids, sòlids i gasos. La resposta el deixa atònit: "Sí. Pipí, caca i pet".

Què és el més important? Que les criatures havien observat, escoltat i estaven aprenent a pensar.

J. M. ESPINÀS: *El Periódico de Catalunya*, 27 de febrer de 2005.

2. Els gèneres d'opinió (II): la carta al director

La **carta al director** és un gènere periodístic que s'adreça al director del diari o de la revista i a tots els lectors. El seu contingut és variat; pot expressar una queixa, una denúncia, una petició, una opinió, un agraïment...

Carles Capdevila va ser fundador i director del diari *Ara*.

La carta al director ha de ser curta i concisa, i consta de tres parts:

- Una **introducció**
- Una **comunicació**
- Una **conclusió final**

El tema pot ser molt divers i sovint es refereix a articles publicats al mateix diari, amb la intenció de mostrar-s'hi d'acord o de rebatre'ls.

La llargària de la carta al director no està limitada com en els missatges de twitter, però no convé sobrepassar les 20-25 línies. Alguns diaris donen indicacions en el mateix apartat de *Cartes al director* sobre com s'hi han d'enviar els escrits.

Normalment hi han de constar les dades de qui l'envia, com ara el nom i els cognoms, el DNI i l'adreça postal o electrònica; aquestes dades són exclusivament per al control per part del diari. En la publicació només apareixerà el nom i cognoms de l'autor. Amb tot, el diari no publica totes les cartes que rep, es reserva el dret de publicar-les o no.

Actualment hi ha **noves maneres de crear opinió**. La premsa escrita no és, ni de lluny, l'únic mitjà de comunicació que contribueix a crear opinió. A part de la televisió, la ràdio i la premsa digital, hi ha també alguns canals lligats a les noves tecnologies, com els blogs i twitter.

Per saber-ne més

Per raons d'espai generalment s'hi suprimeixen les fórmules de cortesia i els comiats. Si la redacció ho considera necessari, es pot escurçar el text o modificar-ne el to. També se li adjudica un títol que cridi l'atenció.

La **disposició tipogràfica** acostuma a ser sempre la mateixa, en columnes, i sol anar a les pàgines de l'esquerra, en un apartat amb el títol de *Cartes al director*, *El lector opina*, *Ho diuen els lectors*, *Cartes i missatges*, o altres.

CARTES I MISSATGES

Rèquiem per un teatre

El senyor Duran

Antidemocràtic?

CARTES DELS LECTORS

ACTIVITATS

16. Llegeix les dues cartes que tens a continuació. Els seus objectius són diferents. Quines són les intencions de cada un dels autors? Busca expressions valoratives negatives en la primera i positives en la segona, i assenyala els adjectius valoratius a cada una de les dues cartes:

Pitjor que l'atur

Soc una universitària més que aquest any acaba la carrera i, com a tal, la meva inserció al món laboral passa per fer de becària. A priori, que les empreses decideixin acceptar joves a la seva plantilla per formar-los sembla una bona iniciativa, però la realitat és que, sovint, els becaris acaben desenvolupant tasques molt irrellevants, treballant tantes hores com els treballadors fixos però sense cobrar. El més trist d'això és que aquesta situació ja s'ha convertit en normal i les empreses se n'aprofiten, ja que saben que com que, en alguns sectors, pràcticament no hi ha ofertes laborals, l'única possibilitat d'estar-hi en actiu és com a becari. I així, de passada, també ajudem a maquillar una mica la vergonyosa taxa d'atur juvenil del nostre país. Però, a quin preu?

Anna RUBIO RENOM: *Ara*, 4 d'octubre de 2013.

Internet per als professors

A finals d'octubre s'ha celebrat a Barcelona el congrés *Internet of Things World Forum*, en què s'ha tractat la presència cada cop més invasiva, total i imprescindible, dels sistemes informàtics en tots els àmbits. A mi m'interessa especialment l'educació i, per això, he analitzat el llibre blanc –fet per CISCO– en què s'analitzen les aplicacions, usos i avantatges pedagògics d'aquest fet aplicat a les nostres escoles i activitats docents. Als professors se'ns ha girat feina per fer-nos més flexibles, trempats i actualitzar-nos. El 2020 hi haurà aproximadament cinquanta mil milions de coses connectades a Internet: persones, processos, dades i coses. Si en tenen ocasió, llegeixin aquest llibre blanc, sobretot com ens suggereix què cal ensenyar i aprendre.

Xavier SERRA: *Ara*, 17 de novembre de 2013.

17. Busca en un diari la secció de cartes al director i tria'n una que tracti un tema que t'interessi o que coneguis bé. Porta-la a classe i exposa-la breument als teus companys. Explica també per què l'has triat.

18. Aquí tens dues cartes al director sobre el mateix tema. Què ha fet que els lectors escriguin aquestes cartes? Quin punt de vista té cadascuna? Quins són els principals arguments a favor i en contra de l'entrada de gossos al metro? Quina és la teva opinió?

Un pas endavant

Soc propietària d'un gos i agraeixo la iniciativa de deixar entrar els gossos al metro. Som el primer país d'Europa que abandona més gossos. Per què deu ser? Si amb aquesta nova normativa s'aconsegueix rebaixar una de les tantes causes d'abandó, haurem fet un pas endavant.

No som pioners en aquesta iniciativa, altres ciutats europees ja fa temps que l'han posada en marxa i funciona. Quan es dispari el tret de sortida de la nova normativa, només caldrà una mica de tolerància d'una banda i molta responsabilitat i civisme per part dels propietaris dels gossos.

Montserrat ROMEU GIL: *La Vanguardia*, 2 de novembre de 2013.

Gossos i higiene

Em preocupa la nova normativa que permetrà entrar gossos al metro; i no em preocupa per si poden mossegar o no, ja que estaran obligats a portar morrió. El que em plantejo com un problema és la higiene. Entenc que aquesta normativa comportaria dedicar un espai on els gossos puguin fer les seves necessitats sense perjudicar la pulcritud de les estacions i els vagons.

A part, no aniria malament que alguns vagons del metro fossin aptes per als gossos i d'altres no, de manera que les persones que tenen al·lèrgia no tinguin cap problema. També em plantejo què passarà amb els gossos en hores punta, quan els usuaris tenen problemes per entrar al vagó.

Marta LLIBRE LEIRO: *La Vanguardia*, 2 de novembre de 2013.

19. Escriu una carta al director en què manifestis una queixa per alguna acció incorrecta que hagis observat als carrers del teu barri (brutícia, actes vandàlics, soroll, etc.). Recorda que la brevetat i la concisió són dos elements indispensables perquè la carta es publiqui.

3. L'ús de la coma

La **coma** (,) és un signe de puntuació que indica una pausa breu i que s'usa per separar unitats sintàctiques dins de l'oració.

Té diverses funcions, entre les quals podem destacar les següents:

a) Separa el nom d'algú a qui ens adrecem, és a dir, aïlla un **vocatiu**:
- *Miquel, engega la rentadora.*
- *Escolteu, nois, aquest partit és decisiu.*

b) Separa una **interjecció**:
- *Caram, sí que has treballat avui!*
- *Ei, què feu?*

c) Separa els **elements en una enumeració**. L'últim element, però, sol anar precedit d'una conjunció (*i* / *o* / *ni*):
- *Van comprar cacauets, pipes, tramussos i taronjades per a tothom.*
- *No sé si llegir un llibre, una revista o un còmic.*
- *L'huracà ho ha destrossat tot: ponts, carreteres, edificis.*

d) Separa una enumeració d'**oracions breus** amb un sentit global:
- *Va arribar, va obrir la carpeta, va treure l'informe i tothom va callar.*

e) Separa un **aclariment** explicatiu de la resta de l'oració:
- *En Joan, com que no tenia cotxe, va haver d'agafar l'autobús.*
- *Va ser gran la sorpresa dels convidats, que no tenien ni idea que hagués arribat el president.*
- *Els músics, dirigits per tan bon mestre, van oferir un gran concert.*

f) Davant de les **conjuncions adversatives** *però* i *sinó*:
- *Va fer una defensa brillant de l'acusat, però no va servir de res.*
- *No anirem a l'hotel, sinó a una casa rural que m'han recomanat.*

g) Separa algunes **locucions conjuntives** i **connectors**:
- *Així, doncs, totes les seves propostes van ser discutides i aprovades.*
- *He perdut molts diners a la borsa i, per tant, no podrem fer el viatge.*
- *Al capdavall, tampoc no era una gran oportunitat.*
- *Tanmateix, aquell dia va arribar puntual.*

h) En algunes oracions en què s'ha invertit **l'ordre lògic**:
- *Si no arribes a l'hora, et perdràs la conferència del ministre.*
- *Quan hagin acabat la feina, sortiran a fer un volt.*
- *Fins que no intervingui l'ajuntament, no s'arreglarà el problema del vandalisme.*

i) Indica que s'ha produït l'**omissió d'un verb**:
- *Tots hem de ser al local a les set. Els organitzadors, a les sis.*
- *Aquella bicicleta m'agradava molt; la teva, no.*

j) Evita que es produeixin **confusions**:
- *No, ha vingut el Gerard.*
- *No ha vingut, el Gerard.*

Atenció!

No posem coma entre el subjecte i el verb, ni entre el verb i els complements, encara que s'hi pugui fer una pausa:
- Tots els veïns (x) van sortir cridant a la plaça.
- Els calaixos contenien (x) una gran quantitat d'objectes.

Exemple d'aclariment explicatiu: "El mas, que és al bell mig del Lluçanès, és del meu avi".

En la frase "Aquella bicicleta m'agradava molt; la teva, no" la coma indica l'omissió del verb.

20. Escriu les comes que falten a les oracions següents i justifica-ho:

- Mireia porta'm les patates les pastanagues i l'api que començaré a fer el sopar.
- Una casa com aquesta tan gran i freda no serà fàcil de vendre.
- He fet tot el que he pogut però el resultat ha estat desastrós.
- Apa noi aixeca't i para taula que ja és hora.
- Si no baixen les temperatures no podrem anar a esquiar.
- És una noia molt agradable tanmateix no ha trobat parella per anar al ball.
- Aquell ocell no era una alosa sinó un rossinyol.
- Els nens vestien de verd i les nenes de vermell.
- Quan hagi cobrat decidiré si em compro aquestes sabates.

21. El text següent no té comes. Posa-les-hi:

> Quan et presenten algú et pots trobar amb tres tipus de petons. El primer és el petó pomular fred i distant. L'altre tipus són els petons amb franqueig. Són els que fan les tietes amb els llavis pintats que et deixen el segell posat a la cara. I per últim hi ha el "picotasso". Aquest es dona entre actors i món de la faràndula. Són gent moderna que van d'enrotllats. I així és com acaben enrotllats entre ells.
>
> Andreu BUENAFUENTE: *Com et va la vida.*

22. Explica la diferència de significat entre les parelles de frases següents:

- No, ha mort d'accident.
- No ha mort d'accident.

- Què t'agrada ballar?
- Què, t'agrada ballar?

- Els paquets, que no estaven ben embolicats, van caure per terra.
- Els paquets que no estaven ben embolicats van caure per terra.

- Maria, la teva companya de classe, t'ha trucat dues vegades.
- Maria, la teva companya de classe t'ha trucat dues vegades.

- Quan arribarà, el menjar ja s'haurà acabat tot.
- Quan arribarà el menjar, ja s'haurà acabat tot.

23. Llegeix les frases següents i corregeix els errors, si n'hi ha:

- En Lluís, no arriba mai a l'hora.
- Tenien un gos, molt dòcil, però se'n van desfer aviat perquè estava malalt.
- Les plantes del jardí de la meva veïna, han crescut molt gràcies a les pluges.
- Hem comprat mobles per al saló, estris de cuina, i un carret per anar al mercat.
- Es lleven d'hora entrenen cada dia, i tot i així no aconsegueixen cap bona marca.
- Veniu nenes que ja és hora de tornar cap a casa.
- El pare va arribar a les set i la mare a quarts de vuit.
- No anirem enlloc, se'ns ha espatllat la moto.
- En voleu més de musclos?

24. Explica les correccions que has fet a l'exercici anterior i digues a quina de les funcions de la coma responen.

25. Llegeix en veu alta el text. Hi falten les comes. Posa-les allà on creguis que han d'anar i torna'l a llegir donant-li l'entonació adequada. Has notat algun canvi?

> La professora iraniana Maryam Mirzakhani s'ha convertit en la primera dona que ha rebut la Medalla Fields considerada el premi Nobel de matemàtiques per a talents joves. El guardó que es va atorgar ahir durant la inauguració del Congrés Internacional de Matemàtics (CIM) que se celebra a Seül premia cada quatre anys un màxim de quatre investigadors de menys de 40 anys pels seus descobriments.
>
> *Ara*, 14 d'agost de 2014.

26. Llegeix el text següent, al qual s'han eliminat les comes. Posa'n allà on creguis convenient i justifica-ho:

> No li deien The Look per casualitat. A *Tenir-ne o no* Lauren Bacall podia reduir un home a melmelada pronunciant allò de "Saps xiular oi Steve? Només cal ajuntar els llavis i bufar". No era el que deia sinó com ho deia. Com arrossegava la veu i fonia els ploms de Bogart amb la mirada. Però al darrere del seu mític esguard com en tantes llegendes de Hollywood hi havia una realitat ben prosaica. "Jo tenia un atac de nervis –recordaria després–. Em tremolaven les mans el cap la cigarreta."
>
> Xavier SERRA: *Ara*, 14 d'agost de 2014.

Comunicació oral

La tertúlia i el debat als mitjans de comunicació

La tertúlia

La tertúlia dels mitjans de comunicació és una conversa organitzada en què hi ha un **moderador** que condueix el programa i uns **convidats** que són periodistes o bé experts. S'hi comenten de manera informal els temes que el moderador va establint i, generalment, els convidats ho són de manera fixa.

La tertúlia sol tenir un llenguatge més col·loquial. La informalitat de la tertúlia permet que els convidats s'interrompin els uns als altres; llavors, el moderador ha d'intervenir-hi per regular els torns.

COMPRENSIÓ AUDIOVISUAL

Ves a www.tiching.com/732360 i respon a les preguntes.

El debat

El debat és un intercanvi d'opinions entre dues o més persones que tenen **punts de vista diferents o contraposats**. Es donen tant a la ràdio com a la televisió al voltant de temes banals o importants.

En general, el debat és més formal i més tens que una tertúlia. Hi ha un tipus de debat especialment assenyalat que és el que es dona entre els candidats dels partits polítics abans d'unes eleccions.

La principal diferència entre el debat radiofònic i el televisiu és en la **comunicació visual**: a la televisió tenim els participants a la vista, els veiem l'aspecte, les expressions, els gestos, com interactuen, etc. La ràdio té l'avantatge que els oients poden intervenir més fàcilment en directe per telèfon, correu electrònic, twitter, etc.

Algunes tertúlies radiofòniques tenen una gran audiència.

Estratègia oral

L'assertivitat i les regles de la cortesia

En els debats i en la vida en general és molt important que siguis capaç d'expressar amb aplom el que penses o el que vols, sense reprimir-te les idees per la reacció que poden tenir els altres. És important ser clar i directe, i no guardar-te a dins el que vols dir. La capacitat per fer això s'anomena **assertivitat**.

Quan l'assertivitat s'exerceix bé, es fa sense estridències i sense emprar un llenguatge que pugui lesionar la imatge de l'interlocutor. La **cortesia lingüística** demana atenuar les ordres, calmar els ànims i destacar els punts d'acord.

Per exemple, podem fer servir frases com ara:

- ✓ *Com vostè diu, l'horari intensiu permet tenir la tarda lliure, però aquest horari pot comportar un esgotament per tantes hores seguides de feina.*
- ✓ *Tot i que la taxa d'atur té una tendència descendent, encara avui dia és un drama social.*

En definitiva, has d'expressar la teva opinió directament i amb claredat, sense deixar de respectar l'espai de l'altre.

El moderador ha de procurar mantenir un ambient cordial en les tertúlies.

@ Amplia a la xarxa...

Pots escoltar i veure una bona mostra de tertúlies i debats als webs www.tiching.com/732361

Expressió oral

Feu un debat

▶ Formeu grups de nou: debatreu en dos equips de quatre i el novè company farà de moderador. Podeu debatre sobre aquests temes:

- √ El dret a vot ha de ser per a majors de 18 anys o de 16?
- √ Els telèfons mòbils s'han de poder utilitzar a l'aula?
- √ La guerra és una manera de solucionar conflictes?
- √ La televisió és una via d'enrequiment de la societat?
- √ El dret a l'assistència sanitària ha de ser universal?

Aplica l'estratègia

Sigueu assertius en el debat, però vigileu molt amb les formes i la cortesia: els membres de l'altre equip tenen el mateix dret a exposar la seva opinió.

Pautes per fer un debat

Fase de planificació

a) Feu una llista dels arguments que teniu a favor de la vostra posició, ordeneu-los i repartiu-los per a les diverses intervencions.

b) Penseu quins arguments és probable que esgrimeixi l'altre equip, feu-ne una llista i escriviu els contraarguments que podreu oferir.

Fase de producció

a) L'esquema del debat serà el següent:
   - El moderador presenta el tema del debat i els dos grups.
   - Cada membre de cada grup fa una intervenció monologada de 45 segons explicant un argument de la seva posició.
   - Es fa el debat lliure durant tres minuts, sota el control del moderador.
   - Un membre de cada equip fa les conclusions en un minut.

Cal respectar el torn de paraula: concentreu-vos més a expressar bé els vostres arguments i no a impedir que l'altre ho faci.

Pauta d'avaluació de l'expressió oral	
• Els arguments han estat efectius i ben repartits?	▢
• La contraargumentació ha estat efectiva en el moment de debatre?	▢
• Les opinions s'han expressat amb assertivitat i cortesia?	▢

Repte oral

Defenseu una posició i la contrària

▶ En grups de quatre, dos debaten sobre un tema durant un minut i els altres dos escolten. Quan el docent els avisa, canvien el punt de vista i comencen a defensar durant un altre minut el punt de vista contrari. En acabat, els dos que escoltaven fan l'avaluació dels qui han parlat. Després, es canvien els papers i la parella que escoltava comença el debat.

4. L'atribut

Definició i característiques

L'**atribut** (Atr) és el complement dels verbs atributius o copulatius (*ser*, *estar*, *semblar*). Serveix per expressar una qualitat o un estat del subjecte.

- *L'Enric* (S) *és* *bon actor* (Atr).
- *Els viatgers* (S) *semblen* *cansats* (Atr).

L'atribut pot estar format per:

- Un **adjectiu** o **SAdj**:
  - *La seva idea és brillant.*
- Un **sintagma nominal**:
  - *L'Adrià és periodista.*
  - *Aquesta obra de teatre és un musical.*
- Un **sintagma preposicional**:
  - *El decorat és de cartó.*
- Un **adverbi** o **SAdv**:
  - *Aquest restaurant està bé.*
- Una **oració subordinada**:
  - *L'Anna sembla que no hi senti.*
- Un **infinitiu**:
  - *La meva passió és cantar.*

Per saber-ne més

Quan l'atribut és un adjectiu o un sintagma nominal concorda en gènere i nombre amb el subjecte:

- *La maduixa és dolça./Les maduixes són dolces.*

En l'oració "La teulada és de pissarra", l'atribut és un sintagma preposicional.

Pronoms febles d'atribut

L'atribut es pot substituir pels pronoms següents:

- ***El***, ***la***, ***els***, ***les*** (i les variants ortogràfiques corresponents), quan l'atribut és determinat, és a dir, l'acompanya l'article determinat (*el*, *la*, *els*, *les*) o per un demostratiu (*aquest*, *aquesta*, *aquell*, *aquella*, etc.). En són exemples:
  - *El senyor Ferrer és el director del projecte.* → *El senyor Ferrer l'és.*
  - *Aquests són els dolents de la pel·lícula.* → *Aquests els són.*
- ***Ho***, quan l'atribut és indeterminat, és a dir, quan no està acompanyat per cap article determinat ni cap demostratiu. En són exemples:
  - *El senyor Ferrer és mestre de música.* → *El senyor Ferrer ho és.*
  - *Aquests són dolents.* → *Aquests ho són.*
- ***En***, quan volem destacar especialment l'atribut, és a dir, la qualitat que l'atribut ens diu del subjecte. Són sempre casos d'atribut indeterminat; a més, després de substituir-lo per *en*, el repetim introduït per la preposició *de* i separat per una coma de la resta de l'oració:
  - *En David està content.* → *En David n'està, de content!/Que n'està, de content!*
  - *Aquest menú està bé.* → *Aquest menú n'està, de bé!/Que n'està, de bé!*

Per saber-ne més

En un ús col·loquial, els atributs determinats se solen substituir per *ho*, i no per *el*, *la*, *els*, *les*.

ACTIVITATS

27. Subratlla l'atribut de les oracions que en tinguin:

- La nova sèrie sembla prou interessant.
- Han arribat molt cansats de l'excursió.
- Tinc tanta gana avui!
- Els pantalons estan ben bruts de fang.
- Totes les plantes del menjador són artificials.
- Fa uns canelons de peix deliciosos.
- Aquell hivern va ser molt fred.

28. Subratlla l'atribut de les oracions següents i indica per quins elements està format:

- El seu padrí és director d'orquestra.
- La notícia és falsa.
- Les hamburgueses semblaven en mal estat.
- La seva virtut és que troba solucions a tot.
- Això que vas fer va estar molt malament.
- La seva gran debilitat és el tennis.

29. Subratlla els atributs de les oracions següents i substitueix-los per un adjectiu amb el mateix sentit:

- Aquest mag de la tele és un estafador.
- L'estructura de la llitera és de metall.
- El pregó de la Festa Major va ser un avorriment.
- Avui el mar està en calma.
- El viatge serà una meravella.
- El collaret de la reina és una falsificació.

30. Subratlla l'atribut de cada oració i substitueix-lo pel pronom corresponent:

- Aquest metge és el cirurgià.
- Les cireres són molt cares.
- Aquestes són les fotografies del casament.
- L'itinerari del viatge estava bé.
- L'Elisenda és de Sant Gervasi.
- La Laura és la representant de l'empresa.
- En Pere és de molt bona pasta.

31. Completa les oracions amb el pronom adient:

- Aquella gent és la teva família? No, no ... és.
- Estàs contenta? Sí, sí que ... estic.
- Que ...és de tranquil·la, la Núria!
- Sembla un vestit molt car, però no ... és pas.
- Em pensava que la Joana no era de Vic, però resulta que sí que ... és.
- Estàs content de la càmera? No, no ... estic gens, de content.

5. El complement directe

Definició i característiques

El **complement directe** (CD) és el complement sense preposició que completa el sentit d'un verb transitiu.

Pot ser una persona, un animal o un objecte i sol anar just després del verb perquè, de fet, és el complement sobre el qual es fa l'acció del verb:

- *La mare compra pa.* (compra: v. trans.; pa: CD)
- *En Jan ajuda l'Oriol.* (ajuda: v. trans.; l'Oriol: CD)

És un complement exigit pel verb transitiu i, per tant, no es pot suprimir:

- "*Avui hem visitat*". → És una oració incompleta perquè hi falta el complement directe: *Avui hem visitat una llar d'avis/el Parlament/l'oncle*, etc.

Hi ha casos de verbs transitius, però, que poden no dur complement directe, perquè el sentit d'aquest complement directe ja l'incorpora el mateix verb i queda sobreentès:

- *El tenor canta una ària.* (canta: v. trans.; una ària: CD)
- *El tenor canta.* → En aquest cas, se sobreentén que el tenor canta una cançó, una ària...

El verb *cantar* és transitiu.

5. El complement directe

El complement directe pot estar format per:

- Un **sintagma nominal**:
  - *Menges un gelat?*
  - *El Govern ja ha aprovat els pressupostos generals.*
- Un **infinitiu**:
  - *Sabia recitar amb molta musicalitat.*
- Una **oració subordinada**:
  - *Trobo que tens tota la raó.*

Per identificar el complement directe

Sovint podem identificar un complement directe passant una oració activa a passiva. El complement directe de l'oració activa passarà a ser el subjecte pacient de l'oració passiva:

- *L'Anna va guanyar la cursa.* (CD) → *La cursa* (subjecte pacient) *va ser guanyada per l'Anna.*

Per saber-ne més

El complement directe no concorda amb el verb; és el subjecte que ho fa:

- *La Laia i l'Ester han fet fotografies de la festa.*
- *La Laia ha fet fotografies de la festa.*

El complement directe no du preposició

En català el complement directe no du preposició. Ara bé, hi ha uns casos molt concrets en què sí que n'ha de dur:

- Quan el complement directe és un pronom fort (*mi*, *tu*, *ell*, *ella*...):
  - *Us esperen a vosaltres.*
- Quan convé distingir el complement directe del subjecte:
  - *Ha guanyat l'atleta jamaicà a l'atleta nord-americà.*
- Quan el complement directe apareix a inici de frase i es reprèn amb un pronom feble:
  - *A l'Anna ja no la veig.*
- Quan es vol expressar la idea de reciprocitat, és a dir, d'una acció que és donada i rebuda per dues persones alhora:
  - *Sempre s'ajuden l'un a l'altre.*

"L'atleta jamaicà ha guanyat a l'atleta nord-americà." En aquesta oració cal afegir la preposició *a* davant del CD.

En alguns casos la preposició *a* és opcional:

- Davant *tothom*, *tots*, *ningú*, *algú*, *qualsevol*:
  - *El Joan coneix (a) tothom.*
- Davant els pronoms *qui*, *quins* i *quants*:
  - *(A) qui heu felicitat?*

Per saber-ne més

Quan dos complements directes apareixen de costat i un ha de portar la preposició *a*, l'altre, per paral·lelisme, també la pot dur:

- *L'han convidat a ell i als seus germans.*

Pronoms febles de complement directe

El complement directe es pot substituir pels pronoms següents:

- Els pronoms de 1a i 2a persona ***em***, ***et***, ***ens***, ***us*** (i variants):
  - *Em porten. / Van portar-me. / Porta'm. / M'han portat.*
  - *Us avisen. / Van avisar-vos.*
- Els pronoms de 3a persona ***el***, ***la***, ***els***, ***les*** (i variants), quan el complement directe és determinat:

- *El compro. /L'he comprat./Vaig comprar-lo./Compra'l* → *el pa*
- *La porto. /L'he portada./Vaig portar-la* → *la jaqueta*
- *Els convido. /Vull convidar-los./Convida'ls* → *els amics*
- *Les rego. /Rega-les* → *les plantes*

• El pronom ***en*** (i variants), quan el complement directe és indeterminat perquè no du determinant, quan du un numeral (*un, dos*...) o un quantitatiu (*molt, poc*...), i també quan el complement directe és un infinitiu:

- *Comprarem maduixes.* → *En comprarem.*
- *Portem una sorpresa.* → *En portem una.*
- *Han regalat tres entrades.* → *N'han regalat tres.*
- *Agafa molts caramels.* → *N'agafa molts.*
- *Sap cantar.* → *En sap.*
- *Aquí, sembra cereals!* → *Sembra'n!*

• El pronom ***ho***, quan el complement directe és neutre (*això, allò*) o és una oració subordinada:

- *No vull això.* → *No ho vull.*
- *No suporta que li diguis mentides.* → *No ho suporta.*

FEM-HO AIXÍ

Per saber si un complement és directe o indirecte (si ha de dur *a* o no), podem substituir-lo per un pronom: si el pronom és *el, la*, és directe; si és *li*, és indirecte:

- *Vam escoltar atentament el conferenciant.* → *El vam escoltar atentament. (CD)*
- *Vam agrair al conferenciant la claredat de l'exposició.* → *Li vam agrair la claredat de l'exposició. (CI)*

ACTIVITATS

32. Subratlla els complements directes d'aquestes oracions i indica si estan formats per un sintagma nominal, un infinitiu o una oració subordinada:

- Avui han decidit venir.
- Els sindicats han dit que les condicions dels treballadors han empitjorat.
- David Bowie té un ull de cada color.
- No vull parar taula.
- Has vist l'obra?
- Ja sabem que l'escalada és difícil.
- No obris la porta del terrat.
- Han aprovat un paquet d'ajuts per a tothom.
- El president ha decidit que es reuniria amb el cap de l'oposició.

33. Justifica les preposicions que siguin correctes i indica les incorrectes davant del complement directe:

- A qui ha cridat el metge?
- Enviarem la invitació a tothom.
- Als alumnes aquesta norma no els afecta.
- En situacions difícils s'ajuden l'un a l'altre.
- Ajuda a l'Arnau.
- L'han triat a ell, com a responsable de la secció.
- Els Feliu han visitat als Reniu.
- T'han vist a tu i a la teva amiga.

34. Subratlla els complements directes de les oracions següents i substitueix-los pel pronom corresponent:

- Ja saps que li ha tocat la grossa?
- Agafaré roba de recanvi per si de cas plou.
- Vam agafar sis còmics de la biblioteca.
- Saluda la Sílvia, que acaba d'arribar.
- Posa't això, que fa fred.
- Sap nedar molt bé.
- Convidarem els pares a la representació.

35. Completa les frases amb el pronom corresponent:

- No necessito la bufanda. ... desaré a l'armari.
- Han demanat si algú tenia coneixements mèdics, però ningú no ... tenia.
- Les llenties encara estan un pèl crues. ... has de coure més estona.
- Què dius que no sé parlar anglès? I tant que ... sé.
- He recollit de l'escola el germà d'en Biel i després ... he portat a casa.
- Sabies que calia descarregar la bateria abans? No, no ... sabia.
- Quantes barres de pa has comprat? ... he comprat dues.
- Veus aquests rovellons? Ara ... passarem per la paella.

6. Les grafies *p/b*, *t/d*, *c/g*

Les consonants **p/b**, **t/d** i **c/g** s'anomenen **oclusives** i es distingeixen perfectament quan van al començament d'una síl·laba: *pot/bot*, *tens/dens*, *vaca/vaga*.

En canvi, a final de mot o de síl·laba no es distingeixen perquè pot ser que no es pronunciïn (*vent*, *profund*) o que s'assimilin a la consonant que ve al darrere i es pronunciïn com les **sordes** (*p*, *t*, *c*) quan en realitat s'escriuen les **sonores** (*b*, *d*, *g*) → *dissabte*, *adquirir*, *ignorant*.

"Porta un abri**c** gruixu**t**". En general, a final de mot i darrere vocal escrivim **c** i **t**.

A final de mot

- **Darrere vocal o diftong tònics**, escrivim **p**, **t**, **c**:
  - *ca**p**, llo**p**, bui**t**, salu**t**, abri**c**, rene**c**.*

Excepcions

- S'escriuen amb **-b**: *baoba**b**, esno**b**, tu**b**, ado**b**, clu**b**, Cari**b**, alju**b**...*
- S'escriuen amb **-d**: *flui**d**, fre**d**, Davi**d**, su**d*** i els noms femenins acabats en *-etud* (*quietu**d***) i *-itud* (*solitu**d***).
- S'escriuen amb **-g**: *pedago**g**, ma**g**, tuare**g**, Hu**g**...*

- **Darrere vocal àtona o consonant**, s'escriu la mateixa lletra que tenen els derivats:
  - *ser**p** (serpentina), llam**p** (llampegar), àra**b** (arabesc), tom**b** (tombar), can**t** (cantar), pon**t** (pontet), sor**d** (sordejar), profun**d** (profunda), ar**c** (arcada), ban**c** (bancal), càsti**g** (castigar), fan**g** (fangueig).*

Excepcions

- La 1a pers. del pres. d'ind. d'alguns verbs: *vin**c**, tin**c**, cone**c**...*
- Alguns mots: *àne**c**, càrre**c**, espàrre**c**, fàsti**c**, feréste**c**, màne**c**, présse**c***, en què els derivats s'escriuen amb **-g** (*carregar, esparreguera, fastigós...*).

Per saber-ne més

Tots els gerundis acaben en *-nt*:

- *cantar* → *cantant*
- *desfer* → *desfent*
- *sortir* → *sortint...*

A final de síl·laba

- Fixa't en els següents grups consonàntics:

p/b	exemples	excepcions
ab-, ob-, sub-, -bd-	*abdomen, observar, submarí, abdicar*	*apnea, apte, òptic, òptim*
-pt-, -pc-, -ps-, -pn-	*escriptor, opció, eclipsi, hipnòtic*	*dubte, sobte, dissabte*
cap-	*capsa, capdamunt, captar, capçalera*	*cabdal, cabdell, cabdill*

t/d	exemples	excepcions
en general escrivim **-t-**	*formatge, dotze, platja, ametlla, setmana, ètnic*	
ad-	*administració, adjectiu, admissió, advocat*	*atles, atzavara, atlàntic, atzar, atmosfera, atleta*
add-	*adduir, adductor, additiu, addicte, addicció*	

El mot *atzavara* és una excepció i s'escriu amb **t**.

c/g	exemples	excepcions
-cc-, -cs-, -ct-, -cz-	*accident, fúcsia, delicte, èczema*	
-gd-, -gg-, -gm-, -gn-	*amígdala, suggerir, augment, sagnar*	*anècdota, estricnina, aràcnid, dracma*

El mot *dracma*, que fa referència a l'antiga moneda grega, s'escriu amb **c**.

ACTIVITATS

36. Escriu la forma masculina dels adjectius següents: *adequada, tímida, muda, humida, feréstega, àcida, gallega, polida, grega, geperuda, cega, càlida, plàcida, enemiga.*

37. Omple els buits de les paraules següents amb:

p/b

- su...venció
- a...titud
- ca...dill
- ca...dell
- a...sència
- ò...tima
- su...til
- a...te
- du...te

t/d

- a...mosfera
- a...mirable
- bu...llofa
- a...vocat
- reve...lla
- a...quirir
- bi...llet
- è...nia
- a...zar

c/g

- anè...dota
- au...mentar
- mara...da
- su...gerir
- co...nom
- si...nar
- è...zema
- tè...nica
- sa...só

38. Completa els mots següents amb *p/b, t/d, c/g*:

- pare...
- esclo...
- xàfe...
- bado...
- solitu...
- demago...
- malda...
- càrre...
- ce...
- acudi...
- salu...
- llam...
- bui...
- biòle...
- quietu...
- pessi...

39. Corregeix els errors ortogràfics d'aquestes frases:

– Al fons del tup no hi cab el drap.

– Han atès el norueg amb molta sol·licitut. Es veu que no està bé de salud, ha tingut un atag.

– De sopte el cardiòlec es va adreçar als pacients tot miran la pantalla.

– Vaig trobar-me en un embolig de trànsit sortin del teatre.

– Duc pa sec al sac, m'asseg on soc i el suco amb sug.

– Al Marroc, un marreg, tira un roc i cau al reg.

40. Completa amb la consonant oclusiva adequada:

> L'Alfre... havia nascu... un càli... dissa...te de desembre i, segons els astròle...s a què s'havia encomana... sovint, aquesta circumstància havia esta... la causan... de la seva mor... .

41. Omple els buits amb la consonant oclusiva adequada:

– No sé com s'ho manega però sempre té la paella pel màne... .

– Tothom et considerarà un ru... si fas tantes ruqueries.

– Els delictes s'han de castigar però hi ha càsti...s molt inhumans.

– És una noia molt forçuda; el seu germà també és molt forçu... .

– Vam collir espàrre...s bladers de les esparregueres d'aquell camp de bla... .

DICTAT PREPARAT

42. Abans de fer el dictat, fixa't bé en les consonants oclusives del text:

> Els de davant van precipitar-se cap a dins ensopegant. Vaig sentir-me arrossegat. Quan, ja a dins, vaig poder deturar-me i mirar al meu voltant, ja tot cruixia i esclatava. Mentre jo, sempre amb la motxilla d'escola, m'enfilava escales amunt, sentia a frec d'orella el xiulet d'unes tauletes de nit que, llençades per l'ull de l'escala, anaven a estavellar-se a baix.
>
> Tot era tan estranyament excitant!
>
> Ningú no va impedir el saqueig.
>
> H. P. RICHTER: *El meu amic Friedrich* (adaptació).

7. Les locucions, les frases fetes i els refranys

Hi ha grups de paraules que tenen un significat unitari, és a dir, que no es pot deduir de la suma dels significats de cada paraula. Aquests sintagmes o oracions estan fixats per l'ús i tenen un sentit únic. Així, doncs, diem que són expressions lexicalitzades, com ara les locucions, les frases fetes i els refranys.

HO TROBARÀS

Al tema 5 s'explica la **lexicalització**.

Les locucions

Una **locució** és un grup de paraules que té el valor d'un sol mot i que equival a una categoria gramatical. N'hi ha de diversos tipus segons la categoria gramatical a què equivalen: locucions substantives, adjectives, adverbials, verbals...

Les més habituals són les locucions adverbials, que solen estar introduïdes per una preposició:

- *de mica en mica*
- *a correcuita*
- *amb prou feines*
- *a les palpentes*
- *de cop*
- *a cau d'orella*

Per saber-ne més

Hi ha frases que estan fixades amb una **comparació**:

- *Dormir com una marmota.*
- *Ser prim com un fideu.*

Les frases fetes

Les locucions verbals, que equivalen a un verb, tradicionalment s'han anomenat **frases fetes**, ja que són oracions (*frases*) que d'alguna manera ja estan *fetes*, fixades. Les frases fetes, doncs, formen un significat unitari que no es pot deduir de les parts.

Hi ha uns quants verbs que generen moltes frases fetes, com ara *anar, fer, ser, donar, estar, posar, tenir*...

- *Anar de bòlit.*
- *No tenir ni cap ni peus.*
- *Somiar truites.*
- *Tenir pa a l'ull.*
- *Fer el cor fort.*
- *Ser un corcó.*
- *Donar gat per llebre.*
- *Tallar el bacallà*...

Cada llengua fa unes metàfores o unes altres i, per això, les frases fetes, com ara "tallar el bacallà", no es poden traduir al peu de la lletra.

Moltes vegades les frases fetes tenen un **significat figurat** (o metafòric). Per exemple, en la frase *venir de l'hort* ("no estar al corrent d'una notícia") hi ha una relació entre l'element lingüístic literal que serveix de referència (*algú ve d'un hort*) i el significat figurat "que no estigui al corrent d'una novetat". En certa manera, si vens de l'hort no deus estar al corrent del que passa.

Els refranys

Un **refrany** expressa un pensament de contingut didàctic en forma de sentència, del qual es desprèn una conclusió o una norma de conducta:

- *A l'agost, a la set ja és fosc.*
- *Al pa, pa i al vi, vi.*

Són d'origen popular i alguns només són coneguts en una àrea geogràfica determinada. Són frases curtes, sovint amb rima o ritme marcat; també és freqüent que s'hi elideixi el verb: "Al maig, cada dia un raig".

Els refranys abracen un ampli ventall de temes de la vida quotidiana: el temps, la feina, les malalties, el comportament humà, etc.

Per saber-ne més

Si tenen un caràcter més filosòfic o moral i una elaboració més culta, en diem **proverbis**:

- *Busca l'amic, i no el teu profit.*
- *Qui parla, sembra; qui escolta, cull.*

ACTIVITATS

43. Classifica les expressions següents i digues si són frases fetes, refranys o locucions:

- al cap i a la fi
- a dojo
- tocar el dos
- repartir llenya
- a tort i a dret
- fil per randa
- a cau d'orella
- ser fosc com una gola de llop
- plorar com una magdalena
- a grans mals, grans remeis
- estar més content que un gínjol
- tal faràs, tal trobaràs
- buscar les pessigolles
- estar sol com un mussol

comparacions	locucions	frases fetes	refranys
...	...	...	...

44. Relaciona els adjectius o verbs de l'esquerra amb els noms de la dreta afegint-hi *més que* o *com*:

EXEMPLE: *Xerra + com + una cotorra.*

a) avorrir-se	– mula
b) pobre	– anguila
c) fidel	– rata
d) esmunyir-se	– ostra
e) vell	– tomàquet
f) nedar	– peix
g) tossut	– anar a peu
h) vermell	– gos
i) sec	– persiana
j) enrotllar-se	– rosa
k) fresca	– bacallà

45. Relaciona les expressions següents amb els seus significats:

a) ofegar-se en un got d'aigua
b) parar els peus
c) fer creu i ratlla
d) de bat a bat
e) pel cap baix
f) n'hi ha per llogar-hi cadires
g) bufar i fer ampolles
h) el més calent, a l'aigüera
i) no tocar de peus a terra
j) passar la mà per la cara
k) a tot estirar
l) perdre l'oremus

– evitar que algú se sobrepassi
– no saber resoldre una situació
– com a màxim
– ser un idealista, un ingenu
– ser més bo, més brillant que un altre
– no tenir les coses a punt
– com a mínim
– completament obert
– resoldre una qüestió amb facilitat
– no controlar la ira
– no voler saber-ne mai més res
– dit d'una cosa molt sorprenent

46. Completa les oracions següents amb alguna de les expressions de la llista. Conjuga el verb correctament:

- posar la mà al foc
- agafar pels pèls
- amb el cor a la mà
- hi ha més dies que llonganisses
- acabar-se el bròquil

– Presentes uns arguments molt dèbils, estan ... .
– Si vols que et sigui sincer, ..., t'estàs equivocant.
– D'aquest no te'n fiïs ni un pèl, jo no hi ... .
– Pren-t'ho amb calma, ...
– ...! Això no pot continuar així!

47. Explica el significat dels refranys següents i digues la conclusió o norma de conducta que se'n desprèn. Raona la resposta:

– A l'estiu, tota cuca viu.
– Per Nadal, cada ovella al seu corral.
– Qui no plora, no mama.
– Hostes vingueren que de casa ens tragueren.
– Una flor no fa estiu.
– Cel rogent, pluja o vent.
– A la taula d'en Bernat, qui no hi és, no hi és comptat.
– Qui té el cul llogat no seu quan vol.
– Qui canta els seus mals espanta.

8. La poesia del segle XV

La poesia catalana a la cort d'Alfons el Magnànim

La poesia catalana continua la tradició dels trobadors fins al segle XV, en què la cort renaixentista d'Alfons el Magnànim a Nàpols suposa una evolució per la lírica catalana i l'abandonament gradual de l'amor cortès. A la cort de Nàpols hi trobem els poetes Jordi de Sant Jordi i Ausiàs March.

Jordi de Sant Jordi va servir Alfons el Magnànim en la campanya de Sardenya.

Jordi de Sant Jordi

Natural de València (1399) participa en la campanya de Nàpols, on és capturat, experiència recollida al poema "Presoner":

Desert d'amics, de béns e de senyor,
en estrany lloc i en estranya contrada,
lluny de tot bé, fart d'enuig e tristor,
ma voluntat e pensa caitivada,

Sense amics, ni béns ni senyor, en un lloc estrany, lluny de tot bé, fart d'enuig i tristor, amb la voluntat i el pensament captius.

(adaptació)

Jordi de Sant Jordi és autor d'un cançoner breu de gran qualitat. Empra un català amb occitanismes, així com també el vers dels trobadors. Del conjunt, destaca la cançó d'opòsits a la manera dels trobadors que diu "Tots jorns aprenc e desaprenc ensems,/e visc e muir, e fau d'enuig plaser".

Ausiàs March

Ausiàs March, el poeta europeu més original de la seva època, marca una fita en la trajectòria de la poesia catalana, perquè suposa la ruptura amb la llengua dels trobadors i esdevé una influència permanent per als poetes catalans i hispànics del segle XVI i posteriors.

Neix a Gandia l'any 1400. Fill i nebot de poetes, participa en la campanya de 1420 d'Alfons el Magnànim. Cap a l'any 1425 es retira a les seves terres per exercir com a senyor feudal i escriure versos, els *Cants*. Mor a València el 1459.

Poeta medieval i modern

En l'obra de March s'hi troba un contrast entre la forma i el contingut. La forma (vers, estrofa) respon a la tradició medieval dels trobadors. El contingut, en canvi, és reflexiu i intimista, acostat al lector actual. La poesia amorosa ja no consisteix en l'elogi de la dama, sinó en el mirall de l'ànima angoixada del poeta:

Quins tan segurs consells vas encercant
cor malastruc, enfastijat de viure?
Amic de plor e desamic de riure,
com soferràs los mals qui et són davant?

Escultura d'Ausiàs March (1959) de l'escultor Josep Rausell. Presideix una plaça de la ciutat de Gandia.

Quins tan segurs consells vas buscant tu, cor malastruc, fastiguejat de viure? Amic del plor i desamic del riure, com sofriràs els mals que tens al davant?

(adaptació)

Estructura dels *Cants*

March concep el poema estructurat en dues parts. Arrenca amb una comparació, "Així com cell..." (Així com aquell...) i, a continuació, el cant es personalitza i emergeix el jo, "me pren a mi" (m'esdevé a mi...):

Així com cell qui es veu prop de la mort
corrent mal temps, perillant en la mar
e veu lo lloc on se pot restaurar
e no hi ateny per sa malvada sort,
ne pren a me, qui vaig afanys passant,
e veig a vós bastant mos mal delir.
Desesperat de mos desigs complir,
iré pel món vostre orgull recitant.

Així com aquell qui es veu prop de la mort, corrent mal temps, perillant en la mar, i veu el lloc on es pot refugiar, i no hi arriba per la seva mala sort, m'esdevé a mi, que dures penes passo, i us veig com l'únic remei als meus mals. Desesperat d'acomplir els meus desitjos, aniré pel món explicant el vostre orgull.

(adaptació)

Els cicles dels *Cants d'amor*

A la manera dels trobadors, March agrupa els cants amorosos per cicles a partir del pseudònim amb què es refereix a la dama: *Plena de Seny; Llir entre cards; Amor, amor...* El pseudònim apareix al final del cant, a la darrera estrofa:

Llir entre cards, vós sabeu e jo sé
que es pot bé fer hom morir per amor:
creure de mi que só en tal dolor
no fareu molt que hi doneu plena fe.

Lliri entre cards, vós sabeu i jo sé que pot ben ser morir per amor: no us ha de costar gaire creure que jo estic en aquest dolor.

(adaptació)

Gravat del segle XVIII que representa la ciutat de Gandia. És el més antic que es conserva de la ciutat natal d'Ausiàs March.

Per saber-ne més

El cançoner de March, format per 128 poemes, es distribueix des de les edicions del segle XVI, en quatre apartats: *Cants d'amor, Cants morals, Cants de mort* i el *Cant espiritual.*

Joan Roís de Corella

Neix a Gandia el 1435, en una família de la petita noblesa. Corella escriu una obra variada en vers i prosa. La seva poesia és renovadora, en sintonia amb el vers italià, i apassionada:

Si en lo mal temps la serena bé canta,
jo dec cantar, puix dolor me turmenta
en tant extrem que ma pensa és contenta
de presta mort; de tot l'aldre s'espanta.

Si amb el mal temps la sirena canta, jo haig de cantar, perquè el dolor em turmenta de manera tan extrema que m'alegro de la mort propera i qualsevol altra cosa m'espanta.

(adaptació)

Gravat de Corella. La seva prosa consisteix en un seguit de narracions mitològiques on triomfa l'esperit de l'Humanisme.

ACTIVITATS

48. Ves a www.tiching.com/733722 i escolta aquest fragment d'un poema de Joan Roís de Corella. Justifica'n el tema principal i com el tracta el poeta:

Balada de la garsa i l'esmerla

Del mal que pas no puc guarir
si no em mirau
amb los ulls tals, que puga dir
que ja no us plau
que io per vós haja morir.

Si muir per vós, llavors creureu
l'amor que us port,
e no es pot fer que no ploreu
la trista mort
d'aquell que ara no voleu.

Que el mal que pas no em pot jaquir,
si no girau
los vostres ulls, que em vullen dir
que ja no us plau
que io per vós haja morir.

Joan ROÍS DE CORELLA

No em puc guarir del mal que passo, si no em mireu amb tals ulls que pugui dir que ja no us plau que hagi de morir per vós. Si moro per vós, creureu llavors l'amor que us tinc, i no podrà ser que no ploreu la trista mort d'aquell que ara no voleu; que el mal que passo no em pot abandonar, si no gireu els vostres ulls, de tal manera que em vulguin dir que ja no us plau que jo hagi de morir per vós.

(adaptació)

49. Llegeix atentament l'estrofa següent d'un poema d'Ausiàs Marc i explica la metàfora que utilitza el poeta per descriure l'estat del seu esperit:

Sí com la mar se plany greument e crida
com dos forts vents la baten egualment,
un de levant e altre de ponent,
e dura tant fins l'un vent ha jaquida
sa força gran per lo més poderós,
dos grans desigs han combatut ma pensa,
mas lo voler vers un seguir dispensa;
io el vos publich: amar dretament vós.

Ausiàs MARCH

Com la mar que es plany llastimosament i crida
quan dos vents igual de forts hi baten,
l'un de llevant i l'altre de ponent,
i dura fins que un vent ha perdut
la seva gran força davant el més poderós,
així dos grans desigs han combatut la meva ment,
però la voluntat mana de seguir-ne només un;
jo us el proclam: estimar-vos honestament.

(adaptació)

Un poema d'Ausiàs March

Amb March, la poesia esdevé un espai confidencial, la projecció dels seu interior, torturat i complex, en debat permanent. Fixa't en el poema seleccionat. De bon començament l'autor s'adreça a ell mateix: "Quins tan segurs consells vas encercant?". La referència a la dama esdevé un pretext per parlar d'ell: "io són aquell de qui es deu hom complànyer...".

Quins tan segurs consells vas encercant,
cor malastruc, enfastijat de viure,
amic de plor e desamic de riure?
Com soferràs los mals qui et són davant?
Acuita't, doncs, a la mort qui t'espera.
E per tos mals te allongues los jorns:
aitant és lluny ton delitós sojorns
com vols fugir a la Mort falaguera.

Braços oberts és eixida a carrera,
plorant sos ulls per sobres de gran goig;
melodiós cantar de sa veu oig,
dient: "Amic, ix de casa estrangera.
En delit prenc donar-te ma favor,
que per null temps home nat l'ha sentida,
car io defuig a tot home que em crida,
prenent aquell qui fuig de ma rigor."

Null hom conec o dona a mon semblant,
que, dolorit per Amor, faça plànyer;
io són aquell de qui es deu hom complànyer,
car de mon cor la sang se'n va llunyant.
Per gran tristor que li és acostada,
seca's tot jorn l'humit qui em sosté vida
e la tristor contra mi és ardida,
e en mon socors mà no s'hi troba armada.

Llir entre cards, l'hora sent acostada
que civilment és ma vida finida;
puis que del tot ma esperança és fugida,
ma arma roman en aquest món damnada.

Ausiàs MARCH

Quins tan segurs consells vas buscant tu,
cor malastruc, fastiguejat de viure?
Amic del plor i desamic del riure,
com sofriràs els mals que tens davant?
Afanya't, doncs, que la mort ja t'espera,
i pels teus mals se t'allarguen els dies;
el teu sojorn plaent s'allunya més
quan vols fugir de la mort falaguera.

Braços oberts, ella ha eixit al camí,
plorant-li els ulls per excés de gran goig;
el melodiós cant de sa veu sent
que diu: "Amic, ix de casa estrangera.
Amb gran delit et done els meus favors,
que cap home no els ha sentit abans,
perquè jo fuig de tot aquell que em crida
i m'ajunte amb qui fuig del meu rigor."

Cap home ni cap dona no conec
que, adolorit per amor, faça llàstima;
jo soc aquell de qui cal compadir-se
perquè del cor la sang se me'n va lluny.
Sent com s'acosta a mi la gran tristor
que seca l'humor que en vida em sosté;
la tristor s'envalenta en contra meu
i no acut cap mà armada a protegir-me.

Lliri entre cards, sent que s'acosta l'hora
en què la meua vida ja s'acaba;
i, com del tot m'ha fugit l'esperança,
en aquest món roman damnada l'ànima.

(adaptació)

- Com es presenta el poeta en la seva relació amb l'amor? I amb la mort?
- Com es considera respecte dels altres homes?

Apliquem

Opinem sobre l'actualitat

ACTIVITAT PRÈVIA: L'ESPORT, BÀSIC PER A LA SALUT

▶ Tothom sap que l'esport és bo per a la salut, però sabríeu argumentar-ho davant d'un amic militant del sedentarisme? Aquí teniu uns arguments de l'amic "amant del sofà":

1. Anar a córrer és avorrit i pesat. A l'hivern et pots refredar i a l'estiu pots patir un cop de calor. I fer-ho a l'interior d'un gimnàs és absurd: anar corrent per no moure's de lloc!

2. Tots els esports provoquen lesions i fractures. Quantes hores de feina i d'estudi es perden per culpa de la pràctica esportiva?

3. Fins i tot l'esport de muntanya, potser el més poètic i incomprensible (pugen cims buscant-hi alguna cosa que sembla que no hi troben, perquè sempre ho han de tornar a fer), acaba a vegades amb un desenllaç fatal.

4. La pràctica de l'esport és socialment perillosa: als camps de futbol, per exemple, hi ha cada cap de setmana males paraules i la gent hi aboca la seva agressivitat.

5. Els esportistes professionals de qualsevol especialitat estan hipertrofiats i, sovint, acaben malament de la salut (els lligaments dels futbolistes, els cossos de les gimnastes...).

6. L'esport s'ha convertit en un espectacle televisiu, un nou circ romà, amb un gran moviment de diners al servei de foscos interessos econòmics.

HO TROBARÀS

Als **temes 4** i **5** hem estudiat els gèneres d'opinió: l'article d'opinió, l'editorial, la columna i la carta al director.

Per contrarestar-los, omple la graella següent amb cinc contraarguments més, tal com s'ha fet amb l'exemple de l'inici:

TREBALLEU LA CONTRAARGUMENTACIÓ

Argument a favor del sedentarisme	Contraarguments a favor de l'esport	Justificació (proves, dades, citació d'experts...)
1	a) Córrer no té per què ser pesat: pots escoltar música o sentir el teu cos. b) No és cert que el running ben practicat provoqui refredats ni cops de calor. c) La pràctica en el gimnàs permet controlar més diverses variables importants de l'activitat física.	a) Un 90 % de corredors ho fan amb auriculars. b.1) Estudis mèdics demostren que la pràctica del running disminueix la probabilitat de patir refredats. b.2) Cal prevenir els cops de calor amb mesures horàries i d'hidratació. c) Les prestacions dels aparells que es poden emprar al gimnàs per córrer són...

PRÀCTICA: FEM SABER LA NOSTRA OPINIÓ

▸ Està a punt de produir-se una situació que trobeu injusta i voleu reaccionar fent pública la vostra oposició. Llegiu-la a continuació i decidiu com podeu actuar fent ús de la paraula escrita.

L'Ajuntament ha anunciat unes obres de remodelació al parc més proper al vostre centre de secundària, on us reuniu habitualment molts dies en acabar les classes. Les obres afecten una zona on hi ha una pista polivalent per jugar a futbol-sala, handbol i bàsquet, i també hi ha taules de ping-pong.

A causa de les obres, durant dos anys no podreu disposar d'aquests espais per a activitats esportives. Però, a més, ni tan sols no hi ha cap garantia que el parc remodelat mantingui les instal·lacions.

Ja fa un mes que vau enviar, conjuntament amb una associació de veïns del barri, un escrit a la Regidoria de Cultura i Esports, però no se us ha respost. El nou alcalde havia promès mantenir un diàleg constant amb la població i no ho està complint. I les obres han de començar d'aquí a deu dies.

ELABORACIÓ DE L'ARGUMENTACIÓ

▸ Aprofundiu més en els fets i formuleu arguments a favor de continuar disposant de les instal·lacions, tant durant les obres com en el futur parc remodelat. Feu també propostes de solució. Per a l'argumentació, seguim l'esquema:

tesi general → arguments → justificacions

Tesi general: Volem espais per a la pràctica esportiva al parc	
Raons	**Justificació (proves, dades, citació d'experts...)**
1-La pràctica esportiva beneficia la salut física i mental del jovent	1.1- Tots els metges i pediatres recomanen una pràctica esportiva mesurada a nens i joves. 1.2- L'esforç físic saludable beneficia el rendiment en els estudis i allunya de les males pràctiques (dades sobre la relació pràctica esportiva i baix consum de drogues).

PREPARACIÓ DEL SETMANARI

▸ Quan tingueu una bona llista d'arguments i de solucions, ja tindreu els continguts per escriure textos periodístics en forma d'article d'opinió, editorial, columna o carta al director. Tingueu en compte l'estil de cada gènere. Repartiu-vos la feina de manera que al final tingueu una bona colla de textos.

6 El reportatge

La informació ampliada

Continguts

Per començar

Si et vols informar bé sobre un tema, no n'hi ha prou amb accedir a una notícia al diari, televisió, ràdio o Internet. Per poder opinar, cal més informació: els antecedents, els perquès, les raons sovint contraposades dels protagonistes... El que necessites és un reportatge.

A continuació hi ha un exemple d'un reportatge audiovisual, un fragment del programa *Motor a fons* de TV3.

Hamilton

D'origen humil, Lewis Hamilton es va començar a forjar on s'inicien la majoria de pilots: en el món del kàrting i amb el seu pare com a mecànic. El seu talent va atreure de seguida Ron Dennis, que es va convertir en el mentor i va apadrinar la seva carrera. Amb dotze anys, Hamilton ja va signar el seu primer contracte amb McLaren i, als quinze, es va proclamar campió d'Europa de cars. La trajectòria del pilot anglès va ser meteòrica a mesura que cremava etapes amb rapidesa. Va passar tres anys a la fórmula Renault, on es va convertir en el campió amb més victòries. El 2005 es proclamava campió de la Fórmula 3 i, un any més tard, en el seu debut a la GP2, també es va imposar amb autoritat. Unes qualitats que el van portar a ser pilot oficial de McLaren el 2007, amb només vint-i-un anys.

Motor a fons, 23 de novembre de 2014. <ccma.cat>

A On creus que podem trobar reportatges com aquest dedicat a Hamilton?

B Quina diferència diries que hi ha entre una crònica, una notícia i un reportatge?

C Quins temes creus que pot tractar un reportatge de Fórmula 1?

D Imagina que tu ets el locutor que narra aquest reportatge audiovisual. Assaja la lectura en veu alta i intenta fer una entonació periodística.

E Ves a www.tiching.com/732255 i compara la teva lectura amb la locució del periodista.

Lewis Hamilton al Gran Premi d'Àustria de 2015, a Spielberg.

El reportatge

Fins a on arriba Amazon pel preu?

Amazon presumeix de ser la botiga "amb l'assortiment més gran de la Terra". Les seves entranyes impressionen, però per arribar al capdamunt s'han creat enemics que els acusen de tenir mètodes de treball qüestionables

Dani Sánchez Ugart

Els han acusat d'evadir impostos, d'esclavitzar treballadors i de vendre per sota del preu de cost per acabar amb la competència. Però, tot i així, Amazon manté un creixement imparable en vendes i és una de les companyies més sòlides de Wall Street.

Poques empreses aixequen tanta polseguera quan arriben en un mercat nou. A la Península hi van aterrar fa quatre anys, i els llibreters van proclamar el principi de la fi del seu negoci. Una cosa semblant va passar a França, on fins i tot va camí d'aprovar-se una llei per limitar encara més els descomptes que pot fer als llibres que ven. I és que és difícil aspirar a ser la botiga amb "l'assortiment més ampli de la Terra" sense trepitjar algun ull de poll.

Darrere d'aquest *monstre* de la venda al detall en línia hi ha Jeff (Jeffrey) Bezos, un nord-americà de 49 anys i de caràcter i idees clares, com diu François Nuyts, director general d'Amazon Espanya.

Bezos va fundar la seva empresa el 1994, al garatge de casa seva, a Seattle després d'abandonar un càrrec de vicepresident a Wall Street. Al principi només venia llibres, però l'èxit fulgurant de la companyia, que en tres anys ja cotitzava a la borsa, va fer que es decidís a ampliar l'oferta. I Amazon ha anat creixent al voltant del seu líder.

I és que l'ara també propietari del *Washington Post* té un control ferri sobre la seva empresa. Bezos té una adreça de correu pública on rep queixes dels usuaris (jeff@amazon.com). Algunes d'aquestes queixes es reenvien als empleats que tenen responsabilitat sobre el tema.

Magatzem de San Fernando de Henares.

I aquesta actitud de Bezos és a l'ADN de l'empresa. A la carta anual als accionistes de l'any 1997, quan l'empresa va sortir a la borsa, Bezos assegurava que els clients són "l'obsessió" d'Amazon.

Però tanta obsessió amb els clients els ha fet oblidar el benestar dels treballadors? N'hi ha que creuen que sí. Al febrer, la cadena pública de televisió alemanya ARD va emetre un documental en què denunciaven unes condicions de treball poc favorables: empleats aïllats, allotjats en estrets bungalous que havien de compartir cinc persones, que treballant havien de caminar quinze quilòmetres al dia i que havien de pagar de la seva butxaca l'únic autobús que passava pel polígon per arribar al bungalou.

Per respondre a aquesta mala imatge, Amazon a Espanya ha volgut obrir les portes del seu centre logístic a alguns mitjans de comunicació, entre els quals l'ARA. El magatzem d'Amazon.es és a San Fernando de Henares, a Madrid. "No puc parlar d'Alemanya, però aquí els empleats estan ben tractats", explica Fred Pattje, director del centre logístic.

Treballant a Amazon "es camina", admet, però no els 15 o 20 km que denuncia el reportatge, sinó "al voltant de 10 km".

L'únic magatzem d'Amazon a Espanya és una nau de dimensions espectaculars (quatre camps de futbol). Tot i que, de moment, els plans passen per seguir a Madrid, Nuyts no descarta inauguracions, per exemple a Catalunya, en un futur: "Stay tuned [estigues atent]", es limita a dir. De moment, els 2,7 milions de productes que té Amazon.es són a San Fernando de Henares. Hi arriben i es distribueixen de manera aleatòria pels diferents prestatges, perquè d'aquesta manera els *pickers*, que són els empleats que preparen les comandes, sempre en tenen algun a prop: així s'estalvien temps i poden ser més eficients i abaixar preus.

I és que els preus baixos és una altra de les obsessions d'Amazon. De vegades venen "just per sobre del preu de cost", segons reconeix Bezos. Això li ha valgut queixes de molts sectors, que l'acusen de fer dúmping (vendre per sota del preu de cost) per carregar-se la competència i després apujar preus.

L'empresa es defensa dient que no abaixen els preus dels llibres més d'un 5% ni a França ni a Espanya, on aquest és el límit que marca la llei.

Tot i la seva dimensió, l'empresa perd diners a tot el món. Però té el suport dels inversors. La idea de Bezos és no parar de créixer i per això s'ha de gastar diners a obrir nous mercats. De moment ho està aconseguint i és el líder absolut del comerç en línia. Com afectarà això les botigues locals? Citant el mateix Nuyts: *stay tuned.*

Jeff Bezos, propietari d'Amazon.

Ara, 16 de desembre de 2013 (adaptació).

ACTIVITATS

1. Respon a les preguntes següents sobre el text:

a) Què és Amazon? Quina mena de productes ofereix? Quin va oferir primer?

b) Quines són les dues obsessions de l'empresa?

c) Segons el reportatge, en quines condicions treballen els empleats d'Amazon a Alemanya? Passa el mateix amb els de la Península?

d) Quines queixes ha rebut en la seva política de preus? Et sembla que és cert això?

e) Quins beneficis té l'empresa? Quina és la seva política actual?

2. Completa aquest quadre amb les idees principals del text. Després, fes-ne un resum:

Característiques i objectiu de l'empresa	...
Reaccions quan s'implanta en un país	...
Característiques del propietari	...
Principals preocupacions de l'empresa	...
Tracte als treballadors	...
Funcionament de l'empresa	...

3. Busca un sinònim per a les paraules subratllades:

- Amazon va aterrar a la Península fa quatre anys.
- Darrere d'aquest monstre de la venda al detall en línia hi ha Jeff Bezos.

4. Explica el significat de les expressions següents del text. Després, fes una frase per a cada expressió:

– Aixecar molta polseguera.

– Trepitjar un ull de poll.

5. Comenta aquests aspectes sobre el text:

a) La intenció de l'autor a l'hora d'escriure aquest reportatge.

b) L'actitud de l'autor: És objectiu o en algun moment deixa entreveure la seva opinió?

c) La conclusió a què arriba.

6. Justifica per què aquest text no és una notícia. Fes una llista de les semblances i les diferències entre aquest text i una notícia.

7. Amplia el reportatge afegint informació d'altres empreses de venda en línia que coneguis.

1. El reportatge

Un **reportatge** és un relat extens i profund sobre un tema d'interès que no cal que sigui d'actualitat. El reportatge no només documenta els fets que descriu sinó que, a més, els amplia i enriqueix des de diversos punts de vista i n'ofereix les causes i també les conseqüències.

En un reportatge, la informació s'hi exposa seguint una estructura menys rígida que en una notícia. I, com en la crònica, el periodista visita els llocs dels fets per recollir tots els testimonis i la informació necessaris. El reportatge, però, és un text objectiu i més llarg que una crònica.

Per saber-ne més

A vegades, el reportatge és un text interpretatiu en què l'autor mostra la seva opinió sense deixar de banda el rigor informatiu d'aquest gènere.

Tipus de reportatges

Els reportatges poden tractar temes molt diversos. Normalment es completen amb opinions de protagonistes o d'especialistes i s'acompanyen de documents, esquemes i imatges.

Els reportatges poden ser de tres tipus:

- **Informatius**: aprofundeixen en una notícia concreta, en busquen les causes i les conseqüències i n'amplien els detalls amb documents i testimonis.
- **Científics**: destaquen avenços i descobriments científics.
- **Narratius**: expliquen un esdeveniment o la vida d'una persona com si fos una història, seguint un fil cronològic.

El periodista sovint ha de ser didàctic per transmetre als lectors una visió panoràmica sobre un tema complex. També pot explicar el procés que ha seguit per trobar la informació.

En la revista *Descobrir* podem trobar reportatges de molts llocs interessants des d'un punt de vista turístic.

Estructura i llenguatge del reportatge

El reportatge sol tenir la mateixa estructura d'una notícia:

- Un **títol**, que informa del tema del reportatge.
- Una **entrada** (*lead*), que esbossa el tema i està escrita amb originalitat per captar l'atenció del lector des de bon començament.
- El **cos** del reportatge, amb la informació que es vol transmetre acompanyada de tota mena de material gràfic, testimonis, valoracions de personatges i anècdotes que puguin fer més atractiu el text. Si el reportatge és llarg, pot dividir-se en subapartats que aniran encapçalats per un subtítol.
- Una **cloenda**, que sintetitzi els continguts del reportatge, manifesti les impressions del periodista, avanci les conseqüències del tema...

El llenguatge del reportatge també té unes característiques peculiars:

- Es combinen **textos de tipus diferents** (descripcions, diàlegs, reflexions, argumentacions...).
- Es recorre a un **lèxic precís** i es fan servir alguns tecnicismes necessaris en els reportatges científics.
- S'usen **recursos retòrics** com en la crònica.

Per saber-ne més

La informació del cos del reportatge es pot ordenar de diverses maneres:

- Per **temes**: quan es volen tractar diversos aspectes, la divisió en temes i subtemes ajuda a estructurar la informació.
- Per **elements de recerca**: permet classificar la informació segons que es tracti de testimonis personals, documents o llocs, per exemple.
- Per **ordre cronològic**: els fets segueixen una seqüència temporal.

ACTIVITATS

8. Caracteritza el reportatge de la lectura inicial: digues si és informatiu, científic o narratiu i explica com s'estructura (si té títol, entrada, introducció, cloenda...) i el tipus de llenguatge que s'hi fa servir.

9. Digues de quin tema podrien tractar els reportatges encapçalats pels títols següents:

a) Un continent sense fronteres

b) La tecnologia que cura

c) Pluja de medalles

d) El poder de la paraula

e) La revolta de la natura

f) La festa mundial de la música avançada

10. Quin tipus de reportatge faries per a cada una d'aquestes entrades? Justifica-ho.

a) Un grup d'investigadors ha provat una vacuna contra la diabetis del tipus 1.

b) Els canvis en la societat després de la Revolució Industrial.

c) L'octubre de 2012, Malala va ser tirotejada quan sortia de l'escola. Ara és el símbol de la lluita per l'educació de les noies.

d) El gran mestre innovador en la interpretació del violoncel.

e) Des del moment en què es va cometre l'assassinat de John Fitzgerald Kennedy, l'any 1963, s'ha parlat de conspiracions. Cinquanta anys després, què en diu, la ciència moderna, d'aquell assassinat?

11. Llegeix el títol i l'entrada següents i elabora un reportatge breu que ampliï aquesta informació. Redacta'l a partir dels teus coneixements, i només si et cal, cerca informació:

- Casals d'estiu: una necessitat? un negoci? (Títol)
- La llargada de les vacances escolars obliga els pares a buscar alternatives no sempre assequibles a tothom. (Entrada)

Passos que has de seguir:

a) Fes un esquema dels punts més importants que tractaràs.

b) Redacta'n la introducció, el cos i la cloenda.

c) Incorpora-hi la opinió d'algun pare o mare testimonis i la teva.

12. A continuació tens sis fragments que s'han extret d'un reportatge dedicat al pintor Miquel Àngel i la Capella Sixtina. Ordena'ls i indica si pertanyen al títol, l'entrada, el cos o la cloenda:

☐ La polèmica entorn del Judici Final de la Capella Sixtina va continuar al llarg dels anys fins que el concili de Trento hi va posar fi. L'any 1564, poc temps després de la mort de Miquel Àngel, es va decidir de tapar aquelles parts del fresc considerades per alguns com a més obscenes. L'encarregat d'executar la sentència va ser Daniele da Volterra, amic i col·laborador del nostre artista. Aquella era la primera d'un seguit d'intervencions censuradores realitzades en els segles successius que malgrat tot no aconseguiren tapar la bellesa de l'obra ideada i pintada pel genial artista italià.

☐ Miquel Àngel, per enveja de molts, va ser un dels artistes més afavorits per la tasca de mecenatge duta a terme pel papa Juli II, tot i que el dur caràcter d'ambdós faria que la relació mútua mai fos del tot cordial. Entre els molts encàrrecs que li van arribar del Sant Pare en destaca un: pintar la volta de la Capella Sixtina.

☐ Dilluns de Carnaval. El mestre no es trobava bé i va decidir recloure's a la casa que tenia a Macel dei Corvi. Quatre dies més tard, però, les lleugeres febres que havien aconseguit treure el famós florentí de la seva incessant activitat a l'obra de Sant Pere acabarien emportant-se la seva ànima al Cel. Era el vespre del 18 de febrer de l'any del Senyor del 1564.

☐ Miquel Àngel i la Capella Sixtina

☐ Miquel Àngel havia arribat a Roma de ben jove, a la primeria d'estiu de l'any 1496. Acabava de sortir de l'acadèmia de Lorenzo de Mèdici, dit el Magnífic.

☐ L'estiu del 1508, després d'elaborar centenars de dibuixos preparatoris, Miquel Àngel va començar a pintar la volta de la Capella: ho feu ajudat per pintors vinguts des de Florència que dominaven a la perfecció l'art del fresc.

Els inicis del projecte (adaptació). <sapiens.cat>

13. Ves a www.tiching.com/732256 i fes un recull de revistes en català, amb enllaços per poder-les consultar. En trobaràs de dedicades als viatges, a la història, a la ciència, a l'actualitat...

2. L'ús del punt i seguit

El **punt i seguit** indica una pausa forta al final d'una oració i, talla, així, qualsevol lligam sintàctic amb la següent. L'oració que ve a continuació té una **relació temàtica** amb l'anterior. Per això un punt i seguit no implica canvi de paràgraf.

La pausa d'un punt seguit és més llarga que la que indica una coma.

L'oració i el punt i seguit

Per saber quan hem d'acabar una oració amb un punt hem de mirar si l'oració té un sentit complet i sintàcticament té tots els elements necessaris. Per exemple, en el text següent podrem distingir unes quantes oracions que haurien de dur punt i seguit:

> La placidesa d'aquell matí no va durar gaire a les deu la cafeteria ja era plena de gom a gom se celebraven unes conferències importants a l'aula principal, que es trobava al mateix complex del restaurant durant les pauses, arribava una allau d'estudiants i investigadors amb una fervent necessitat de cafeïna

Concretament, hi distingim quatre oracions amb sentit complet i amb els elements sintàctics necessaris:

- La primera oració indica que és un dia atrafegat: "La placidesa d'aquell matí no va durar gaire." Té un subjecte, "La placidesa d'aquell matí", i un predicat, "no va durar gaire", complets.
- La segona indica com era la cafeteria aquell matí: "A les deu la cafeteria ja era plena de gom a gom." Igualment, hi distingim un subjecte, "la cafeteria", i un predicat, "A les deu ja era plena de gom a gom".
- La tercera oració explica com és que la cafeteria era plena de gom a gom: "Se celebraven unes conferències importants a l'aula principal, que es trobava al mateix complex del restaurant." El subjecte és "Unes conferències importants" i el predicat, la resta.
- L'oració final indica qui omplia la cafeteria: "Durant les pauses, arribava una allau d'estudiants i investigadors amb una fervent necessitat de cafeïna." El subjecte és "una allau d'estudiants i investigadors amb una fervent necessitat de cafeïna" i el predicat, "Durant les pauses, arribava".

En definitiva, el text ha de quedar així:

> La placidesa d'aquell matí no va durar gaire. A les deu la cafeteria ja era plena de gom a gom. Se celebraven unes conferències importants a l'aula principal, que es trobava al mateix complex del restaurant. Durant les pauses, arribava una allau d'estudiants i investigadors amb una fervent necessitat de cafeïna.
>
> Sonia FERNÁNDEZ-VIDAL: *Quantic Love* (adaptació).

FEM-HO AIXÍ

- La paraula que hi ha a continuació d'un punt s'escriu amb majúscula.
- No es poden escriure dos punts consecutius. Per tant, després d'un punt d'admiració o interrogació no es posa cap altre punt.
- Has de deixar un espai darrere del punt i seguit.

L'oració "Se celebraven unes conferències importants a l'aula principal, que es trobava al mateix complex del restaurant." té un sentit complet.

14. Torna a escriure el text següent i puntua'l correctament:

> Soc la dona a qui vostè va oferir ajuda dimecres dia 13 de novembre al carrer Guipúscoa jo conduïa el cotxe del costat i vostè em va mirar i em devia veure molt aclaparada perquè em va preguntar si necessitava ajuda recordo que sols vaig poder fer sí amb el cap vostè va saltar del cotxe per ajudar-me no recordo res més.
>
> Carta al director, *La Vanguardia*, 29 de novembre de 2013.

15. En el text següent no hi ha cap punt, perquè les oracions han estat enllaçades amb diversos connectors o pronoms. Copia el text i elimina els que consideris que poden ser substituïts per un punt i seguit:

> La Viquipèdia en català acaba de complir dotze anys i som la segona Viquipèdia més antiga del món, just després de l'anglesa, però hi ha una polèmica amb els alemanys perquè ells van crear el seu programari abans que nosaltres però no van penjar cap article i nosaltres ens vam avançar.
>
> Roger GALAZAN: *Sàpiens,* maig 2013.

16. El text següent està mal puntuat. Torna'l a escriure canviant algunes de les comes per punts i seguit perquè el text sigui correcte:

> Me'l vaig mirar de fit a fit, tenia la cara eixuta i serena; els ulls grisos, vagament tranquils, ni un sol indici d'agitació el torbava, si hi hagués hagut la més petita inquietud, o còlera, o impaciència, o impertinència, en les seves maneres; en altres paraules, si hi hagués hagut res d'habitualment humà en ell, sens dubte l'hauria despatxat amb violència, me'l vaig quedar contemplant una estona, mentre ell continuava escrivint, i vaig tornar a asseure'm a l'escriptori, és ben estrany, vaig pensar.
>
> Herman MELVILLE: *Bartleby, l'escrivent* (adaptació).

17. A partir dels enunciats següents, recompon l'ordre dels fets i redacta un text en forma de notícia breu, en què hi hagi almenys tres punts i seguit. Pots utilitzar altres signes de puntuació, connectors, pronoms o altres elements, i també canviar els temps verbals:

a) Una furgoneta circula en sentit Lleida
b) El conductor del camió té fractura de pelvis
c) Es produeix un accident a l'Eix tranversal
d) L'hospital comarcal no té prou llits
e) L'ambulància arriba al lloc dels fets deu minuts després
f) A primera hora del matí la boira redueix la visibilitat a 30 metres
g) Un camió i una furgoneta circulen per la carretera
h) L'hospital més proper és a 15 km
i) El metge de guàrdia gestiona el trasllat a l'hospital provincial
j) La conductora de la furgoneta té contusions i politraumatismes
k) Un camió i una furgoneta xoquen frontalment

18. Troba un connector que uneixi les dues oracions que ara estan separades per un punt:

- Les estructures familiars, l'activitat professional i els ritmes de vida han canviat molt des d'aleshores. La divisió del temps entre lleure i treball ha esdevingut més complexa.
- A França les noies tenen generalment un nivell de formació més elevat que els nois. Són menys nombroses en el tercer cicle universitari i en les classes preparatòries de les grans escoles.
- Les nevades han deixat gruixos de fins a 20 cm a tota la carretera nacional. Les màquines llevaneu no donaven l'abast.

19. Escriu un text breu d'unes deu línies explicant l'argument d'una pel·lícula que t'hagi agradat. Pensa a escriure punts i seguit quan calgui.

EL REPORTATGE AUDIOVISUAL

Els reportatges audiovisuals es basen tant en les paraules com en la imatge i el so, que conjuntament construeixen, contextualitzen i enriqueixen la informació que el reportatge vol transmetre.

Elements del reportatge audiovisual

Un reportatge audiovisual és com una petita pel·lícula documental que pot contenir els elements següents:

a) **Narració**: és el fil fonamental del reportatge, que explica una veu en off o el mateix periodista presentador.

b) **Imatges en el lloc dels fets**: es tracta d'imatges enregistrades expressament a l'escenari dels fets, amb els protagonistes.

c) **Imatges d'arxiu**: imatges disponibles de moments anteriors, que són útils per explicar els antecedents de la qüestió que es tracta.

d) **Entrevistes**: es fan als protagonistes, a observadors propers als fets i a experts externs que coneixen bé el tema tractat.

e) **Gràfics i esquemes**: algunes dades es poden presentar en forma de gràfic o d'esquema per facilitar-ne la comprensió.

f) **Dramatitzacions**: ocasionalment, es pot recrear amb actors una situació si no se'n tenen imatges.

Recursos per cridar l'atenció

Els reportatges busquen captar l'atenció dels espectadors amb una entrada atractiva, que pot consistir en un dels recursos següents:

- ✓ Una dada, una declaració sorprenent o una pregunta.
- ✓ Una imatge d'una situació xocant.
- ✓ Una descripció colorista o una música que cridi l'atenció.

COMPRENSIÓ AUDIOVISUAL

Ves a www.ticbing.com/732363 i respon a les preguntes.

FEM-HO AIXÍ

A diferència dels escrits, en els reportatges audiovisuals hem de fer servir un llenguatge més directe i amb pocs tecnicismes.

"30 minuts" és el programa de reportatge de referència a TV3.

@ Amplia a la xarxa...

Pots veure una bona mostra de reportatges televisius a: www.ticbing.com/732364.

ESTRATÈGIA ORAL

Claredat, brevetat i precisió

Quan parleu en públic o davant d'una càmera, feu-ho d'una manera ben clara i concreta. Eviteu anar donant tombs, perquè l'auditori té una capacitat d'atenció limitada. La claredat és fonamental en un discurs oral, perquè l'oient no té l'oportunitat de rellegir el que no ha entès a la primera.

Feu una exposició amb un missatge directe, empreu frases breus i trieu un lèxic adequat i precís que no es pugui malinterpretar. Per exemple:

- ✓ En una explicació dins d'un reportatge, es fa servir la terminologia del tema –oferint-ne el significat– i un grau de formalitat més elevat.
- ✓ En una explicació a uns nens, el registre serà més col·loquial.

La periodista Mònica Terribas és un exemple a l'hora de parlar amb claredat i precisió.

EXPRESSIÓ ORAL

Feu un reportatge

▶ Elaboreu un reportatge audiovisual que duri entre tres i cinc minuts. Podeu triar un d'aquests temes o un altre, d'acord amb el professor:

- √ L'esport que practiques
- √ Les xarxes socials
- √ Els videojocs
- √ La moda

Pautes per fer un reportatge audiovisual

Fase de planificació

a) Determineu el tema del reportatge.

b) Cerqueu les fonts informatives: documentació, testimonis, llocs.

c) Prepareu el guió del reportatge.

Fase de producció

a) Feu les gestions per localitzar les fonts i els testimonis.

b) Feu els enregistraments dels testimonis i anoteu les dades interessants.

Fase de muntatge

a) Redacteu el text del narrador i munteu-hi al damunt les imatges.

b) Dosifiqueu la informació per mantenir l'atenció de l'espectador.

c) Busqueu una entrada original i una cloenda.

d) Enregistreu la locució, que serà el fil conductor del reportatge. Tingueu en compte la manera de vestir, gestualitat, etc.

e) Munteu tots els talls i afegiu-hi els efectes de so que convinguin.

Pauta d'avaluació de l'expressió oral

- S'ha combinat bé les imatges, el so i la narració? ☐
- Les entrevistes aporten informació rellevant? ☐
- El narrador ha parlat amb claredat, brevetat i precisió? ☐

FEM-HO AIXÍ

1. No perdeu el fil conductor durant els enregistraments.
2. Els enregistraments s'han de fer en equip: un entrevista, un altre enregistra, un altre vigila la il·luminació i un altre pren nota dels continguts.
3. Cal tenir ben planificats els horaris, les visites concertades, els desplaçaments, etc.
4. Enregistreu imatges de l'entorn habitual de l'entrevistat.

Aplica l'estratègia

Escriviu un text clar, amb les frases breus i el lèxic adequat, amb pocs tecnicismes i explicant-ne el significat.

REPTE ORAL

La imitació

▶ Repartiu-vos diferents professions i papers socials (advocat, polític, bomber, banquer, botiguer, professor, pagès, científic, florista...) i feu una breu intervenció d'un minut dins del grup explicant o opinant sobre la notícia "Barrera veïnal a Nou Barris contra els desnonaments".

▶ El més important de l'exercici és que cadascú parli imitant l'estil, el to, el lèxic, la gestualitat i el punt de vista típic de la professió que li ha tocat representar.

FEM-HO AIXÍ

Aquest exercici no és un debat, sinó que cadascú fa un monòleg. I, encara que es tracti d'imitar, tampoc no és un exercici humorístic, sinó seriós i formal.

3. El complement indirecte

Definició i característiques

El **complement indirecte** (CI) és el complement del verb que indica qui és el destinatari de l'acció descrita pel verb, normalment persones o animals. S'introdueix amb les preposicions *a* o *per a*.

Així, en l'oració "Llegiré un conte als nens", "als nens" és el complement indirecte perquè els nens són els destinataris de l'acció "llegir (un conte)".

El complement indirecte és exigit pel verb. Per tant, hi ha verbs com *enviar* o *donar* que demanen un complement indirecte, és a dir, el destinatari:

- *Vam enviar una carta al director.*
- *La metgesa donarà la recepta al pacient.*

Tot i això, en alguns casos podem trobar que aquests verbs apareixen sense el complement indirecte:

- *Vam enviar una carta.*
- *La metgesa donarà la recepta.*

En l'oració "La metgessa donarà la recepta al pacient" hi ha un destinatari de l'acció del verb.

Què pot fer de CI?

- Preposició ***a*** o ***per a*** + **sintagma nominal**:
  - *Regalen una entrada al guanyador.* (al guanyador: CI)
- Preposició ***a*** o ***per a*** + **oració subordinada**:
  - *Regalen una entrada a qui guanyi el concurs.* (a qui guanyi el concurs: CI)

Pronoms febles de complement indirecte

El CI es pot substituir pels pronoms febles de 1a persona ***em***, ***ens*** (i variants), de 2a persona ***et***, ***us*** (i variants), i de 3a persona ***li***, ***els*** i ***es***:

- 1a persona
  - *Regala un llibre a mi / a nosaltres.* → *Em / ens regala un llibre.* (a mi, a nosaltres, Em, ens: CI)
  - *Compra flors a mi / a nosaltres.* → *Compra 'm / 'ns flors.* (a mi, a nosaltres, 'm, 'ns: CI)
- 2a persona
  - *Portem un regal per a tu / per a vosaltres.* → *Et / us portem un regal.* (per a tu, per a vosaltres, Et, us: CI)
  - *Corda les sabates a tu.* → *Corda't les sabates.* (a tu, 't: CI)
- 3a persona
  - *Envio una postal a la Cristina / als pares.* → *Li / els envio una postal.* (a la Cristina, als pares, Li, els: CI)
  - *Dona el berenar als néts.* → *Dona'ls els berenar.*

Atenció!

El pronom de 3a persona del plural és *els* i no *els hi* ni *lis*:

- *Diré als convidats que vinguin més tard.* (als convidats: CI)
  → *Els diré que vinguin més tard.* (Els: CI)

Igualment, el pronom de 3a persona del plural femení també és *els* i no *les*:

- *Ha demanat una talla més gran a les venedores.* (a les venedores: CI) → *Els ha demanat una talla més gran.* (Els: CI)

Per identificar el complement indirecte

Per saber si un complement és directe o indirecte pots substituir-lo pel pronom corresponent: si el complement s'ha de substituir per *li*, aleshores és complement indirecte:

- *Vaig veure la Maria.* → *La vaig veure.* (*La* = CD)
- *L'Emili va explicar un conte al Joan.* → *Li va explicar un conte.* (*Li* = CI)

Si el complement és plural, passa'l al singular i repeteix la mateixa operació.

En l'oració "Li envio una postal de Menorca" el pronom *li* és el CI.

ACTIVITATS

20. Digues si els complements subratllats són complements directes o indirectes i justifica-ho:

- Convidaré els meus amics a casa.
- Comenta això al professor de tecnologia.
- El metge visita els pacients a la consulta nova.
- La recepcionista anuncia als clients que el taxi ja ha arribat.
- El cambrer serveix el sopar als assistents a l'acte.
- He explicat al Sergi que l'examen d'anglès es farà a l'aula gran.

21. Escriu, en els casos que calgui, la preposició davant el complement. Després, indica si el complement és directe o indirecte:

- Hauries d'ajudar ... la teva mare amb el carretó d'anar a comprar.
- Hauries de portar el carretó d'anar a comprar ... la teva mare.
- En Carles entrena ... un equip d'handbol d'alevins .
- El locutor entrevistarà ... el capità de l'equip després del partit.
- Demanaré ... l'arquitecte quan tindrà a punt els plànols.
- Haurem d'explicar ... la recepcionista que hem perdut la clau de l'habitació.

22. Subratlla els complements indirectes d'aquestes oracions. Després torna a escriure les oracions substituint els complements pel pronom corresponent:

- El corredor va passar el testimoni al company d'equip.
- La Míriam prepara l'esmorzar per als seus germans bessons de quatre anys.
- Els escoltes aniran a cantar cançons als avis de la residència.
- Ahir una gran empresa va oferir una feina nova a l'Anna.
- Els metges ja han cosit la ferida a l'accidentat.

23. Substitueix els complements indirectes subratllats. Tingues en compte que a la tercera oració de cada grup el pronom pot anar tant al davant com al darrere del verb:

a) – Cambrer, pren la comanda a nosaltres.
  – El cambrer pren la comanda a nosaltres.
  – El cambrer vol prendre la comanda a nosaltres.

b) – Dicta el text als alumnes.
  – La professora dicta el text als alumnes.
  – La professora vol dictar el text als alumnes.

c) – Ensenyeu el bitllet al revisor.
  – Els passatgers ensenyen el bitllet al revisor.
  – Els passatgers han d'ensenyar el bitllet al revisor.

d) – Canta una cançó al nadó.
  – La mare canta una cançó al nadó.
  – La mare vol cantar una cançó al nadó.

24. Canvia el pronom subratllat per un complement:

- No els perdonarem que no ens hagin avisat abans.
- Li han fet un homenatge a l'estadi avui.
- El jutge els va llegir la sentència.
- Els nens els portaven la carta.
- Comenta-li que arribarem tard.
- Li envio una postal de Menorca.

25. Escriu tres oracions que continguin les funcions sintàctiques següents:

a) Verb + CD + CI
b) Subjecte + Verb + Atr
c) Subjecte + Verb + CI

4. El complement circumstancial

El **complement circumstancial** (CC) és el complement del verb que indica una circumstància de l'acció pel que fa al temps, el lloc, la manera, etc. com es realitza o té lloc aquesta acció.

No és un complement exigit pel verb i, per tant, si se suprimeix, l'oració continua tenint sentit.

Què pot fer de CC?

- Un **adverbi** o **locució adverbial**:
  - *Demà marxarem de vacances.* (CC: *Demà*)
- Un **sintagma nominal**:
  - *Ens veurem el dia del teu aniversari.* (CC: *el dia del teu aniversari*)
- Un **sintagma preposicional**:
  - *En Bernat viu a Tortosa.* (CC: *a Tortosa*)
- Una **oració subordinada**:
  - *Et trucaré quan arribi a casa.* (CC: *quan arribi a casa*)

Per saber-ne més

El complement circumstancial va al principi o al final de l'oració, però també es pot situar entremig, entre comes:

- *Cada tarda es compra un croissant de xocolata.*
- *Es compra un croissant de xocolata cada tarda.*
- *Es compra, cada tarda, un croissant de xocolata.*

Tipus de complements circumstancials

Els complements circumstancials poden ser:

- **De lloc:** *El meu cosí se'n va a estudiar a Alemanya.* (CC: *a Alemanya*)
- **De temps:** *Començarem la reunió a les sis.* (CC: *a les sis*)
- **De manera:** *L'ordinador va a poc a poc.* (CC: *a poc a poc*)
- **D'instrument:** *El lampista ha descollat l'aixeta amb una clau anglesa.* (CC: *amb una clau anglesa*)
- **De companyia:** *Vindrà a la festa amb l'Aleix.* (CC: *amb l'Aleix*)
- **De quantitat:** *He estudiat molt per a aquest examen.* (CC: *molt*)

L'oració "El meu cosí se'n va a estudiar a Alemanya" té un complement circumstancial de lloc.

Per distingir el tipus de complement circumstancial

Si vols distingir fàcilment de quin tipus és un complement circumstancial pots recórrer a una pregunta amb un interrogatiu:

- *On?* → de lloc
- *Quan?* → de temps
- *Com?* → de manera
- *Amb què?* → d'instrument
- *Amb qui?* → de companyia
- *Quant?* → de quantitat

Pronoms febles de complement circumstancial

Quan els complements cirumstancials es poden pronominalitzar, acostumen a fer-ho amb el pronom ***hi***:

- *Arxivaré la factura a la carpeta.* → *Hi arxivaré la factura.*
  (a la carpeta: CC; Hi: CC)
- *Embolica el paquet amb un paper daurat.* → *Hi embolica el paquet.*
  (amb un paper daurat: CC; Hi: CC)
- *Aniràs a entrenar.* → *Hi aniràs.*
  (a entrenar: CC; Hi: CC)

Ara bé, alguns complements circumstancials introduïts per la preposició *de*, se substitueixen pel pronom ***en***:

- *Sortirem aviat de casa.* → *En sortirem aviat.*
  (de casa: CC; En: CC)
- *Han tret tota la càrrega del camió.* → *N'han tret tota la càrrega.*
  (del camió: CC; N': CC)

A l'oració "Ara en vinc, de Balaguer", el pronom *en* substitueix el CC, "de Balaguer".

ACTIVITATS

26. Subratlla els complements circumstancials de les oracions següents. A continuació, digues de quin tipus són:

- Sucarem el pa amb tomàquet.
- A l'estiu sempre em llevava d'hora.
- L'any passat ens vam cansar molt a la cursa.
- Aquest estiu faran ruta pel Cap de Creus.
- Per Nadal sempre menjo massa.
- Ara arriba el grup de turistes amb el guia.
- Pròximament s'obrirà una farmàcia a la cantonada.
- Gairebé s'han acabat les obres a l'estació.
- Per vacances anem sovint al cinema.
- Pots canviar fàcilment la roda amb el gat.

27. Substitueix els complements circumstancials subratllats pel pronom corresponent:

- L'Ester canta malament.
- Vaig a la piscina cada divendres.
- Torna demà del simposi.
- Envia el regal a casa seva.
- Traurem els llibres de la biblioteca.
- Vaig treballar al Banc durant vuit anys.
- A la fàbrica han instal·lat impresores 3D.

28. Canvia els complements circumstancials subratllats per uns altres de sinònims:

- El primer diumenge de cada mes pots entrar en els museus de franc.
- Habitualment hi ha cua per comprar entrades.
- El públic es va posar dret alhora per aplaudir.
- El científic estudia detalladament tot el procediment de l'experiment.
- El polític parla a poc a poc i amb molta calma.
- L'estiu vinent estrenaran la segona part d'aquesta pel·lícula.

29. Completa les oracions següents amb els complements circumstancials indicats entre parèntesis:

- L'Ignasi arriba ... (temps) ... (lloc).
- Els preus s'abaixaran ... (manera) ... (temps).
- ... (temps) talla el pernil ... (instrument).
- Es cansa ... (quantitat) ... (temps).
- Vindrem ... (lloc) ... (companyia).
- El Gerard camina ... (temps)
- En Jan estudia ... (manera) ... (temps).

5. La essa sonora: *s/z*

La essa sonora és el so de la essa quan vibren les cordes vocals. Aquest so es representa amb les grafies **s** i **z**: *grisor*, *zona*. En el sistema de representació fonètica es transcriu així: [z].

- Escrivim **s**:
  - Entre vocals: *casa, desembre, confusió, vasos, mesos*...
  - **Excepcions**: Alguns mots d'origen grec, com ara *bizantí, trapezi, ozó, amazona, esquizofrènia, topazi, azalea*.
- Escrivim **z**:
  - A principi de mot: *zero, zebra, ziga-zaga, zàping, zen, zeta*...
  - Entre consonant i vocal: *colze, onze, pinzell, alzina, esmorzar*...
  - **Excepcions**: Els mots derivats de *dins, fons* i *trans*: *enfonsar, endinsar, transigir*...

Paraules que s'han de pronunciar amb essa sonora
anàlisi, adhesió, asil, bàsic, centèsim, col·lisió, crisi, decisió, dosi, episodi, explosió, frase, fase, gasa, hipòtesi, lesió, medusa, museu, nasal, oasi, paisatge, paràsit, parèntesi, residu, tesi, zona, zebra

FEM-HO AIXÍ

Pots comprovar la vibració de les cordes vocals quan pronuncies una essa sonora posant la mà sobre el coll, just sota la barbeta.

Residus urbans. La **s** del mot *residu* és sonora.

6. La essa sorda: *s/ss, c/ç, sc*

La essa sorda és el so de la essa quan no vibren les cordes vocals. Aquest so es representa amb les grafies **s**, **c**, **ç** i amb els dígrafs **ss** i **sc**: *sabata, cera, llaç, passeig, piscina*... La representació fonètica de la essa sorda és [s].

Les grafies *s* i *ss*

- Escrivim **s**:
  - A principi de mot: *semàfor, suc, senyor, savi, sol*...
  - En mots derivats i compostos com ara *asimètric, antisocial, bisíl·lab, contrasenya, entresòl, fotosíntesi, telesèrie*, etc.
  - Entre consonant i vocal o entre vocal i consonant: *tensar, pensament, falsa, estri, musclo, aspre*...
- Escrivim **ss**:
  - Entre vocals: *passeig, cassola, essència, passar, tossuderia*...

Les grafies *c* i *ç*

- Escrivim **c**:
  - Davant de **e** i **i**: *ceba, cirera, cinema, acer, francès, abscència*...
- Escrivim **ç**:
  - Davant de **a**, **o**, **u** enmig del mot: *força, escorça, lliçó, calçot, forçut*...
  - A fi de mot: *llaç, esforç, feliç, audaç, braç, dolç*...

La grafia *sc*

- Escrivim **sc** en algunes paraules com ara: *piscina, adolescent, ascensor, susceptible*...

Per saber-ne més

Una *s* a final de mot es pronuncia sorda. Però tingues present que quan una paraula amb **s** final té a continuació una altra paraula que comença amb vocal, aquesta **s** es pronuncia sonora:

- *dues avellanes*
- *poques onades*

El mot *piscina* du el dígraf sord *sc*.

Paraules que s'han de pronunciar amb essa sorda
• Els mots *abscissa, discussió, dissoldre, frontissa, gessamí, premissa*, entre d'altres. • Els mots amb els grups *-essa*: *baronessa, metgessa* (*marquesa* es pronuncia amb essa sonora perquè es forma amb la terminació *-a*). • Els mots amb els grups *-gressor, -gressió, -missor, -missió, -pressor* i *-pressió*, com ara *transgressor, agressió, emissor, admissió, impressor, impressionista*...

FONÈTICA

Ves a www.tiching.com/732365. Escolta i respon.

ACTIVITATS

30. Classifica aquestes paraules segons si tenen el so d'essa sonora o d'essa sorda. Tingues en compte que hi ha paraules amb més d'un d'aquests sons:

- bossa
- aranzel
- endinsar
- capacitat
- sermó
- cosina
- foscor
- fusió
- desitjar
- presència
- situar
- moció
- hostessa
- ascens
- cera
- tros

So d'essa sorda [s]	So d'essa sonora [z]
...	...

31. Justifica la grafia en negreta dels mots següents:

EXEMPLE: *zel*: s'escriu *z* quan tenim el so d'essa sonora a començament de mot.

- ca**s**ona: ...
- trape**z**i: ...
- di**s**íl·lab: ...
- pe**s**ar: ...
- tele**s**ella: ...
- intran**s**igent: ...
- anti**s**èptic: ...
- ro**ss**a: ...
- **s**ardina: ...
- cator**z**e: ...
- **z**oologia: ...
- can**s**ament: ...

32. Col·loca cada paraula a la frase corresponent:

- zona – sona
- rosa – rossa
- pesa – peça
- casa – caça

– Per Sant Jordi li regalo una ....
– Aquest violí ... bé.
– Deixarem el cotxe a la ... blava.
– Falta una ... del puzle.
– No passis pel terreny privat de ....
– Aquest meló ... molt.
– La Neus és la noia de la trena ....
– Farem el dinar a ... seva.

33. Completa les paraules amb la grafia corresponent:

- mi...ió
- a...er
- mo...a
- dot...ena
- pre...entiment
- trape...oïdal
- ...ímbol
- efica...
- sen...ill
- repò...
- dan...a
- can...ó
- e...enari
- ...inistre
- ...imera

34. Ves a www.tiching.com/732366 i escolta les paraules. Classifica-les segons si contenen el so d'essa sorda o d'essa sonora:

Paraules amb so d'essa sorda [s]	Paraules amb so d'essa sonora [z]
...	...

DICTAT PREPARAT

35. Prepara't aquest dictat. Abans de fer-lo, busca les paraules amb essa sorda o sonora del text, escriu-les en dues llistes separades i comprova que les has classificat bé i en perceps la diferència.

> Entre els bancs del davant, ocupats per espectadors ben vestits, esclataren rialles complaents quan aparegué, com si les demostracions dels estudiants en aquell instant precís fossin ben rebudes. Hi hagué un esclat terrible de sorolls, la bramadissa d'una gàbia d'animals carnívors quan senten el pas del guardià amb el menjar. Hi havia un cert to ofensiu i em semblà una cridadissa gatzarosa, la rebuda sorollosa dedicada a algú que, en aparença, els divertia i interessava, més que no pas a algú que menyspreaven.
>
> A. CONAN DOYLE: *El món perdut*.

7. Les varietats geogràfiques del català (I)

Variació lingüística i varietat lingüística

La llengua és una realitat dinàmica que es pot manifestar de diverses maneres. No hi ha cap llengua que sempre sigui igual: hi ha una **variació lingüística** segons la persona que parla i la situació. Per tant, aquest fenomen de variació lingüística és un fet universal.

La realització d'aquesta variació en una manera concreta de parlar una llengua segons les característiques d'un grup de persones o una situació comunicativa determinada s'anomena **varietat lingüística**.

Segons les característiques dels parlants, hi ha diverses varietats lingüístiques: les varietats històriques (segons l'època i l'edat), les varietats socials (segons el grup social) i les varietats geogràfiques (segons el territori).

Segons la situació en què es produeix la comunicació, hi ha les varietats formals o informals (registres), que depenen de l'adequació al context.

Les varietats geogràfiques

Una **varietat geogràfica** és una varietat lingüística caracteritzada per la pronúncia, el vocabulari i les peculiaritats gramaticals pròpies d'una àrea geogràfica determinada. També rep el nom de **dialecte**.

En català, hi ha dues grans varietats: el **català oriental** i el **català occidental**.

El català oriental

El **català oriental** s'estén pels territoris de la Catalunya del Nord, la meitat oriental del Principat, les Illes Balears i la ciutat sarda de l'Alguer.

El català oriental comprèn diverses varietats:

- El **català central**, parlat a la Cerdanya, el Berguedà, la zona oriental del Solsonès, l'Anoia, la Conca de Barberà, el Baix Camp i totes les comarques que queden a la banda oriental de Catalunya.
- El **balear**, parlat a les Illes Balears.
- El **rossellonès** o **català septentrional**, parlat a la Catalunya del Nord, és a dir, al Rosselló, el Conflent, el Vallespir, el Capcir i la meitat de la Cerdanya.
- L'**alguerès**, parlat a l'Alguer, a Sardenya.

El català occidental

El **català occidental** s'estén pels territoris d'Andorra, la meitat occidental del Principat, la Comunitat Valenciana i la regió murciana del Carxe.

El català occidental comprèn dues varietats:

- El **nord-occidental**, parlat al Principat d'Andorra, a la meitat occidental i meridional de Catalunya i a la Franja de Ponent (a l'Aragó).
- El **valencià**, parlat a les comarques de parla catalana del País Valencià i la zona murciana del Carxe.

Mapa de les varietats geogràfiques del català.

Característiques principals del català oriental i el català occidental

Les varietats del català oriental i l'occidental tenen unes característiques que les diferencien entre si. Les més destacades són les següents:

	Català oriental	Català occidental
Fonètica	La *a* i *e* no es distingeixen en síl·laba àtona i sonen com una vocal neutra ([ə]).	La *a* i *e* es distingeixen en síl·laba àtona.
	La *o* i *u* es pronuncien [u] en síl·laba àtona (excepte en mallorquí)	La *o* i *u* es pronuncien tant en síl·laba àtona com en síl·laba tònica.
	Ús de l'increment incoatiu *eix*: *jo pateixo* o *patesc, ell pateix.*	Ús de l'increment incoatiu ix: *jo patixo* o *patisc, ell patix.*
Morfologia	La terminació per al present de subjuntiu és en *-i*: *jo canti, tu cantis, ell canti, ells cantin / jo dormi, tu dormis, ell dormi, ells dormin.*	La terminació per al present de subjuntiu és en *-e* i *-a*: *jo cante, tu cantes, ell cante, ells canten / jo dorma, tu dormes, ell dorma, ells dormen.*
Lèxic	*mirall, noi, xai o be, llombrígol, romaní, escombra, manllevar, farigola*, etc.	*espill, xic, corder, melic, romer, granera, amprar, timó*, etc.

Per saber-ne més

La ***i*** de mots com *caixa, queixal, coix*, etc. es pronuncia en gran part del català occidental mentre que a la major part del català oriental no.

Segons la varietat geogràfica hi ha plantes que reben noms diferents: *romaní* (oriental), *romer* (occidental).

ACTIVITATS

36. Explica què és una varietat lingüística i què és una varietat geogràfica. Posa, com a mínim, dos exemples de cada tipus.

37. Indica la varietat que:

a) No distingeix *a* i *e* en síl·laba àtona.

b) Distingeix la *o* i la *u* en síl·laba àtona.

c) Fa servir l'increment incoatiu *ix*.

d) En el present de subjuntiu té la terminació en *-a* i *-e*.

e) Fa servir les paraules *corder* o *romer*.

38. Digues si és veritable o fals:

a) El rossellonès es parla al Rosselló, el Conflent, el Vallespir, el Capcir i la meitat de la Cerdanya. ▢

b) El central es parla a la meitat occidental del Principat de Catalunya. ▢

c) L'alguerès es parla a la ciutat corsa de l'Alguer. ▢

d) En el balear no es pronuncia la *i* de mots com *seixanta* o *deixar*. ▢

e) El català central no es parla al Solsonès. ▢

39. Busca a quines comarques del Principat es parla català occidental i a quines oriental i assenyala-les al mapa:

8. La novel·la cavalleresca

Els llibres de cavalleria i la novel·la cavalleresca

A finals del segle XII l'èpica de la cançó de gesta i el sentiment amorós de l'amor cortès es fusionen en un gènere narratiu nou, el *roman*, base de la novel·la. El protagonista és alhora un heroi valent i un amant apassionat. Així, manifesta dos ideals, l'amor i la guerra, i dues fidelitats, la dama i el senyor. Els **llibres de cavalleria** són narracions fantàstiques amb herois fidels capaços de vèncer enemics fabulosos.

Capitell romànic del segle XIII del claustre de Santa Maria de l'Estany. Representa un cavaller i du el senyal heràldic dels Cardona, família de la noblesa catalana.

A mitjan segle XV, apareixen en llengua catalana dues grans novel·les en prosa, *Tirant lo Blanc* i *Curial e Güelfa*, que tenen un cavaller per protagonista, però ja no són llibres de cavalleries sinó novel·les cavalleresques.

La **novel·la cavalleresca** es caracteritza perquè ocorre en escenaris reals –Anglaterra, Sicília, Grècia, Monferrat, Nàpols...–, es refereix a esdeveniments històrics i té herois de mesura humana. La realitat s'imposa i el relat és creïble.

Joanot Martorell i *Tirant lo Blanc*

Joanot Martorell neix a València entre 1405 i 1410, en una família de la petita noblesa de Gandia. Hereta títols i propietats, però al llarg de la vida no aconsegueix salvar la hisenda familiar.

És armat cavaller, segurament a Anglaterra, on resideix per un temps. També viatja a Portugal i, després, s'estableix a Nàpols, a la cort d'Alfons el Magnànim. Manté molts conflictes amb altres cavallers, que acaben en duels per als quals redacta unes lletres de batalla magnífiques. El 1458 Martorell entra a la cort del príncep Carles de Viana a Sicília i Barcelona, on troba un ambient literari propici per a escriure la seva única i gran novel·la, *Tirant lo Blanc*, la novel·la cavalleresca més important de la seva època.

Espai i temps de la novel·la

L'acció de la novel·la se situa en espais diferents d'Europa i Àfrica, és a dir, la internacionalitza. A més, recull els dos esdeveniments més colpidors del XV: el setge de Rodes i la caiguda de Constantinoble.

Estructura

Els primers capítols del Tirant es basen en una breu història d'un llibre de cavalleria, *Guillem de Varoic*, escrita per Martorell anteriorment. Guillem de Varoic és un vell savi ermità que quan coneix el jove Tirant, li demana la identitat:

> A mi em diuen Tirant lo Blanc perquè mon pare fou senyor de la Marca de Tirània, que per mar confronta amb Anglaterra, i ma mare fou filla del duc de Bretanya i tingué per nom Blanca; i per això volgueren que jo fos nomenat Tirant lo Blanc. És sabut a tots els regnes cristians que el sereníssim rei d'Anglaterra ha manat celebrar corts generals a la ciutat de Londres (...) i per causa d'això hem partit de Bretanya trenta gentilhomes de nom i d'armes per rebre l'orde de cavalleria.
>
> (adaptació)

El cavaller Tirant lo Blanc il·lustrat per Manuel Boix.

L'ermità instrueix el jove Tirant segons els principis que Ramon Llull va escriure en el *Llibre de l'orde de cavalleria*. Després d'aquest aprenentatge, Tirant és proclamat a Anglaterra "el millor cavaller del món".

A les parts següents de la novel·la, Tirant lluita a Sicília, Rodes, Grècia i el nord d'Àfrica. Hi demostra ser un hàbil diplomàtic i esdevé almirall. Segueix el periple de Roger de Flor i els almogàvers, i allibera Constantinoble i l'imperi bizantí amenaçat pel Gran Turc. Finalment es casa amb la filla de l'emperador, Carmesina. Tanmateix, la felicitat s'estronca quan Tirant es posa malalt i mor. El dolor també causa la mort de Carmesina.

Per saber-ne més

Martorell manifesta la **intencionalitat** de l'obra quan afirma "no volent-ne sinó la sola honor de la cavalleria".

L'amor i els personatges

A més de la lluita, a Constantinoble Tirant descobreix una nova dimensió: l'amor. Tirant s'enamora de Carmesina i és correspost. La trama de la novel·la es bifurca: l'amor i la guerra.

El personatge de Tirant evoluciona: és educat, sap tractar delicadament les dames, cantar i ballar, com un cortesà. El luxe, el goig de viure i les festes fan de Constantinoble un escenari renaixentista.

Els personatges femenins que hi troba tipifiquen una bona galeria de personalitats:

- Carmesina, neta i justa, enamorada de Tirant.
- L'emperadriu lliurada a uns amors amb Hipòlit, company de Tirant.
- Plaerdemavida, donzella atrevida i múrria.
- La Viuda Reposada, enamorada de Tirant.

Per saber-ne més

Les **fonts** d'una novel·la són aquelles altres obres que han exercit una influència o que, fins i tot, s'han reelaborat per incorporar-les en la trama de la novel·la. A més del *Llibre de l'orde de cavalleria*, també són fonts del *Tirant* la *Crònica* de Muntaner o altres autors com Bernat Metge, Roís de Corella i els italians Boccaccio i Petrarca.

Curial e Güelfa

L'altra gran novel·la catalana del segle XV és *Curial e Güelfa*. Malgrat diverses hipòtesis, continua sent desconegut el nom de l'autor. Per algunes al·lusions històriques es dedueix que la redacció és de poc abans del *Tirant lo Blanc*.

La ciutat de Constantinoble segons un gravat del segle XV.

Estructura i personatges

Curial és un jove de pocs recursos, acollit pel Marquès de Monferrat, que rep una formació adient a l'època:

> El noi... per no perdre temps, aprengué gramàtica, lògica, retòrica i filosofia, i fou valent home en aquestes ciències i, així mateix, poeta molt gran (...) i també a cavalcar, trobar, dansar, combatre i totes les aptituds corresponents a un jove noble i valerós.
>
> (adaptació)

La germana del marquès, Güelfa, se n'enamora i n'esdevé la protectora. Curial emprèn el seu camí d'aventures i situacions amoroses compromeses, després de les quals retorna a Montferrat, on el marquès li dona Güelfa per muller.

La novel·la combina les trames cavalleresques amb les tècniques de la narració històrica, mitològica i sentimental, elements que l'acosten a la realitat i justifiquen el concepte de novel·la cavalleresca.

ACTIVITATS

40. Després de llegir l'explicació, respon a les preguntes següents:

a) Quina diferència hi ha entre llibre de cavalleria i novel·la cavalleresca?

b) *Tirant lo Blanc* i *Curial e Güelfa* són llibres de cavalleria? Raona la resposta.

41. Llegeix el fragment del *Curial* i digues quin significat té el concepte *cavallers errants* i quin tipus de novel·la protagonitzen:

> En aquest llibre es fa menció de cavallers errants, encara que està mal dit errants, perquè es deu dir *caminants. Erre* és un mot francès, i vol dir *camí* i *errar* vol dir *caminar*. Però jo vull seguir la manera d'aquells catalans que traduïren els llibres de Tristany i de Lancelot i els traslladaren de llengua francesa en llengua catalana i sempre digueren *cavallers errants*.
>
> *Curial e Güelfa* (adaptació).

42. Observa la delicadesa amb què Tirant es declara en el text següent i després respon a les preguntes:

a) La timidesa del protagonista a l'hora de confessar el seu amor és pròpia d'un cavaller medieval?

b) I del fet que sigui la Princesa qui prengui la iniciativa amb preguntes directes?

c) El comportament de Tirant és propi d'un cavaller de l'Edat Mitjana o prefigura l'home modern, el cortesà del Renaixement? Raona les respostes.

> Quan la princesa va veure que Tirant se n'anava, cridà Diafebus i li pregà amb insistència que digués a Tirant que després de dinar vingués de seguida, perquè tenia gran desig de parlar amb ell i que després dansarien.
>
> Quan Tirant ho sabé, ràpidament pensà de què es tractava i feu comprar l'espill més bell que poguessin trobar i se'l posà a la màniga. Quan li semblà el moment anaren al palau i trobaren l'emperador amb la filla parlant. Quan l'emperador els veu venir feu cridar els ministrers [músics] i davant seu dansaren una estona...
>
> –Certament no hi ha cap cosa –digué la Princesa– per cara que a mi fos, que vós la volguéssiu saber i que jo de bon grat no us la digués; i vós a mi no m'ho voleu dir. Per que us torno a demanar per la cosa que més estimeu en aquest món, que m'ho hi digueu.
>
> –Senyora, puix la vostra altesa em força a dir-ho, no puc dir més sinó que estimo.
>
> E no digué res més pus, sinó que baixà els ulls fins les faldes de la Princesa.
>
> –Digueu-me, Tirant –digué la Princesa– si Déu us deixa obtenir allò que desitgeu, digueu-me qui és la senyora que tant de mal us fa passar, que si en alguna cosa us podria ajudar ho faré de molt bona voluntat, car molt tardo en saber-ho.
>
> Tirant posà la mà en la mànega, tragué l'espill i digué:
>
> –Senyora la imatge que hi veureu em pot donar mort o vida. Mano a vostra altesa que em prengui a mercè.
>
> La Princesa prengué ràpidament l'espill i amb passos ràpids s'entrà dins de la seva cambra pensant que hi trobaria alguna dona pintada i no hi va veure res sinó la seva cara. Llavors tingué plena notícia que per ella es feia la festa i fou molt admirada que sens parlar es pogués requerir d' amors una dama.
>
> Joanot MARTORELL: *Tirant lo Blanc* (adaptació).

43. Miguel de Cervantes formula el primer elogi sobre el *Tirant*, el qual va poder llegir gràcies a la versió castellana de 1511. Llegeix el fragment i respon:

a) Quins valors condueixen Cervantes a proclamar el *Tirant*, el "mejor libro del mundo"?

b) Identifica els personatges esmentats per Cervantes. La caracterització és correcta?

> ¡Que aquí esté *Tirant el Blanco*! Dádmele acá, compadre; que hago cuenta que he hallado en él un tesoro de contento y una mina de pasatiempos. Aquí está don Quirieleisón de Montalbán, valeroso caballero, y su hermano Tomás de Montalbán... con la batalla que el valiente de Tirante hizo con el alano ...y las agudezas de la doncella Placerdemivida, con los amores y embustes de la viuda Reposada y la señora Emperatriz, enamorada de Hipólito, su escudero. Digoos verdad, señor compadre, que por su estilo es este el mejor libro el mundo. Aquí comen los caballeros y duermen y mueren en sus camas y hacen testamento antes de su muerte... Levadle a casa y leedle y veréis que es verdad cuanto del os he dicho.
>
> Miguel de CERVANTES: *Historia del ingeniosos hidalgo Don Quijote de la Mancha* (adaptació).

Un fragment del *Tirant*

Les novel·les cavalleresques també tenen la funció d'adoctrinar els lectors sobre les virtuts i els honors dels cavallers. *Tirant lo Blanc* no n'és una excepció, tot i les peculiaritats del protagonista. En aquest fragment, s'hi exposen alguns dels trets que ha de tenir tot bon cavaller:

Puix so cavaller tinc a fer obres de cavaller. Així com fan tots los altres bons cavallers: i si vostra altesa no vol que vegi los perills de les armes mani'm que estigui vestit com a dona entre les donzelles de la reina, així com feu aquell invencible cavaller Aquil·les entre les filles del rei Príam de Troia. I no sap la vostra majestat d'aquell pare e senyor meu Guillem, comte de Varoic, com tenint lo ceptre reial fon vencedor de tantes batalles, i amb el seu virtuós braç a tall d'espasa fou vencedor i destruïdor dels moros i em prengué per los cabells i feu-me matar un moro, si bé era de poca edat, i tot sollat de sang volgué fer-me vencedor i deixar-me allò per doctrina fer bé? E plagui a la divina bondat que no visqui jo en lo món si tal com ell no dec ser. Doncs mon senyor, si jo vull imitar a mon pare en l'honor i en virtut de cavalleria vostra altesa no deuria vedar, perquè suplico a la sereníssima majestat vostra darme llicència demà [per tal que] puga combatre un cavaller a tota ultrança, cos a cos, amb armes defensives i ofensives.

Joanot MARTORELL: *Tirant lo Blanc* (adaptació).

Sant Jordi és el patró dels cavallers. Retaule de Bernat Martorell.

- Digues algunes virtuts dels cavallers que es desprenen del fragment anterior.
- Al segle XV, els cavallers se senten arraconats. Per què? Quina nova classe social els fa ombra?
- El text comença amb la frase "Puix soc cavaller tinc a fer obres de cavaller". Creus que el fet de pertànyer a la cavalleria imposa un codi de comportament ètic? Raona la resposta.
- Què significa combatre a tota ultrança?
- El parlament anomena Aquil·les, l'heroi de la Ilíada, poema d'Homer que narra la guerra de Troia. Podries citar altres personatges literaris, com ara els de novel·la artúrica, que hagin esdevinguts un model per als cavallers més joves?

Que venen els robots

La intel·ligència artificial arriba a les redaccions i enceta un debat sobre els límits de la feina elaborada per màquines

Algun dia els robots substituiran els periodistes? El periodisme elaborat a través d'algoritmes s'està introduint en la professió. Alguns experts auguren que és el futur, mentre que d'altres no es creuen que les màquines arribin a escriure com els humans. El debat està obert.

El que és clar és que la intel·ligència artificial està arribant a les redaccions, tot i que, per ara, es limita a tasques força mecàniques. La progressiva automatització de la feina humana ha provocat l'augment d'empreses i aplicacions que elaboren notícies molt bàsiques a partir de combinacions algorítmiques. Encara es tracta de textos senzills, semblants als dels teletips, però no es pot obviar que les màquines ja recopilen, verifiquen, estructuren i converteixen dades en un text comprensible.

Per entendre com s'ha arribat fins aquí hem de parlar de *Narrative Science*, empresa ubicada a Chicago que fa pocs anys va desenvolupar una plataforma d'intel·ligència artificial que convertia dades estadístiques en textos automàticament, sense intermediació humana.

Un dels moments d'inflexió del debat sobre el periodisme automatitzat va tenir lloc en una altra ciutat dels Estats Units: Los Angeles. La matinada de l'1 de febrer del 2013 a les 5.36 minuts, un algoritme dissenyat per extreure informació del Servei Geològic dels Estats Units es va posar a treballar arran d'un petit terratrèmol a Califòrnia. El text deia: "Un terratrèmol de magnitud 3,2 es va registrar el divendres al matí a 11 km de San Simeon, segons ha informat el Servei Geològic dels Estats Units. El tremolor va ocórrer a les 05:28 del matí a una profunditat de 6 km". El web de *Los Angeles Times* donava en exclusiva la notícia tan sols vuit minuts després del terratrèmol i anava signada per Ken Schwencke, periodista i programador d'aquest diari i responsable de l'algoritme –que batejaria amb el nom de Quakebot– que li va fer la feina mentre ell dormia.

Un any i pocs mesos després d'aquell fet, el periodisme elaborat per màquines va ser un dels temes abordat per editors i redactors de tot el món reunits pel *Global Editors Network* que, al juny, van celebrar un congrés a Barcelona (*GEN Summit*). D'aquell debat, va quedar clar que robots i periodistes sembla que estiguin destinats a treballar plegats, tot i que per ara sembla improbable que els primers treguin la feina als segons. Una de les opinions que durant el congrés va despuntar en aquest sentit va ser, ni més ni menys, que la de Larry Brinbaum, cofundador de *Narrative Science*, per a qui aquesta aplicació escriu històries complementàries a les dels periodistes "que d'una altra manera no hi hauria manera que es publiquessin". Per tant, per ara, ningú no traurà la feina a ningú.

Jordi ROVIRA: *Que venen els robots.* <periodistes.org>.

Comprensió del text

1. Digues si les afirmacions següents són veritables o falses segons el text:
   a) Actualment és possible que trobem notícies elaborades amb fórmules matemàtiques. ▢
   b) Després de l'eufòria inicial, el nombre d'empreses que es dediquen a aquest tipus d'aplicacions ha disminuït. ▢
   c) La notícia sobre un petit terratrèmol a Califòrnia, l'any 2013, la va redactar una màquina. ▢
   d) En el camp del periodisme s'admet que els robots i els periodistes acabaran treballant junts. ▢

2. Donar una notícia "en exclusiva" significa que:
   a) Una notícia en desmenteix una altra d'anterior. ▢
   b) Una notícia apareix en la portada. ▢
   c) Aquest diari és el primer a publicar la notícia. ▢
   d) Aquesta notícia és sobre un fet molt exclusiu. ▢

3. Indica en quin ordre apareixen al text les informacions següents:

A	Es va celebrar un congrés a Barcelona.
B	Hi ha experts que opinen que les màquines escriuran com les persones i d'altres que no.
C	Un dels promotors de la intel·ligència artificial creu que les màquines fan una feina complementària.
D	Es desenvolupen aplicacions que converteixen les dades en textos.

   a) A→B→D→C c) C→A→D→B
   b) B→D→A→C d) D→B→C→A

4. Si l'algoritme "li va fer la feina", l'autor vol dir que:
   a) Si no existís, hauria d'haver redactat la notícia el periodista. ▢
   b) El periodista només va haver de penjar la notícia a la xarxa. ▢
   c) La màquina és capaç d'elaborar qualsevol notícia. ▢

5. A què es refereix l'expressió "en aquest sentit" a la frase "Una de les opinions que durant el congrés va apuntar en aquest sentit va ser..."

6. Segons l'autor del text, quina rellevància té que una màquina hagi pogut donar la notícia d'un terratrèmol?

7. Què passaria si totes les notícies les redactessin robots sense la supervisió d'un professional?

8. En la frase "va quedar clar que robots i periodistes semblen destinats a treballar plegats", l'autor expressa que aquesta evolució és un fet:
   a) passat c) probable
   b) reivindicat d) ocult

9. Després de llegir el text, per què creus que l'autor ha triat el títol que duu?

Expressió escrita

10. **ORTOGRAFIA** Completa les paraules d'aquest text escrivint la lletra o lletres (i l'accent, si cal) en l'espai buit.

> A mesura que la conversa av...nçava, la Marta va anar perdent curiositat per tot el que pa...sava al seu voltant i va arribar a abstreur...'s fins al punt d'ignorar les mirades de les seves companyes, sorpre...es les unes, molestes les altres, i en general de...ebudes pel poc ressò que la pre...ència d'elles despertava en aquell noi. I després d'uns quants intents per trencar el diàleg compacte entre en Ricky i la Marta, van deixar-ho c...rrer i els van ignorar.
>
> Gemma LIENAS: *Bitllet d'anada i tornada.*

11. **PUNTUACIÓ** Escriu el signe de puntuació que correspongui en cada buit.

> Vam oblidar deixar la porta del jardí oberta i, per això, l'Àlvar, per entrar-hi, va haver de saltar la tanca... la clau, però, sí que la va trobar sota la catifa de l'entrada, com havíem planejat. Va obrir... va vigilar que no hi hagués ningú... va anar cap a la cuina i va deixar a la taula tots els ingredients que necessitava per fer el pastís... farina, ous, llet... xocolata, melmelada de maduixa i sucre.
>
> Seria una festa sorpresa genial, quina cara que faria la meva germana quan ens veiés...

12. **REDACCIÓ** Escriu un petit reportatge sobre el canvi que suposa l'arribada de l'ordinador en l'aprenentatge a l'aula i fora de l'aula.

Et recomanem que segueixis aquest procés:

1. Planificació: fes un esquema de les idees que desenvoluparàs.
2. Primera versió de la redacció.
3. Revisió, correcció i versió definitiva.

7 L'entrevista

Preguntar per conèixer

Continguts

- L'entrevista
- L'ús del punt i a part. El paràgraf
- La gestualitat i la mirada
- El complement de règim verbal i el complement predicatiu
- Les grafies *g*/*j*, *tg*/*tj*, *ix*/*x*, *tx*/*ig*
- Les varietats geogràfiques del català (II)
- El Renaixement

APLIQUEM: Aprofundim en l'actualitat

Stanley Plotkin en una entrevista recent.

Per començar...

Sovint els mitjans de comunicació entrevisten persones que destaquen per la seva trajectòria personal o professional. Polítics, científics, actors, esportistes són entrevistats per donar a conèixer diferents facetes de la seva personalitat o de la seva feina.

Stanley Plotkin, pare de la vacuna de la rubèola

Quines són les coses més importants que li han passat al llarg de la vida?

Conèixer la meva dona i descobrir la vacuna de la rubèola, malaltia que causava degeneracions en fetus de dones embarassades.

Quina és la seva crítica a la societat?

La meva crítica més gran és cap a tota la gent que deixa que les emocions determinin les seves accions. Molta gent està en contra de les vacunes perquè argüeixen que no són naturals i s'obliden que no hi ha res més natural que la malaltia i la mort.

També les desaconsellen metges com vostè pels efectes secundaris que tenen.

Quan jo era petit vaig patir tres malalties que avui es poden prevenir amb vacunes. Recordo l'esforç dels meus pares per mantenir-me viu.

Què és el que li sembla més perillós de la ciència actual?

S'estan mutant virus que només afecten els ocells perquè passin als humans i així poder estudiar aquestes mutacions. El risc que un virus així s'escapi del laboratori és més gran i més perillós del que guanyaríem amb la investigació.

El virus de la sida va néixer així?

No ho crec.

Entrevista d'Ima Sanchís a *La Vanguardia*, 14 d'octubre de 2013.

- **A** Quin tipus de preguntes trobem en aquesta entrevista? Personals?
- **B** Creus que l'entrevistador s'ha documentat abans de parlar amb Plotkin? Què t'ho fa pensar?
- **C** Quins temes creus que són més interessants de fer aparèixer en una entrevista?
- **D** A quins personatges t'agradaria entrevistar? Què els preguntaries?
- **E** Representeu l'entrevista en veu alta posant-vos en la pell de la periodista i del científic. Feu una entonació adequada.

L'entrevista

"Per a un jove, la lectura ha de ser seducció"

Tintinòfil com ningú, digne fill del seu pare, José Mallorquí –el creador d'El Coyote–, César Mallorquí va passar la infantesa envoltat d'exemplars d'aquest heroi. "De fet jo em dic César per El Coyote, que també tenia aquest nom. Jo sóc El Coyote!". Es va iniciar en el periodisme i la publicitat però prefereix la seva vida actual d'escriptor.

"Professor Zarco: de seguida vaig saber com era vostè: intel·ligent, culte, honest, valent i lleial, però també brusc, malhumorat, impacient, colèric, arrogant, vanitós, sarcàstic, excèntric, intolerant i absolutament masclista. Tot un personatge, eh?". Així definia César Mallorquí en el seu blog un dels personatges de *L'illa de Bowen*, novel·la per la qual ha rebut el premi Nacional de Literatura Juvenil. En el fons, el professor Zarco és ell, "menys en el tema de les dones, perquè em considero feminista". De fet, les dues dones que hi apareixen tenen molt de caràcter. "És que davant un protagonista masclista cal posar-hi dones sòlides i reivindicatives".

Va pensar alguna vegada que seria premi Nacional?

Mai –o almenys no amb aquesta novel·la–, i em va agafar totalment desprevingut.

La seva novel·la l'han considerada juvenil, però també agrada als adults.

Als joves els sorprèn perquè ells no saben el que és el gènere de viatges, aquest que per a la meva generació va ser tan important. I als adults –jo crec que és a qui de debò agrada– els recorda la seva joventut. Llegeixen i van retrocedint fins arribar a la infantesa...

De fet, vostè el va escriure perquè era el que volia llegir.

Volia una novel·la a l'estil de Verne i feia temps que no la trobava, per això vaig decidir fer-la jo. Em vaig sentir adolescent! Encara que vaig témer que ressuscitar la novel·la d'aventures fos tan difícil com voler ressuscitar la novel·la pastoril...

Un gènere perdut?

És que està mort. El gènere d'aventures és el més antic –aventura ho és gairebé tot– però va desaparèixer perquè, a més de grans mestres com Stevenson, Dumas o Conan Doyle, hi havia una quantitat de morralla impresentable. Les novel·les de pirates van saturar el mercat.

> **"Com que m'agrada més viatjar que escriure, em vaig imposar un horari d'oficina sinistra: de 9.20 a 1.30 i de 5 a 8. Quatre pàgines per dia, obligatòries."**

Qui és vernià de nen és vernià per sempre, diu vostè. Vernià, com si digués jupiterià...

Més o menys, així era jo, com un d'aquests nens. Perquè Jules Verne –que és un optimista– et dona una cosa que no et donen d'altres: la mirada de nen. Et creus que tot ho veu per primera vegada, tot l'afecta, tot el sorprèn... Jules Verne és l'al·lucinació constant davant del món! Ningú més no t'ofereix això, aquesta mirada innocent, i per això cala tant en els nens.

Vostè vol que s'apropin al llibre com un viatger a un camí desconegut.

Un dia em vaig despertar a Lapònia i juro que vaig pensar: "Però si això és pur Verne!". El pas posterior va ser passar-me un any documentant-me com un boig.

Tinc entès que es va empassar quantitats ingents de documentals sobre l'Antàrtida.

Vaig menjar per esmorzar os polar durant molts dies! Un cop, després de tantes hores davant la pantalla, em va semblar que era en una pel·lícula de 3D, i vaig notar l'aigua esquitxant-me, una absoluta sensació de ser físicament dins del film.

Quan es cola un error històric diuen que és una llicència literària.

Jo només m'he inventat l'illa, però l'arxipèlag no, eh? Ja tinc un grupet d'amics experts a trobar-me totes les cagades i errors possibles; per tant, m'exigeixo molt.

És inevitable preguntar-li per l'exemple literari del seu pare.

Un dia em va donar un gran consell: escriu com parles. Va ser un pare formidable perquè no va donar gaire la llauna. Casa meva era plena de llibres i la meva mare només me'n va censurar un per massa fort: *Res de nou al front de l'oest.* Jo tenia deu anys i vaig pensar que seria per escenes de sexe, per això vaig anar directe a rescatar-lo... Llegia, llegia, només hi havia carnisseria i matances, però allà no hi sortia res de sexe... "Per què me'l prohibeix?", vaig pensar.

Un consell als pares perquè els seus fills llegeixin?

Jo crec que cal prohibir-ho! Sempre vaig veure l'obligació de llegir com una violació; per a l'adolescent llegir ha de ser seducció! Si m'haguessin prohibit estudiar, jo hauria estat un alumne model. I que llegeixin el que vulguin, encara que comencin per una merda o només els interessin els còmics. Que els permetin equivocar-se! I si llegeixen el meu, que sàpiguen que és un llibre per passar-s'ho bé, per divertir-se.

La Vanguardia, 30 de novembre de 2013.

ACTIVITATS

1. Qui és César Mallorquí i per què l'entrevisten?

2. En què s'assemblen i en què es diferencien el professor Zarco i César Mallorquí?

3. Creus que la infància de César Mallorquí va ser determinant perquè esdevingués escriptor? Per què?

4. Es pot considerar que ha estat una sorpresa per a César Mallorquí rebre el premi Nacional de Literatura Juvenil? Per què?

5. Quins dels següents adjectius podrien definir la personalitat de César Mallorquí?

- pretenciós
- feminista
- humil
- culte
- viatger
- treballador
- honest
- egoista
- alegre
- sedentari
- vanitós
- desagraït

6. Completa el quadre següent. Després fes un petit resum del que has après sobre César Mallorquí:

Nom	
Lloc i data de naixement	
Infantesa	
Activitats professionals	
Influències literàries	
Aficions	
Èxits i publicacions	

7. Qui és el professor Zarco?

8. Per què els seus llibres agraden a joves i adults?

9. Quina és l'opinió de César Mallorquí sobre les novel·les d'aventures?

10. Segons César Mallorquí, quina és la característica principal de les novel·les de Jules Verne?

11. Quines eines ha utilitzat César Mallorquí per escriure *L'illa de Bowen* i no cometre errors històrics?

12. El consell del seu pare "escriu com parles", creus que és un bon consell? L'aplicaries a qualsevol mena de literatura? Raona la resposta.

13. Has sentit parlar de la novel·la *Res de nou al front de l'oest*? Saps de què va? Podries deduir-ho dels comentaris que fa César Mallorquí?

14. Creus que és un bon consell el que dona César Mallorquí als pares per estimular el gust per la lectura en els fills?

15. L'entrevistadora parla de "llicència literària". Sabries explicar aquest concepte? En saps algun exemple?

1. L'entrevista

L'**entrevista** és un gènere periodístic basat en el diàleg entre dues persones: un periodista o entrevistador, i un personatge d'interès o entrevistat.

L'objectiu de l'entrevista és obtenir informació i conèixer la manera de ser o de pensar de l'entrevistat. Personatges de tot tipus com ara polítics, científics, artistes, esportistes, escriptors, etc., poden ser objecte d'entrevistes, ja que tenen un gran interès per a l'opinió pública.

Tots els mitjans de comunicació tenen una secció d'entrevistes que presenten generalment en llocs destacats: pàgina central o contraportada.

La presentació visual de l'entrevista sol tenir aquestes característiques:

Característiques formals

- S'inclou un requadre amb informació sobre l'entrevistat.
- Es destaquen les preguntes amb una tipografia determinada (negreta o cos més gran). De vegades van precedides d'un guió.

LA CONTRA

Liudmila Petruixévskaia

"De petita vaig pidolar perquè era 'enemiga del poble'"

BARCELONA - Obra Nova

Local a la venda o lloguer de 1400m²

La secció "La Contra" de *La Vanguardia* presenta diàriament una entrevista amb personatges que a partir de la seva experiència professional i personal projecten valors universals.

Tipus d'entrevista

Hi ha diferents tipus d'entrevista segons quina sigui la finalitat.

a) **Entrevista d'opinió**. L'objectiu d'aquest tipus d'entrevista és que l'entrevistat manifesti el seu punt de vista sobre algun tema relacionat amb la seva ocupació o que sigui d'interès general.

b) **Entrevista de notícia**. En aquest cas es pretén que l'entrevistat faciliti informació i la divulgui a través de l'entrevista.

c) **Entrevista de personalitat o retrat**. La intenció d'aquest tipus d'entrevista és que l'entrevistat es mostri tal com és de manera que puguem fer-nos una idea de la seva personalitat.

Com es fa una entrevista

Sigui quina sigui la finalitat de l'entrevista, és important que se n'obtingui el màxim d'informació; per això caldrà preparar-la molt bé abans de llançar-se a fer les preguntes. Els passos a seguir són els següents:

a) **Seleccionar la persona i el tema** sobre el qual se l'entrevistarà. Cal informar-se bé sobre l'entrevistat ja que una bona documentació és la base perquè una entrevista sigui reeixida.

b) **Dissenyar un qüestionari** amb preguntes clau, que serà el que guiarà l'entrevista. Si ha de ser molt llarga, és millor separar-la per blocs temàtics.

c) **Buscar el contacte** amb l'entrevistat presentant-se amb el nom, el mitjà pel qual es treballa i l'objectiu de l'entrevista.

d) Decidir **com es vol fer l'entrevista**: cara a cara, per telèfon o passant-li un qüestionari. L'entrevista cara a cara és molt més rica ja que el periodista pot copsar expressions i gestos de l'entrevistat que li obriran el camí a noves preguntes improvisades. Es poden prendre notes, o bé enregistrar l'entrevista.

El cineasta Albert Serra en una entrevista. Un lloc agradable permet una bona interacció entre l'entrevistador i l'entrevistat.

Consells per al moment de l'entrevista

- És bo començar amb unes paraules de presentació primer: unes preguntes senzilles i anar-se acostant al tema principal a poc a poc.
- És important establir un ambient de confiança mirant amb atenció l'entrevistat, escoltant amb interès les respostes i no condicionant-les. En cap cas se l'ha de pressionar.

Transcripció i redactat

- Una vegada feta l'entrevista, cal reordenar tota la informació, agrupar-la per temes i redactar-la en forma de preguntes i respostes. Hi trobaràs moltes característiques de la llengua oral que cal eliminar:
  - Vacil·lacions, frases inacabades, repeticions innecessàries...
  - Expressions "crossa" com ara *eh, ah, oh, vull dir, oi que m'entens?*
- Un cop redactada l'entrevista, cal redactar una **introducció** per **presentar el personatge** i explicar el **perquè de l'entrevista**.

L'actitud del periodista és important. Dependrà de la seva habilitat que l'entrevistat es mostri obert i sincer o es tanqui i es limiti a donar respostes fredes.

ACTIVITATS

16. Llegeix el fragment següent, adaptat d'una entrevista a Malala Yousafzai i respon a les preguntes:

> *Malala Yousafzai acaba de publicar un llibre,* Jo soc la Malala, *on explica la seva experiència.*
>
> **No t'aclaparen les expectatives que tothom sembla tenir sobre tu?**
>
> No. Estic entregada a la causa de l'educació. No m'importa el temps que necessiti. Em concentro en els meus estudis, però el que més m'importa és l'educació de cada nena en el món.
>
> **Ja estàs bé de salut?**
>
> Estic molt bé, i això és per les oracions de la gent i també per les infermeres i els metges de l'hospital.
>
> **T'han donat ajuda psicològica?**
>
> Sí, els psicòlegs de l'hospital m'han ajudat. Després de dues o tres sessions em van dir que ja estava bé. La teràpia era molt avorrida.
>
> **Has escrit un llibre que et fa estar altre cop en primera línia. No és una elecció molt dura?**
>
> És que això ja és la meva vida, no n'és només una part. No puc abandonar. Jo vaig començar la meva lluita als deu anys.
>
> **Ja ho sé. Quan van arribar els talibans.**
>
> En aquell moment jo vivia a Swat, i els talibans es van aixecar i va començar el terrorisme. Van assotar i assassinar dones, van destruir moltes escoles, van prohibir que les nenes anessin a l'escola. Hi havia molta gent en contra de tot això però tenien por. I a les nenes que anàvem a classe ens insultaven i ens deien que aniríem a l'infern.
>
> **En el teu llibre compares l'arribada dels talibans a l'arribada dels vampirs de "Crepuscle".**
>
> Si preguntes a un nen del teu país de què té por, et dirà dels vampirs o dels monstres, però al nostre país tenim por dels humans.
>
> *El País Semanal*, 12 d'octubre de 2013 (adaptació).

a) De quin tipus d'entrevista es tracta?

b) Creus que hi ha bona comunicació i complicitat entre les dues persones?

c) S'ha documentat la periodista abans de fer l'entrevista? Què t'ho fa pensar?

d) La manera com transcorre l'entrevista et fa atractiu el personatge? Llegiries el seu llibre?

e) Pensa tres preguntes que voldries fer a Malala. Has de mantenir el mateix to d'aquesta entrevista.

f) La lectura de l'entrevista t'ha aportat coneixements més enllà de la vida de Malala? Quins?

17. En grups de 4, prepareu una entrevista a alguna personalitat. Penseu quin tipus d'entrevista voleu fer, quin to heu de fer servir, quina informació us heu de procurar prèviament i quina n'és la finalitat.

2. L'ús del punt i a part. El paràgraf

El **punt i a part** és un signe de puntuació que marca una pausa llarga i indica canvi de paràgraf. El paràgraf és una unitat de la llengua escrita que agrupa diverses oracions que comparteixen un mateix tema o desenvolupen un grup d'idees.

Un **text** pot constar de **diversos paràgrafs**, que solen contenir alhora diversos punts i seguit.

El text següent està format per quatre paràgrafs, cada un dels quals tracta un aspecte diferent de la informació. Fixa't en la manera com estan separats.

Maria Luz Morales, la gran dama de la premsa

El juliol de 1936, un comitè obrer va prendre el control del diari *La Vanguardia*. Gaziel, home d'ordre, va haver de fugir i la plaça de direcció va quedar vacant. Els treballadors van proposar com a substituta Maria Luz Morales, periodista de gran prestigi.

1r paràgraf (presentació)

Nascuda el 1889 a Galícia, Morales es va traslladar a Barcelona on va trobar un ambient que va alimentar les seves inquietuds intel·lectuals. El 1923 va ser nomenada directora de la revista *El hogar i la moda*. La seva escriptura era fresca i el seu punt de vista obert, modern i compromès.

2n paràgraf (trets biogràfics, 1a part)

Morales treballava intensament: feia cròniques, crítiques, entrevistes per a diversos mitjans. Va donar suport a diversos moviments socials i es va convertir en una institució. Però el 1940 el règim franquista la va empresonar i la va marginar professionalment.

3r paràgraf (trets biogràfics, 2a part)

Anys més tard se la va rehabilitar i va poder tornar a escriure. Va morir el 1980, i els que la van conèixer i llegir la recorden com "la gran dama de la premsa".

4t paràgraf (trets biogràfics, desenllaç)

Agnès ROTGER: *Sàpiens*, maig 2013 (adaptació).

Hi ha diferents opcions per mostrar la separació dels paràgrafs:

a) El **sagnat**, que consisteix a entrar la primera línia del paràgraf uns quants espais respecte al cos del text.

b) L'**interlineat**, que consisteix a començar el paràgraf següent un espai més avall, deixant-ne una interlínia en blanc.

ACTIVITATS

18. Llegeix el text següent i pensa si algun dels punts que hi ha hauria de ser punt i a part. Raona-ho:

> L'Alícia començava a estar cansada de seure al costat de la seva germana, al marge d'un riu, i de no tenir res a fer. Una o dues vegades havia donat un cop d'ull al llibre que llegia la seva germana, però no hi havia dibuixos ni diàlegs.
>
> Així, doncs, es va posar a considerar si el plaer de fer una garlanda de margarides la compensaria de la molèstia d'alçar-se i collir-les, quan, de cop i volta, un conill Blanc d'ulls rosats li va passar corrent pel costat.
>
> Lewis CARROLL: *Alícia al país de les meravelles* (adaptació).

19. En el text següent hi ha d'haver quatre paràgrafs, separats per tres punts i a part. Llegeix-lo atentament i troba-hi les separacions:

> En Josep va entrar. Anava xop. La seva roba regalava. Aquell vespre ningú no va poder dormir en tota la regió. Aquella pluja furiosa va estar caient tota la nit. Al matí, però, el carter va fer el seu recorregut. Havia hagut de xipollejar en les roderes, havia trobat per tot rierols desbordats i fangosos que li arribaven fins al genoll. Va donar a la gent del mas notícies terribles que, per un moment, van deixar la guerra en un segon pla. El riu que travessa Perpinyà, la Bassa, havia sortit de mare, i havia inundat molts barris.
>
> Luce FILLOL: *Demà farà bo.*

20. El text següent consta de tres paràgrafs que han estat desordenats. Troba l'ordre correcte i resumeix la idea principal de cada paràgraf:

> L'investigador científic nord-americà, guanyador del premi Nobel de medicina el 2013, considera que la pressió dels científics per publicar en aquestes prestigioses revistes "de luxe" encoratja els investigadors a perseguir camps científics "de moda" en lloc de fer estudis de més rellevància.
>
> El biòleg cel·lular ha declarat un boicot a aquesta revista i a les nord-americanes *Cell i Science*, a les quals no tornarà a enviar més investigacions del seu laboratori perquè considera que distorsionen el procés científic i representen una "tirania", segons un article d'opinió firmat per ell mateix i que es va publicar dilluns passat a *The Guardian.*
>
> La revista britànica *Nature* s'ha defensat de les crítiques del premi Nobel de medicina Randy Schekman en assegurar que selecciona els estudis que publica "d'acord amb la seva rellevància científica" i no el seu impacte.
>
> *Ara*, 15 de desembre de 2013.

21. Llegeix el text següent i separa'l en paràgrafs indicant la idea de cada un:

> **El revisor del tren**
>
> Quan el revisor s'acosta demanant el bitllet a tots els passatgers, el primer que hem de fer és buscar-lo a la nostra butxaca o al nostre moneder, amb l'objectiu de tenir-lo a mà quan sigui el nostre torn. Aquests moviments no els hem de fer amb nerviosisme o amb inquietud, ja que això pot causar que les altres persones que ocupen el vagó pensin que no hem pagat i que tenim aquest neguit davant la possibilitat que ens enxampin. Així, el primer és la calma i la serenitat i el segon, i també molt important, consisteix a mostrar al bitllet al revisor amb orgull, perquè hem fet el que calia i ho tenim tot en regla, però sense dir res, perquè amb el revisor del tren no és convenient d'establir-hi relacions d'amistat.
>
> *Pasta gansa, Catalunya Ràdio* (adaptació).

22. A continuació tens la primera frase de quatre paràgrafs consecutius. Completa'ls lliurement de manera que siguin coherents amb l'inici del següent i que, al mateix temps, justifiquin el punt i a part:

> Al tercer pis han disparat dos trets.
>
> ...
>
> Una colla de veïns pugen escales amunt amb infinites precaucions.
>
> ...
>
> Els trets no han tocat ningú, i la dona surt al replà esgrimint una ampolla de vi.
>
> ...
>
> La comissió de veïns, detinguda mentre més amunt s'agitava alguna cosa, es refà en constatar el silenci.
>
> Pere CALDERS: *Els millors contes de Pere Calders* (adaptació).

L'entrevista audiovisual

La proximitat a l'entrevistat

L'entrevista audiovisual, si la comparem amb l'entrevista publicada en paper, permet una aproximació més **personal** a l'entrevistat, ja que podem sentir-li la veu, veure-li les reaccions, les vacil·lacions o les respostes contundents, l'expressió facial i gestual, i això ens aporta molta informació.

En una entrevista a la televisió o Internet s'ha de tenir cura de l'entorn on té lloc (al plató o en un espai real), el mobiliari, la il·luminació, el maquillatge, la indumentària del periodista i de l'entrevistat, el so i el moviment de la càmera (sovint n'hi ha més d'una per oferir diverses perspectives).

COMPRENSIÓ AUDIOVISUAL

Ves a www.tiching.com/732367 i respon les preguntes.

En una entrevista audiovisual, els espectadors interpreten els moviments i gestos i no només les paraules.

L'entrevista en directe

Les entrevistes a la ràdio i la televisió poden ser **en directe**, relacionades amb aspectes immediats de la realitat. Llavors tenen més aviat un **caràcter informatiu o d'opinió** i solen incloure's dintre dels programes de notícies per ampliar la informació amb l'aportació de veus expertes.

Les entrevistes dins de noticiaris no solen durar més de dos o tres minuts per tal de no desequilibrar l'emissió. Van directament a buscar el màxim d'informació, sense salutacions i comiats.

Estratègia oral

La gestualitat i la mirada

En el discurs oral, la comunicació s'estableix i es manté a través de la **mirada**. Quan una persona a qui escoltem no ens mira als ulls i, en canvi, mira el sostre, el terra o la finestra, ens pot fer pensar que no té prou seguretat en el que diu, que no té interès o que és antipàtic. És a dir, no ens inspira confiança.

Manuel Baixauli, escriptor i pintor. En una entrevista, la gestualitat afavoreix la comunicació.

Consells per connectar amb la mirada:

- ✓ Cal mirar tot el públic als ulls, i si és molt nombrós cal repartir la mirada per tots els sectors de la sala.
- ✓ Convé evitar l'error de centrar-se només en algunes persones.
- ✓ Hem d'obtenir el *feedback* del públic per saber si ha entès el que hem explicat.

La **gestualitat** sempre acompanya el discurs i pot fer-lo més entenedor. Ha de ser natural i cal evitar els gestos o tics mecànics que posin de manifest el nerviosisme: obrir i tancar un bolígraf, tocar-se el rellotge, els cabells... Davant de la càmera, cal evitar una gran expressivitat gestual perquè, amb la proximitat, els gestos hi apareixen amplificats.

@ Amplia a la xarxa...

Ves a www.tiching.com/732368 per escoltar i veure una bona mostra d'entrevistes.

Expressió oral

L'entrevistador entrevistat

▶ Formeu parelles i prepareu dues entrevistes audiovisuals: en una sereu l'entrevistador i en l'altra, l'entrevistat. Trieu personatges públics coneguts per vosaltres i prepareu conjuntament les preguntes que els fareu. Les respostes les heu de preparar individualment perquè, si no, l'entrevista de després semblaria una representació teatral.

Aplica l'estratègia

En una entrevista audiovisual, l'entrevistador mira la càmera per fer la presentació del programa i després s'adreça al personatge. En canvi, l'entrevistat mira en tot moment només l'entrevistador.

Pautes per fer les entrevistes

Fase de planificació

a) Feu les preguntes amb una direcció informativa, d'opinió o de personalitat. També podeu combinar-les, però hi haurà d'haver un tipus que predomini.

b) És convenient portar preparades algunes preguntes addicionals pel cas que l'entrevista quedi massa curta. També podeu improvisar alguna pregunta a partir de la conversa mateixa.

Fase de producció

a) Preveieu tots els elements de l'entorn per fer l'enregistrament: mobiliari, fons, roba, posició de la càmera, etc.

b) L'entrevistador pot tenir la llista de preguntes per si de cas, però les ha d'haver memoritzat. L'entrevistat no ha de tenir al davant el full amb les respostes, ja que ha d'improvisar. Pot tenir un guió.

c) Recordeu: el centre de l'entrevista és el personatge, no el periodista.

Pauta d'avaulació de l'expressió oral

- Les preguntes de l'entrevistador han estat pertinents i han permès aprofundir bé en els temes i en el personatge? ▢
- Les respostes de l'entrevistat han estat interessants i prou extenses? ▢
- L'entrevistador i l'entrevistat han seguit les indicacions pel que fa a la mirada i la gestualitat? ▢

La gestualitat d'ambdós ha de ser mesurada, perquè amb la proximitat, podria quedar molt exagerada.

Repte oral

Què faré en el futur

▶ En grups de quatre, cadascú prepara una breu presentació d'un minut i mig sobre què s'imagina que estarà fent d'aquí a deu anys, d'aquí a vint anys, etc. Has d'explicar almenys on viuràs, a què et dedicaràs i més coses que tu vulguis.

▶ Pots explicar desitjos teus de veritat o pots fer-ho com si fossis un personatge, real o imaginari. En aquest cas, abans de començar, pots dir quin és el personatge en nom de qui parlaràs.

3. El complement de règim verbal

Definició i característiques

El **complement de règim verbal** (CRV) és el complement exigit pel verb i introduït per una preposició (*a, de, en, amb, per*) que en completa el sentit.

Sol anar immediatament després del verb perquè, com el complement directe, és el complement sobre el qual es fa l'acció del verb. A més, és un complement exigit pel verb i, per tant, no es pot suprimir:

– *No m'acostumo a la foscor.* – *S'han oblidat de les entrades.*

El complement de règim verbal pot estar format per:

Què pot fer de CRV?

- **Preposició + sintagma nominal**:
  – *Ja m'he avesat a aquest horari.*
- **Preposició + pronom**:
  – *S'ha acomiadat de tothom.*
- **Preposició + infinitiu**:
  – *Hem contribuït a netejar els carrers.*
- **Oració subordinada**:
  – *Confiem que arribarem a temps.*

Canvi i caiguda de preposició

√ Quan el complement de règim verbal està format per un infinitiu, la preposició que l'introdueix es canvia per *a* o *de*:

– *Té interès* ***en*** *aquesta exposició.* → *Té interès* ***a*** *venir.*

– *Amenaça* ***amb*** *l'expulsió.* → *Amenaça* ***d'****expulsar-lo.*

√ Quan el complement de règim verbal és una subordinada, la preposició cau:

– *Confiem* ***en*** *la teva feina.* → *Confiem Ø que faràs bona feina.*

Verbs que regeixen un complement amb preposició

En aquest quadre tens un llista de verbs amb la preposició que exigeixen:

preposició	verbs
a	*accedir, acostumar-se, afanyar-se, arriscar-se, avesar-se, adaptar-se, contribuir, dedicar-se, exposar-se, jugar, negar-se, oposar-se, procedir, referir-se*
de	*acomiadar-se, adonar-se, assegurar-se, beneficiar-se, burlar-se, defensar-se, descuidar-se, dubtar, enamorar-se, encarregar-se, informar, oblidar-se, parlar, penedir-se, prescindir, recordar-se, riure's*
en	*afanyar-se, confiar, consistir, entossudir-se, exercitar-se, fixar-se, implicar-se, incidir, influir, pensar, tenir interès,*

Per saber-ne més

Hi ha verbs que poden tenir el mateix complement exigit amb preposició o sense, és a dir, que poden tenir un CRV o un CD. Ara bé, el sentit del verb pot canviar:

– *Pensaré en el menú.* (en el menú: CRV)

(recordaré el menú)

– *Pensaré el menú.* (el menú: CD)

(pensaré quin menú puc fer)

Per saber-ne més

Hi ha oracions que poden tenir dos complements exigits, és a dir, un CD i un CRV:

– *Convidaré el meu germà a berenar.* (el meu germà: CD; a berenar: CRV)

Molts dels verbs que tenen complement de règim verbal són pronominals: *riure's, acostumar-se, preocupar-se*, etc.

amb	*adir-se, amenaçar, anar amb compte, avenir-se, comptar, conformar-se (='resignar-se'), estar d'acord, fer-se, relacionar-se, trobar-se.*
per	*amoïnar-se, atabalar-se, interessar-se, optar, preocupar-se*

Pronoms febles de complement de règim verbal

El complement de règim verbal es pot substituir pels pronoms següents:

- ***en***, quan la preposició que introdueix el complement és *de*:
  - *S'ha desentès de qualsevol responsabilitat.* → *Se n'ha desentès.*
  - *A les notícies parlaran del nostre centre.* → *A les notícies en parlaran.*
- ***hi***, quan la preposició que introdueix el complement és *a*, *en*, *amb* o *per*:
  - *El president ha renunciat a la pensió.* → *El president hi ha renunciat.*
  - *En Sergi confia en el suport dels companys.* → *En Sergi hi confia.*
  - *Ves amb compte amb l'escala de caragol.* → *Ves-hi amb compte.*
  - *S'interessa per totes les pel·lícules de ciència-ficció.* → *S'hi interessa.*

FEM-HO AIXÍ

Per saber quin pronom substitueix un CRV format per una oració subordinada (que no du preposició), haurem de pensar quina preposició portaria si el complement fos un sintagma nominal. Per exemple:

– *Es refia que tindrà lloc lliure.* → *Es refia del lloc lliure.* → *Se'n refia.*

ACTIVITATS

23. Subratlla el complement de règim verbal d'aquestes oracions i indica com està format:

- Ja m'he decidit a apuntar-me a classes d'alemany.
- S'implica molt en totes les causes solidàries.
- No t'amoïnis per nosaltres.
- Ens hem oblidat que avui la farmàcia està tancada.
- Confia a guanyar tres medalles en el campionat.
- Estic d'acord amb tu.

24. Escriu una oració amb cada verb, que tingui un complement de règim verbal i la preposició correcta.

- confiar
- contribuir
- fer-se
- influir
- fixar-se
- oblidar-se
- conformar-se
- referir-se
- interessar-se

25. Indica els verbs i els complements de cada oració. Després, relaciona cada oració amb la definició correcta del quadre:

- En Quim Monzó dedica el seu últim llibre.
- Els caps de setmana es dedica a fer labors.

> 1. Posar el nom en (una obra) en senyal d'agraïment o reconeixement.
> 2. Treballar en (alguna cosa).

- Ja hem assegurat el cotxe a tot risc.
- Assegura't bé de l'hora del concert.

> 1. Fer una assegurança sobre (un bé).
> 2. Comprovar (una cosa) a fi d'estar-ne segur.

- S'ha aplicat molt en aquest treball.
- El pintor ha aplicat la primera capa de pintura.

> 1. Posar (una cosa) sobre una altra de manera que la cobreixi.
> 2. Posar molt d'esforç i interès (en alguna cosa).

26. Subratlla els complements de règim verbal d'aquestes oracions i corregeix-ne els errors:

- ✗ En Pep es conforma amb que li diguis la veritat.
- ✗ Assegura't de que t'has cordat bé el cinturó.
- ✗ N'hi ha prou amb que portis gelat per postres.
- ✗ Tots plegats hem contribuït a que l'acte sigui un gran èxit.
- ✗ A la reunió s'ha avisat de que enguany s'apujarien les quotes.

27. Completa cada oració amb un complement de règim verbal seguint les indicacions:

- La Teresa contribuirà ... (sintagma nominal).
- Els jugadors s'afanyaven ... (infinitiu).
- El cuiner s'ha desfet ... (sintagma nominal).
- El secret consisteix ... (oració subordinada).
- Els veïns no estan d'acord ... (oració subordinada).

28. Indica si els complements subratllats són complement directe, complement de règim verbal o complement circumstancial:

- He vingut amb tren.
- Cadascú s'ocuparà d'una part del treball.
- El museu ocupa una part de l'antiga fàbrica.
- S'ha defensat molt bé.
- S'ha defensat molt bé de les acusacions rebudes.
- L'advocat va defensar el polític.

29. Substitueix els complements de règim verbal pel pronom corresponent:

- No s'han adaptat a viure a Oslo.
- Es preocupa molt del futur dels seus fills.
- Col·laboraré amb aquesta campanya de recollida d'aliments.
- Molta gent es beneficiarà de la subvenció.
- Confiava en la gent del seu voltant.
- Pensa en el teu futur.
- T'has fixat en el color del cel?

30. Subratlla els pronoms de cada oració i indica si fan la funció de CRV o CC:

- Hi treballen
- En dubten
- Hi venen
- S'hi ha adaptat
- Hi pensen
- Hi plou molt
- En sap
- Se n'han adonat

31. Substitueix els CRV pel pronom corresponent. Has de tenir en compte la preposició que regeix cada verb:

- Els hipotecats es beneficien que els interessos són baixos.
- S'exposa que li ploguin les crítiques.
- Ens assegurarem que la porta de casa quedi ben tancada.
- Tindrà interès que s'aclareixi aviat el cas.
- Confiem que l'equip guanyi.
- Els treballadors s'oposen que els horaris s'ampliïn.
- Pensa que demà és festa.
- M'adono que el públic està impacient.

4. El complement predicatiu

Definició i característiques

El **complement predicatiu** (CPred) és un complement propi dels verbs predicatius que complementa alhora el verb i un altre complement (el subjecte o el complement directe).

Són exemples de complement predicatiu:

- *Els nens han arribat cansats de l'excursió a la Muntanya.* (cansats: CPred)

"cansats" complementa tant el verb "han arribat" com el subjecte "els nens".

- *El Joan considerava el seu oncle l'home més savi del món.* (l'home més savi del món: CPred)

"l'home més savi del món" complementa tant el verb "considerava" com el complement directe "el seu oncle".

Quan el complement predicatiu complementa el verb i el **subjecte**, té una funció semblant a l'atribut, ja que informa d'una qualitat o estat del subjecte:

- *La Gemma va mudada.* (La Gemma: S; mudada: CPred)

En canvi, quan el complement predicatiu complementa el verb i el **complement directe** té una funció semblant a un complement circumstancial de manera, perquè ens informa sobre una característica de l'acció del verb:

- *Portes la motxilla oberta.* (la motxilla: CD; oberta: CPred)

A l'oració "Han arribat cansats", "cansats" és un complement predicatiu.

Què pot fer de CPred?

El complement predicatiu pot estar format per:

- Un **sintagma nominal**:
  - *Han nomenat en Lluís director del centre.*
- Un **adjectiu** o un **participi**:
  - *S'ha posat vermell.*
  - *Ha sortit enfadat de la reunió.*
- Un **sintagma preposicional**:
  - *Les titlla de sàvies.*
- Una **oració subordinada**:
  - *L'han pres pel que no és.*

Atenció!

No hem de confondre el CPred amb un CC. El CPred, a més de concordar amb el subjecte o el complement directe, no pot ser mai un adverbi ni un sintagma adverbial.

Pronoms febles de complement predicatiu

El complement predicatiu es pot substituir pels pronoms següents:

- ***hi***, en la majoria de casos:
  - *La torre va aparèixer il·luminada.* → *La torre hi va aparèixer.*
- ***en***, amb alguns verbs, com ara *dir-se*, *fer-se*, *elegir* o *nomenar*:
  - *Es diu Vicenç.* → *Se'n diu.*
  - *L'Èlia s'ha fet sòcia.* → *L'Èlia se n'ha fet.*

ACTIVITATS

32. Subratlla els complements predicatius d'aquestes frases i indica si complementen el subjecte o el CD:

- L'operari col·loca les tanques molt juntes.
- La planta creix molt ufanosa.
- Portes els pantalons tacats.
- Ens hem fet socis del club d'escacs.
- Amb la notícia es va quedar pàl·lida.

33. Justifica si els complements subratllats són complements predicatius o complements circumstancials:

- Em trobo malament avui.
- Aquests artistes canten molt bé.
- Aquests artistes canten molt mudats.
- La Laia es trobava tranquil·la malgrat tot.
- Van arribar aviat.

34. Justifica si els complements subratllats són complements predicatius o complements de règim verbal:

- Sembla que opta per una plaça a l'Ajuntament.
- Et volen com a soci.
- Han escollit l'Adrià hereu de Catalunya.
- S'ha guardat prou de dir res d'ofensiu.

35. Escriu una oració amb un predicatiu a partir dels verbs següents:

- quedar-se
- elegir
- presentar-se
- considerar
- nomenar
- anar
- tornar-se
- arribar
- trobar

36. Substitueix els CPred pel pronom corresponent:

- En Xavier ja s'ha fet gran.
- Aquest forat al carrer resulta perillós.
- El vestit de núvia va arribar tot rebregat.
- Hem trobat la pel·lícula molt interessant.

37. Torna a escriure les oracions següents emfasitzant el predicatiu mitjançant el pronom *en*:

- En Nil s'ha quedat pàl·lid.
- La setmana es presenta interessant.
- Els expedicionaris han arribat eufòrics.
- La Laia camina encorbada.

5. Les grafies *g/j*, *x/ix*, *tg/tj*, *tx/ig*

Els sons de les consonants **g**, **j** i **x** s'anomen **fricatius**. La **g** (davant *e*, *i*) i la **j** es pronuncien igual i són sonores. La **x** és sorda:

Sonores	Sordes
Jaume, genial, girafa, joc, ajupit	*Xàtiva, xerrar, així, xocolata, xutar*

Tingues en compte que en alguns mots es produeix un canvi de *j* a *g* quan passen al plural o canvien la forma verbal:
- *boja* → *boges*
- *menja* → *mengen, mengi*

La **g** i la **j**. El so d'aquestes dues grafies és el mateix. Per saber-les distingir ortogràficament cal tenir en compte les normes següents:

S'escriu *j*	
• Davant de les vocals *a, o, u*	*japonès, joguina, rajola, jurament* **Excepcions:** – Els grups -*jecc*, -*ject*: *injecció, objecte*... – El verb *jeure*: *jec, jeia*... – Els mots hebreus: *Jeremies, Jesús*... – Altres mots: *jeroglífic, jersei, majestat*...
S'escriu *g*	
• Davant de les vocals *e, i*	*agència, màgic, gimnàstica*

La grafia **x**. La consonant **x** té dos sons: el de la *ics* i el de la *xeix*. Per escriure correctament el so de la ***xeix***, cal tenir en compte la norma següent:

S'escriu x	
• A principi de mot • Darrere consonant • Darrere *i* • Darrere el diftong *au*	*xampany, xiular, xerès* *enxampar, arxivar, anxova* *guixar, clixé, mixeta* *disbauxa, rauxa*
S'escriu *ix*	
• Darrere les vocals *a, e, o, u*	*això, calaix, eix, reixa, moix, coixa, fluix*

FONÈTICA

Ves a www.tiching.com/732369. Escolta i respon.

El so de la ***ics*** es representa amb la grafia **x**, i pot ser sonor o sord depenent de la lletra que vingui al darrere:

So sonor	So sord
examen, exemple, hexàgon, exèrcit	*taxi, explotar, prefix, praxi*

Les grafies ***ig/tx***. Aquests dígrafs apareixen a final de paraula per representar un mateix so: *desig, esquitx*. Per tal d'escriure-les correctament, cal tenir en compte les seves derivades:

Grup *ig* → derivats en *g/j, tg/tj*	Grup *tx* → derivats en *tx*
boig → *bogeria* *passeig* → *passejar, passegem* *desig* → *desitgem* *lleig* → *lletja*	*despatx* → *despatxar* *esquitx* → *esquitxar* *empatx* → *empatxada*

Tingueu en compte que no hi ha cap paraula que acabi amb els dígrafs *tg* o *tj*: sempre van entre vocals com a viatge.

38. Troba en aquesta sopa de lletres 8 paraules que són excepcions de la regla *g/j* i escriu-les:

G	I	L	J	E	U	R	E	T	W
F	N	M	E	A	M	A	O	P	A
A	J	A	R	O	A	B	Q	G	J
B	E	D	O	B	J	E	C	T	E
I	C	J	G	T	E	E	P	N	R
J	C	E	L	S	S	H	F	J	S
E	I	C	I	D	T	I	B	V	E
S	O	T	F	U	A	W	E	T	I
U	X	I	I	A	T	O	T	Y	U
S	E	U	C	K	S	V	Z	A	S

39. Completa les paraules següents amb *g* o *j* i subratlla les que siguin excepcions:

- ...irafa
- ...enet
- ...erani
- ...eroni
- ...inesta
- ...elea
- pro...ecte
- tra...ecte
- ...in...ebre
- ...ut...essa
- ser...ent
- ...esús
- in...ectar
- ...onc
- ...essamí
- tar...eta
- bu...ia
- bur...ès

40. Escriu en plural els sintagmes següents:

- Una idea boja
- Una casa lletja
- Una fruita roja
- Una esponja seca
- Una platja tranquil·la
- Una monja devota
- Una corretja tibant
- Una mitja taronja

41. Completa els buits amb la consonant adequada (*g/j*):

- Avui men...arem peix, però els diumenges sempre men...em pollastre.
- No li agrada treballar, sempre ...eu al sol.
- Et desit...em un feliç aniversari, mare.
- Li vam donar la raó en tot perquè no s'enut...és amb nosaltres.
- No has de pit...ar el botó vermell perquè si el pit...es, es dispara l'alarma.

42. Completa les paraules següents amb *x* o *ix*:

- La rín...ols d'or és el meu conte preferit.
- L'ango...a la va envair quan va sentir el ...iscle del nadó.
- Talla quatre rodan...es de fuet i e...uga el ganivet amb aquest drap.
- El forense va agafar el cadàver per les a...elles i el va dipositar damunt del marbre.
- S'ha trencat un braç i l'hi han hagut d'engui...ar.

43. Completa el quadre següent amb el mot primitiu o el mot derivat:

Mot primitiu	Mot derivat
rebuig	
	rogenc
	rajolí
despatx	
	capritxós
enuig	
	fageda

44. Corregeix els errors de les frases següents:

- ✗ L'esfings ejípcia del nas trencat es troba en una plana erma i axuta.
- ✗ Els setze jutjes que es van menjar el fetge en realitat eren quinze.
- ✗ Va perdre la tarjeta de crèdit al passeig del Born i la van trobar prop del jeriàtric.
- ✗ Un esquig de salfumant li va foradar les mitjes.
- ✗ He deixat l'agenda al costat del jerro però s'ha tombat i m'ha mullat el gersei.
- ✗ Al zoo vam veure jirafes, ximpanzés, caxalots petits i zebres.

DICTAT PREPARAT

45. Prepara aquest dictat. Fixa't en les consonants *g/j*, *x/ix*, *tg/tj*, *tx/ig* del text:

Durant els anys d'estiueig en aquell país estranger, vaig conèixer un jesuïta molt jove que estudiava antropologia en una universitat anglosaxona de molt prestigi. Era tot un personatge: tenia uns coneixements tan amplis d'aquella ciència que desxifrava jeroglífics complexos i interpretava les troballes a les tombes egípcies sense el menor esforç. Sé que ha tingut una trajectòria exitosa i no m'estranya, perquè tothom el considerava un geni. Fins i tot les inscripcions que exigien un grau més alt de dedicació li resultaven insignificants.

6. Les varietats geogràfiques del català (II)

Les varietats del català oriental

Les diverses varietats del català oriental tenen en comú una colla de característiques que ja vam estudiar a la unitat anterior. Ara bé, a més d'aquests trets comuns, cada varietat té també uns trets particulars:

Central	
Fonètica	• No es distingeix el so de *v* del de la *b*. • Iodització, és a dir, pronúncia en *i* d'alguns casos de *ll*: *fuia* (fulla) *veia* (vella).
Morfologia	• L'article masculí és *el* per al singular i *els* per al plural. • Terminació *-o* per a la 1a persona del singular del present d'indicatiu: *jo canto*.
Lèxic	*cargol* (caragol), *escombra, llombrígol* (melic), *noi, sorra*

Balear	
Fonètica	• Hi ha un so de vocal neutra tònica: *pera, cadena*. • Es distingeix el so de *v* del de la *b*. • Iodització, però en alguns casos, com ara entre vocals, la *ll* es perd: *fua* (fulla), *vea* (vella).
Morfologia	• Article salat: *es, sa; es, ses*: *es banc, sa casa, es pares...* • No hi ha cap terminació per a la 1a persona del singular del present d'indicatiu: *jo cant*.
Lèxic	*al·lot* (noi), *moix* (gat), *capell* (barret), *besada* (petó), *horabaixa* (tarda), *nin* (nen), *berenar* (esmorzar), *torcar* (eixugar), *dacsa* i *blat de les Índies* (blat de moro), *arena* (sorra).

Rossellonès	
Fonètica	• La *o* tònica es pronuncia *u*: "El pont del Canigó" es pronuncia "El punt del Canigú". • No existeixen les paraules esdrúixoles: *musica* i *cientifica*. • En les paraules acabades en *-ia*, la *a* final no es pronuncia: *pacienci* (paciència). • No es distingeix el so de *v* del de la *b*.
Morfologia	• Partícula *pas* en les negacions: *Ho sé pas*. • El possessiu *llur* es fa servir col·loquialment. • Terminació *-i* per a la 1a persona del singular del present d'indicatiu: *jo canti*.
Lèxic	*malt* (alt), *casqueta* (gorra), *roba* (vestit), *nugues* (nous), *ribera* (riu), *belleu* (potser), *d'abord* (en primer lloc).

Alguerès	
Fonètica	• La *l* i la *d* entre vocals es pronuncien *r*: *parau* (palau), *acabara* (acabada). • Distingeix el so de *v* del de la *b*.
Morfologia	• L'article masculí és *lo* per al singular i *los* per al plural. • Els pronoms personals de 1a i 2a plural són *mosaltros/mosaltras* i *vosaltros/vosaltras*. • Els possessius són *meu, tou, sou, mia, tua, sua*. • No té cap terminació per a la 1a persona del singular del present d'indicatiu: *jo cant*.
Lèxic	*gonella* (faldilla), *cascar* (badallar), *masalaio* (carnisser), *assai* (molt), *llong* (llarg), *mestre de nyenya* (fuster), *màquina* (cotxe).

Les varietats del català occidental

Com en el cas del català oriental, a més de les característiques generals del bloc occidental, cada varietat té uns trets propis:

Nord-occidental	
Fonètica	• En gran part del territori, la *a* àtona final sona *e* oberta [ɛ]: *pedr[ɛ], ros[ɛ].* • La *e* àtona inicial en alguns casos es pronuncia *a*: *[a]scola* (escola), *[a]nciam* (enciam). • No es distingeix el so de *v* del de la *b*.
Morfologia	• L'article masculí és *lo* per al singular i *los* per al plural. • Terminació *-o* per a la 1a persona del singular del present d'indicatiu: *jo canto*.
Lèxic	*panís* (blat de moro), *catxap* (conillet), *moixó* (ocell), *claviller* (turmell), *renegar* (renyar), *pastisser* (flequer), *guerxo* (borni).

Valencià	
Fonètica	• La *-r* final es pronuncia. • Es distingeix el so de *v* del de la *b* (excepte l'àrea central). • Es pronuncia la *t* de les paraules acabades en *-nt*: *pont, molt, font*. • Algunes *d* entre vocals cauen: *aixà* (*aixada*).
Morfologia	• Els demostratius tenen tres graus: *este, eixe, aquell* i *açò, això, allò*. • L'article masculí és *el* per al singular i *els* per al plural. • Terminació *-e* per a la 1a persona del singular del present d'indicatiu: *jo cante*.
Lèxic	*llevar* (treure, apartar), *alacrà* (escorpí), *algeps* (guix), *voler* (estimar), *prompte* (aviat), *rabosa* (guineu), *rentar* (esbandir), *vesprada* (tarda), *hui* (avui).

ACTIVITATS

46. Indica la varietat o les varietats que:

a) Fa la distinció entre *b* i *v* → …
b) Té els possessius *mia, tua, sua* → …
c) Té els articles *el* i *els* → …
d) Fa servir el possessiu *llur* col·loquialment → …
e) Pronuncia *i* algunes *ll* → …
f) No té paraules esdrúixoles → …
g) La *d* i *l* entre vocals es pronuncien *r* → …
h) Fa servir la partícula *pas* a les negacions → …
i) Fa servir l'article salat → …

47. Escolta les cançons que trobaràs en aquests enllaços www.tiching.com/732370/732371/732372/732373. Completa la taula indicant la varietat del català amb què estan cantades i els trets que hi trobis:

Cançó	Varietat	Característiques
…	…	…

48. Identifica a quina varietat pertanyen aquests quatre textos i indica, com a mínim, tres trets que ho mostrin:

a) Donc, un dia d'abril, de l'altra primavera, amb canyes, cistell, cucs, t[u]t l[u] bataclam, an un rac[ú] de la ribera, t[ú]t s[ú]l, me'n vinc a gitar l'ham. M'assenti, ben content: l'indret fa bona cara i c[ú]m l'aiga és pas gaire clara, belleu que el peix picarà bé.

b) Lo ramat de llana és mo[l] espantadís, quan fa tronada. La veritat sigue dita, sempre n'ixen mo[l] malparats: al sent[í] lo prim[é] tron, ja s'esveren.

c) Una horabaixa d'hi[v]ern, que f[ə]ia mo[l] fred, esta[v]en mare i fill [v]ora es foc, quan sentiren que truca[v]en a sa porta. Una [v]ea digué: us deman un poc d'aigo.

d) Pense que és molt important que eixa vesprada vingues prompte.

Joan VENY: *Els parlars catalans* (adaptació).

7. El Renaixement

El Renaixement de la tradició clàssica

A finals del segle XV triomfa a Europa un nou corrent artístic: el Renaixement. És el fruit del procés d'assimilació de les idees innovadores de l'Humanisme, que Francesco Petrarca i altres intel·lectuals proposaven des de la segona meitat del segle XIV. El Renaixement comporta la recuperació de la cultura grecollatina i de les normes de l'estètica clàssica, com la mesura, la raó, la proporció i l'equilibri.

L'Humanisme i el Renaixement suposen un canvi d'època, el pas de l'Edat Mitjana a l'Edat Moderna. En un clima de llibertat ideològica, tot és qüestionat: les formes de poder, el sentit de la vida, la creació artística... També és una època de descobertes científiques com la caravel·la, la brúixola, la pólvora o la impremta.

Els canvis polítics també són rellevants. El poder es comença a concentrar en una sola mà, la del rei, cosa que comporta l'establiment de la monarquia autoritària.

Per saber-ne més

Les corts s'envolten d'humanistes. Esdevé un espai de protecció per als artistes (mecenatge). Aquest ambient de llibertat i mecenatge afavoreix les arts i l'emergència de genis: Leonardo da Vinci, Miquel Àngel, Cervantes, Shakespeare...

Context sociopolític als territoris de llengua catalana

La Corona d'Aragó es troba en una situació delicada a l'Edat Moderna. La unió de la Corona de Castella i la Corona d'Aragó, juntament amb el descobriment d'Amèrica, releguen els territoris catalans a una situació secundària. A més, els successors dels Reis Catòlics estableixen la cort fora dels nostres territoris (Toledo, Valladolid, Madrid).

Això té una conseqüència important, ja que el català desapareix com a llengua de la cort, factor que pesa negativament en la producció literària dels segles XVI i XVII.

Per saber-ne més

En el Renaixement el protagonista social ja no és el cavaller sinó el cortesà, amb diferents atributs més enllà de les armes.

La literatura catalana del segle XVI

El context polític desfavorable provoca una davallada en la producció literària. Sense l'aixopluc de la cort, hi ha pocs autors i són de qualitat molt menor que al segle anterior. A València es produeix una excepció, la cort de signe renaixentista de Germana de Foix, però molts dels autors que s'hi apleguen escriuen en castellà.

Tot i que els aires renovadors del Renaixement penetren en la literatura catalana –recuperació del món grecollatí, imitació dels poetes italians–, els gèneres de la literatura medieval encara tenen un pes important.

La literatura popular

Aquesta disminució de la creació culta es compensa en part per la vitalitat dels gèneres tradicionals conreats pel poble (cançons d'amor, de bandoler, glosses, nadales, goigs...), que mantenen intacte l'ús de la llengua. Aquesta literatura popular variada, de transmissió oral o escrita a través de la impremta, assegura la continuïtat de la llengua i la producció literària.

La poesia

El Renaixement renova els gèneres i els temes de la poesia. S'introdueixen els formats italians, entre els quals destaca el **sonet**, i es reelaboren els temes d'arrel clàssica. La poesia catalana evoluciona a partir de la poesia dels trobadors i del *Dolce Stil Nuovo* gràcies als nous models de Dante i Petrarca.

Els principals poetes en català del segle són Pere Serafí i Joan Timoneda.

El sonet

És una composició poètica de 14 versos de deu síl·labes (decasíl·labs), agrupats en 4 estrofes, dues de 4 versos (quartets) i dues de 3 versos (tercets). L'estructura de la rima sol ser la següent: ABBA ABBA CDC DCD.

Pere Serafí: la renovació poètica

El poeta més destacat de l'època és Pere Serafí, renovador de la poesia catalana i introductor de les formes renaixentistes. Va néixer a Grècia entre 1505 i 1510 i va morir a Barcelona el 1567. A més d'escriptor, fou també pintor.

Pere Serafí és autor de dos llibres de *Poesia vulgar en llengua catalana* on reivindica la poesia en català respecte del llatí, publicat el 1565. El primer, *Llibre d'Amors* és el més interessant mentre el segon *Obres espirituals* recull aspectes de devoció.

El primer llibre està constituït per un conjunt de formes modernes, majoritàriament de temàtica amorosa. El grup més destacat el formen el plec de sonets i altres estrofes, és a dir, les noves formes vingudes d'Itàlia. L'amor és cantat des d'una òptica de tristesa i melangia amb influències clares d'Ausiàs March, diversos vegades homenatjat i de Francesco Petrarca:

Cantant del gran poeta Ausias March
quant dix d'amors amb destra fantasia
Jo viu uns ulls haver tan gran potença

Retrat de Giovanna Tornabuoni, dama florentina del Renaixement, de Domenico Ghilandaio (1449-1494).

També va escriure *Les glosses*, un conjunt de cançons construïdes a partir d'un refrany tradicional. Aquest gènere va tenir gran difusió al segle XVI i testimonia la pervivència dels corrents medievals.

Joan Timoneda

La poesia té un altre focus important a València, entorn de la cort de Germana de Foix. En aquest cercle destaca Joan Timoneda, recopilador de poemes populars al cançoner *Flor d'enamorats*, que conté també poemes originals seus. Aquest cançoner fou un èxit de la impremta renaixentista, ja que se'n van publicar deu edicions.

La prosa

El clima de llibertat que comporta el Renaixement afavoreix el debat expressat en forma de diàlegs en prosa on diversos personatges debaten sobre les qüestions que els preocupen. L'intel·lectual de més projecció a l'Europa del XVI és Erasme de Rotterdam. Fou molt crític amb els poders i es mostrà partidari de la reforma de l'Església. Escriu en llatí una obra molt àmplia de gran influència.

L'erasmisme arriba als territoris de llengua catalana a través dels humanistes i de les universitats. L'escriptor més important és Joan Lluís Vives, natural de València, llatinista i pedagog, que va haver de fugir de la Inquisició i passà la seva vida a Oxford i Bruges. També escrivia en llatí.

Erasme de Rotterdam (1466-1536).

Cristòfor Despuig: *Col·loquis de la insigne ciutat de Tortosa*

L'obra catalana en prosa més valuosa del moment és *Los col·loquis de la insigne ciutat de Tortosa*, de Cristòfor Despuig, cavaller tortosí i humanista.

En una conversa, tres personatges passen revista a les grans qüestions de l'època: la política de Carles V, l'actitud del papa, la reforma de l'església...

També fa observacions agudes sobre la situació de la llengua:

> I el mateix fou en la conquista de Mallorca que feu el mateix rei i en Menorca i en Eivissa, que després se conquistaren, fou el mateix; que en totes estes illes està la llengua catalana com encara avui la tenen i tal com la prengueren en els principis, perquè no han tingut ocasió d'alterar-la com els valencians. I en Sardenya, ... tenen també la llengua catalana, bé que allí tots no parlen català que en moltes parts de l'illa retenen encara la llengua antiga del regne; però els cavallers i les persones de primor i finalment tots els que negocien parlen català, perquè la catalana és allí cortesana.
>
> Cristòfor DESPUIG: *Los col·loquis de la insigne ciutat de Tortosa.*

Cristòfor Despuig va néixer a Tortosa l'any 1510.

ACTIVITATS

49. Busca informació sobre els llocs i els personatges que esmenta Fuster i digues per què són importants per al Renaixement.

> Quan es parteix del fet que l'home és el tot, pot sortir Florència, París, Atenes; Praxíteles, Miquel Àngel, Leonardo...
>
> Joan FUSTER

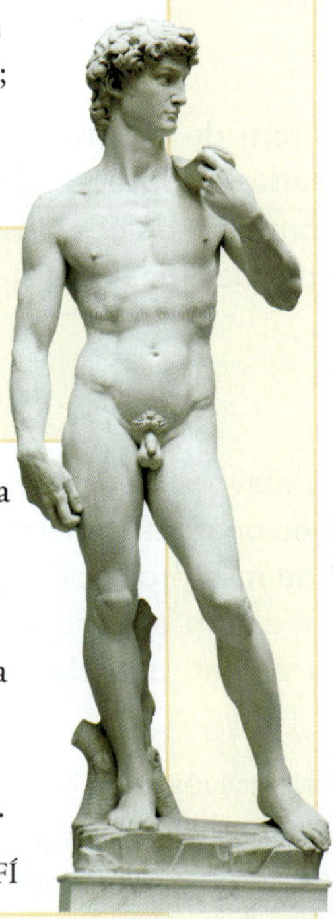

50. Llegeix el poema següent. Indica quin tipus d'octava és i respon a les preguntes:

Tots quan d'amor segueixen la carrera
fugen sa llei, cruel, falsa enemiga,
que dins l'hivern sentir fa primavera,
i enmig l'estiu fredor i greu fatiga.
no esper ja més ningú, per fer sencera
tenir, que a tot perfet amant obliga
trobar jamai pietat, que per estrena
dona amargor, turment, dolor i pena.

Pere SERAFÍ

a) De quin tipus són els versos i sobre quines síl·labes recauen els accents?

b) La mètrica és medieval o renaixentista?

c) En aquesta octava de Pere Serafí, quin concepte de l'amor proposa? Raona la resposta.

51. Llegeix el sonet següent de Pere Serafí i identifica les rimes. Creus que és un poema optimista?

A Déu graesc que só desenganat — A
dels fets d'Amor, puix van tots al revés — B
del que pensí i de lo que em promés — B
quan fui per ell en sa cort acceptat. — A

Prometé'm molt, ab mostra de bon grat,
en aquell jorn que en son poder fui mès,
i, amant sens fi, no he trobat jamés
a mon voler ninguna igualtat.

Molt clar conec que só estat decebut,
perdent mon temps, pensant haver bon guard
del ben servir ab gran sol·licitud.

Poc val saber, tenint enginy, ni art,
on no es fa cas ni es coneix la virtut.
Sols regna al món d'Amor la pitjor part.

A Déu agraeixo estar desenganyat dels fets de l'Amor, ja que van tots al revés del que vaig pensar i del que em va prometre quan vaig ser acceptat per ell a la seva cort. Em va prometre molt, amb mostra de bon grat, aquell dia que vaig ser sotmès al seu poder, i, tot i estimar sense fi, no he trobat mai igualació a la meva estimació.

Sé molt bé que he estat decebut i he perdut el temps esperant tenir una bona consideració per haver-lo servit amb gran sol·licitud. De poc val saber, tenint enginy i art, on és que no es fa cas ni es coneix la virtut. Al món, de l'Amor en regna només la pitjor part.

Un poema d'amor del segle XVI

El cançoner *Flor d'enamorats*, compilat i editat pel valencià Joan Timoneda, poeta, dramaturg i impressor, és un dels exemples de la literatura popular del segle XVI en llengua catalana. Reuneix poemes amorosos populars d'autoria desconeguda i d'altres d'escrits per Timoneda mateix.

Aquesta poesia popular, que continua la tradició medieval sense incorporar els models del renaixement italià, constitueix la pervivència de la literatura catalana quan els autors cultes experimenten una important davallada.

El poema següent és una bona mostra d'aquesta poesia. Centrat en un refrany, canta amb enginy i desimboltura el neguit de l'enamorat per no separar-se de la dona a qui estima.

L'home que viu namorat
mil volts pren comiat.

Tant li dol lo despedir-se,
que voldria més morir-se
que no haver de departir-se
de la qui el té cativat:
l'home que viu namorat
mil volts pren comiat.

Tant vol a la sua senyora,
que nit i dia l'adora,
i un any li pareix un hora,
lo temps que amb ella ha passat:
l'home que viu namorat
mil volts pren comiat.

Despedix-se dos mil voltes
amb paraules no molt soltes,
i cerca dos mil revoltes
sens saber què s'ha parlat:
l'home que viu namorat
mil volts pren comiat.

Flor d'enamorats.

Il·lustració que mostra una impremta del segle XVI.

- El *Cançoner Flor d'enamorats*, que conté peces en castellà i en català, es reedità deu vegades a Barcelona entre 1562 i 1681. Es pot considerar un èxit de la impremta? Què evidencia el contingut bilingüe del recull?
- Estudia la mètrica i la rima de cada estrofa. Quines coincidències hi detectes?
- Els versos que es repeteixen constitueixen el *refrany*. Què determinen al llarg del poema? Quina importància té el refrany en aquest tipus de composició?
- El poema presenta algun castellanisme ("*despedir-se*"...) i certs vulgarismes ("*namorat*", 'enamorat'; "*cativat*", 'captivat'). Per què?

Aprofundim en l'actualitat

ACTIVITAT PRÈVIA: FER BONES PREGUNTES

▶ Feu una llista de preguntes sobre aspectes personals que es podrien fer a qualsevol entrevistat, sigui quina sigui la seva ocupació. Generalment, aquesta mena de preguntes més personals solen agradar als lectors o als espectadors. Per fer la teva llista, continua la que tens aquí:

1. Tens alguna mania abans de començar la teva feina?
2. Portes algun amulet? Tens alguna superstició?
3. Quina música escoltes a casa?
4. Quan i on vas fer el primer petó (deixem de banda a qui...)?
5. Prefereixes dolç o amarg?
6. Quina cosa salvaries d'un incendi?
7. En qui penses quan mires la lluna plena?
8. Ets una persona venjativa?
9. Què voldries haver fet abans de morir?
10. Un destí ideal per al cap de setmana?

Comenteu també si alguna d'aquestes preguntes és massa directa i com es podria millorar.

HO TROBARÀS

En els **temes 6** i **7** has treballat els gèneres del reportatge i l'entrevista que permeten conèixer més bé les causes dels fets i els protagonistes.

EXPLIQUEM-NOS MÉS A FONS

▶ L'Ajuntament de la vostra població, en col·laboració amb les AMPA dels centres de Secundària, ha emès aquest comunicat:

L'Ajuntament i les AMPA volem promoure el coneixement de les iniciatives i els personatges de la nostra població i facilitar-ne la difusió per mitjà de reportatges i entrevistes d'estil periodístic efectuades per l'alumnat de 3r curs dels centres.

Els escrits més destacats seran publicats a la revista de cada centre i participaran en un concurs de reportatges i entrevistes que organitza l'Ajuntament.

Prepareu bons reportatges i entrevistes, per poder aspirar a ser publicats i difosos arreu de la vostra població.

Recerca de la informació

▶ En grups de quatre, decidiu de quin aspecte de la vostra localitat voleu fer el reportatge, o bé a quin personatge voleu entrevistar. Podeu seguir aquests passos:

- Feu una pluja d'idees de temes i personatges.
- Analitzeu si són prou interessants, si trobareu prou contingut, i elimineu els temes que no us acabin de fer el pes.
- Finalment, consensueu o voteu el tema o el personatge final.

Preparació dels textos

a) El reportatge

És el genere periodístic més extens i inclou informacions diverses (opinions, dades, perspectiva històrica, recerca al lloc dels fets, entrevistes...).

Pautes per elaborar el reportatge

- En primer lloc, definiu l'objectiu del reportatge i feu una llista de la informació que heu de buscar.
- Fem una fitxa que inclogui els elements següents:
  - Títol provisional (el definitiu el decidireu en el procés de redacció).
  - Fonts on trobar la informació.
  - Quines persones podríem entrevistar per obtenir informació de primera mà.
- Heu d'incloure-hi dades obtingudes en el lloc dels fets, entrevistes, fotografies, etc. I penseu de posar un peu de foto explicatiu a cada imatge.

Fem-ho així

Penseu a fer servir un llenguatge adient, amb informació formal i alhora una mica personal

b) L'entrevista

Feu una entrevista a un personatge destacat de la població. Tingueu en compte els consells següents:

Pautes per elaborar l'entrevista

- Estudieu bé el personatge entrevistat (biografia, formació, professió, família, aficions, etc.)
- Prepareu una llista de preguntes interessants, entre 15 i 20, mirant d'obtenir de l'entrevistat el major grau d'informació, tant intel·lectual com humana.
- Redacteu una introducció a l'entrevista i, optativament, una conclusió. En aquestes parts podeu presentar informacions sobre l'entrevistat que ja sabeu d'abans de l'entrevista. O també podeu fer una introducció narrativa: la vostra arribada al lloc, el que hi veieu...
- Enregistreu, transcriviu i redacteu l'entrevista adaptant adequadament el discurs oral a la llengua escrita.

8 La publicitat

La persuasió constant

Continguts

- La publicitat
- L'ús del punt i coma, els dos punts i els punts suspensius
- Els recursos per captar l'atenció de l'audiència
- Els pronoms febles
- Les grafies *b/v*, *h*
- La sociolingüística
- El Barroc

AVALUACIÓ: L'entrevista

Per començar

Perquè un producte tingui èxit no n'hi ha prou a fer-lo bé, cal que el destinatari el conegui, pensi que és el millor per a ell i el vulgui adquirir. Per això vivim en un món farcit d'anuncis de tot tipus: a Internet, a la ràdio, a la televisió, al carrer... Formats per imatges suggeridores i frases persuasives, el seu objectiu és aconseguir que els productes siguin atractius per al major nombre de persones possible.

A continuació tens la transcripció d'un anunci publicitari audiovisual que promociona el turisme a les comarques lleidatanes.

Lleida en ruta. El Montsec, una finestra a l'univers

El conjunt monumental de Sant Pere d'Àger, amb la col·legiata i el castell, vigila a peus del Montsec tot el que passa a la vall.

A tocar de l'embassament de Canelles, estratègicament situat en la cruïlla de les rutes d'accés a la vall d'Àger del congost de Mont-rebei, hi trobem el Mirador de la Vall.

Si alcem la vista, veiem el blau del cel. Si mirem avall, tenim el blau de l'aigua.

Majestuoses vistes de les grans parets de pedra que ens tanquen com gratacels.

Rutes en piragua o per fer-les caminant, balcons tallats a la pedra per gaudir d'un paratge de llegenda.

Des del punt més alt podem emular el vol dels ocells amb el parapent, gaudir d'una vista privilegiada, sobrevolar i deixar anar la imaginació.

Publicitat de la Diputació de Lleida.

A Digues quina és la característica principal d'aquests elements que apareixen a l'anunci audiovisual:
- El conjunt monumental de Sant Pere d'Àger
- El mirador de la Vall
- El congost de Mont-rebei

B Ves a www.tiching.com/732257 i mira l'anunci. Quin diries què és l'objectiu que persegueix el vídeo? Creus que l'assoleix?

C Ara llegeix el text en veu alta com si l'haguessis de tornar a gravar.

D Ves a www.tiching.com/732259 i mira aquest altre anunci. Quines diferències hi veus?

E Fixa't en l'estructura d'aquest text i explica per què hi ha elements que es repeteixen.

La publicitat

ACTIVITATS

1. Mira l'anunci i respon aquestes preguntes:

a) Coneixies l'expressió "les aparences enganyen"? Què vol dir?

b) Explica el significat de cadascun dels símbols que hi ha a l'anunci.

c) Quina sensació transmet la imatge principal?

d) En quina època de l'any creus que es va publicar aquest anunci?

2. Indica si, segons l'anunci, aquestes afirmacions són veritables o falses:

a) Ens hem de refiar de l'instint quan som a la platja. ☐

b) L'avís és útil exclusivament per a les platges sense vigilància. ☐

c) L'anunci aconsella els banyistes. ☐

d) Els receptors principals d'aquest tipus d'anuncis són les persones grans. ☐

e) L'anunci inclou informació útil, com el telèfon d'emergències. ☐

f) La informació de l'anunci és clara i precisa. ☐

3. Quins elements gràfics creus que destaquen més en l'anunci? Justifica-ho:

- eslògan
- distribució de la informació
- imatge
- tipus de lletra, mida i color

4. En la imatge de la platja hi ha una bandera. Què vol dir? Creus que és important per a l'anunci?

5. Et sembla un bon anunci? Hi faries algun canvi per millorar-lo?

ACTIVITATS

6. Completa les frases següents sobre l'anunci de Trànsit amb la forma adequada d'una d'aquestes paraules:

- segona
- receptor
- complir
- motoristes
- maniobra
- automòbils

   a) L'anunci està redactat en ... persona.
   b) Se subratlla que els ... són més indefensos.
   c) Els motoristes han de ... les normes.
   d) Els ... han de comptar amb els motoristes a la carretera.
   e) El ... de l'anunci és tant el motorista com el conductor de l'automòbil.
   f) La imatge mostra una ... d'avançament.

7. Canvia el mot en negreta dels eslògans per un sinònim. Creus que l'efecte sobre el lector és el mateix?

   – Recorda: el motorista és més **vulnerable**.
   – Si vas en moto respecta les **normes**.
   – Si vas en cotxe **respecta** les motos.

8. Quins elements gràfics creus que destaquen més a l'anunci? Justifica-ho:

   - eslògan
   - distribució de la informació
   - imatge
   - tipus de lletra, mida i color

9. Et sembla un bon anunci? Hi faries algun canvi per millorar-lo?

10. Analitza el missatge de les imatges de l'anunci.

1. La publicitat

Definició

La **publicitat** informa, persuadeix i tracta d'aconseguir una reacció determinada de les persones que reben la informació.

Actualment, la publicitat exerceix una gran influència en la nostra societat. Vivim envoltats d'anuncis que pretenen convèncer-nos d'adquirir certs productes. La publicitat pretén seduir el consumidor i fer-li veure que necessita aquests productes per viure millor, estar més sa, ser millor.

Segons l'objectiu que tenen, els anuncis poden ser de dos tipus: institucionals, que donen consells o informen d'alguna campanya o servei, i d'empresa o comercials, que persegueixen que el receptor compri algun producte.

Podem trobar anuncis en mitjans audiovisuals (televisió, Internet...), visuals (premsa, cartells, Internet...) i sonors (ràdio, Internet...).

FEM-HO AIXÍ

Hem de distingir la publicitat de la propaganda, perquè la propaganda té com a objectiu modificar l'actitud i la conducta de l'opinió pública.

La propaganda persegueix que les persones adoptin unes conductes personals i col·lectives determinades en el camp social, polític, etc.

Els anuncis

Un **anunci** és un text, una imatge o una combinació dels dos que ha d'incitar el públic a adquirir un producte o utilitzar uns serveis.

En general, un anunci consta d'un eslògan, un logotip, una imatge i un text.

- L'**eslògan** és una frase relativament breu adoptada com a símbol d'una empresa o activitat, principalment amb finalitat publicitària. L'eslògan ha de ser atractiu, impactant i fàcil de recordar. Sovint també es procura que tingui un ritme per facilitar-ne la difusió. En els anuncis orals, l'eslògan s'acompanya de música o altres efectes sonors.
- El **logotip** és la plasmació gràfica del nom d'una marca o d'una entitat. Està fet amb un disseny especial i pot ser un símbol, una abreviatura o una sigla. Té una funció emblemàtica.
- La **imatge** ha de ser suggerent i normalment mostra el producte que es ven o allò que s'anuncia. Ha de sorprendre i atreure el receptor.
- El **text** informa del producte o servei. N'explica les característiques i els avantatges que el fan interessant al receptor.

A més, en un anunci hi consta el nom de l'empresa o institució que el promou i la pàgina web.

UOC
Universitat Oberta de Catalunya
www.uoc.edu

Logotip de la Universitat Oberta de Catalunya.

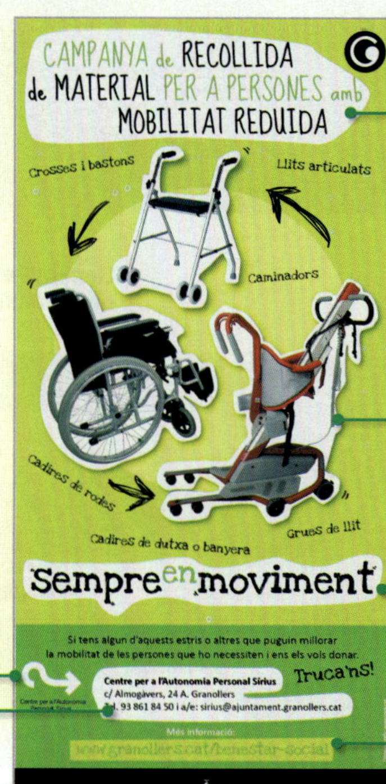

L'eslògan: estructura i recursos retòrics

- Els **eslògans** acostumen a tenir unes estructures sintàctiques concretes. Fixa't en els exemples:
  - Un sintagma nominal: *L'aigua. La nostra raó de ser* (Agbar).
  - Un sintagma adjectival, preoposicional o adverbial: *Expert en canonades* (DesTop Turbo), *A gust amb la vida* (Nestle), *Aquí, Pans* (Pans).
  - Una oració (amb el subjecte explícit o elidit): *Els cracks són a la graderia* (Cadena Ser), *Omple't les butxaques de llibres* (Abacus).
  - Una oració composta: *Quan fas pop, ja no hi ha stop* (Pringles).
- Les **figures retòriques** també són eines freqüents en el camp de la publicitat, hi podem trobar exemples de:
  - Metonímia: *L'aroma que ens uneix* (Marcilla).
  - Personificació: *La Generalitat al teu costat* (Generalitat de Catalunya.)
  - Paradoxa: *Fent possible l'impossible* (Honda).
  - I altres recursos com fer jocs amb frases fetes: *Que res et faci perdre el son* (Dormidina).

ACTIVITATS

11. Quins elements componen aquest anunci:

12. Fixa't en aquests anuncis, descriu-los i explica quin tipus de reacció s'espera dels consumidors. Per què creus que s'utilitza l'anglès en mitjans de comunicació en català? Quins elements hi destaquen?

13. Classifica aquests eslògans segons l'estructura:

- Cabells tan sans que brillen (Pantene).
- Els alimenta la imaginació (Tosta Rica).
- La televisió líder de Catalunya (TV3).
- T'agrada conduir? (BMW)
- Campió contra les taques (Dixan).
- Si és Avecrem, es nota (Avecrem).
- L'únic amb compromís casolà garantit (Gallina Blanca).

Sintagma nominal	Sintagma adjectiu, preposicional o adverbial	Oració amb el subjecte explícit o elidit	Oració composta
…	…	…	…

14. Completa la graella per confeccionar tres anuncis publicitaris diferents. Hi ha moltes diferències entre les teves opcions i les dels teus companys? Per què creus que passa això?

Eslògan	Imatge	Producte
		Un producte de neteja
Aquí i ara		
	Una carretera solitària	

2. L'ús del punt i coma, els dos punts i els punts suspensius

Punt i coma

El **punt i coma** indica una pausa mitjana i separa unitats que ja contenen comes en el seu interior.

Usos:

- En les enumeracions llargues i complexes en què ja hi ha elements separats per comes:
  - *Dilluns, dimecres i divendres, faig classes de contrabaix; dimarts, dijous i dissabte, faig de cangur.*
- En algunes construccions amb nexes com *però*, *tanmateix*, *és a dir*, *per exemple*, etc., que ja contenen alguna coma.
  - *Volíem anar d'excursió a la muntanya; tanmateix, va començar a ploure, i vam decidir visitar primer la ciutat.*

El punt i coma separa enumeracions llargues: "Dilluns, dimecres i divendres, faig classes de contrabaix; dimarts, dijous i dissabte, faig de cangur".

Dos punts

Els **dos punts** indiquen una pausa mitjana darrere de la qual apareix un exemple, un diàleg, etc.

Usos:

- Per introduir enumeracions o sèries, exemples, demostracions, causes, explicacions, conseqüències, etc.
  - *En el nostre primer viatge a Itàlia vam visitar tres ciutats: Roma, Florència i Nàpols.*
  - *No vam anar d'excursió: va començar a ploure.*
- Després de les expressions *per exemple*, *següents*, *com per exemple*, etc., per donar entrada a una sèrie de paraules.
  - *Aquesta bicicleta té l'inconvenient següent: no té els frens en bones condicions.*
- Per introduir citacions textuals o parlaments de persones.
  - *L'Emili va preguntar: "Per què ho he de fer jo?"*

FEM-HO AIXÍ

Per separar les hores dels minuts fem servir dos punts: 13:55.

Punts suspensius

Els **punts suspensius** indiquen una interrupció en el discurs o que s'omet alguna cosa.

Usos:

- Elements d'una enumeració que no esmentem, encara que el lector no els conegui:
  - *A Roma hem visitat museus, mercats, monuments…*
- Quan una oració queda interrompuda per un dubte, un pensament inacabat:
  - *Tothom va callar però…*

Quan no esmentem tots els elements d'una enumeració, emprem els punts suspensius: "A Roma hem visitat museus, mercats...".

15. Explica quina funció fan els signes de puntuació (dos punts, punt i coma, punts suspensius) en cada cas:

- Vam preparar coques, pastissos, bunyols...
- Aquest premi és un honor, però sobretot és un reconeixement a la feina feta: ha estat un any molt dur.
- Els viatgers van passar per carrers, places, carrerons, avingudes...
- La Marta està segura de conèixer aquella noia pels ulls negres, la mirada penetrant...
- El vell murmura: "Ho podem perdre tot".
- Sempre li passa el mateix: tothom desconfia de la seva opinió.
- A les cinc van arribar els convidats: els oncles, els cosins, l'àvia i la veïna del cinquè.
- Ha plogut des del migdia; poc, però sense parar.

16. Relaciona aquestes funcions amb el signe de puntuació corresponent. Saps a quin signe corresponen les tres funcions que sobren?

Funció

a) Separar paràgrafs.
b) Unir elements d'una enumeració.
c) Expressar dubte o vacil·lació.
d) Donar pas a un exemple.
e) Enllaçar elements que ja contenen alguna coma.
f) Separar oracions.

Signe de puntuació

- Dos punts
- Punts suspensius
- Punt i coma

17. Posa els signes de puntuació que falten en aquests textos:

L'agent que havia resultat malmès en l'episodi de voler entrar per força (i que no parava de rondinar) va donar sortida al seu malhumor, estirant de bursada allò que tenia més a prop el calaix de dalt d'una calaixera que era un dels mobles més vistosos de la cambra. El calaix caigué en mala posició i s'escampà per terra tot el que contenia capses de mides i models diversos. Entre elles un joier que es va obrir amb la patacada, espargint anells collarets camafeus arracades agulles de pit

Pere CALDERS: *De teves a meves.*

Poncet i jo vam triar el túnel del mig Roger i Ferruç, que insistí a fer l'exploració amb ell, es ficaren al de la dreta, i Garidaina i Guiós al de l'esquerra. Havíem de tornar-nos a reunir passades dues hores, encara que calcular el pas del temps sense ni sol ni estrelles era força difícil.

Jaume FUSTER: *L'illa de les tres taronges.*

18. En cada frase hi ha un error de puntuació. Troba'l i corregeix-lo:

- ✗ Va arribar caminant al casament: perquè s'havia espatllat el cotxe que havien llogat.
- ✗ I, aleshores, ella va demanar; "Quines sabates t'agraden més, les verdes o les grogues?"
- ✗ Els pares de la Marta passegen cada dia; per l'albereda; els de la Maria, en canvi, per la platja; els del Jordi; però, per la ciutat.
- ✗ Compra tres pans a la fleca; de la cantonada, enfront de la parada del bus.
- ✗ Aquest batut porta poma, pera, llet, sucre; i un ingredient secret.
- ✗ Tenia moltes ganes: de veure't!
- ✗ Des d'aquí puc observar tot el que fan els veïns: la Carme vigila els seus germans, l'Àngels pinta un quadre, en Toni parla pel mòbil, etc....
- ✗ Si vols arribar lluny; cal que treballis força... ja que no et regalaran res.

19. Relaciona els elements de les dues columnes per formar frases ben cohesionades i després indica l'ús de la puntuació:

a) La professora ha dit:
b) Com que la mestra ha dit
c) En Joan va mirar el taxista, el semàfor,
d) Els llocs ideals són els següents:
e) A sobre la taula hi ha una tassa, la d'en Marc;
f) El locutor ha posat un exemple:

- els vianants...
- el volum de trànsit a les ciutats del segle XXI.
- "Avui farem la classe al pati!"
- una agenda, la de la Cinta; un mòbil, d'en Tomàs.
- un parc, una plaça i un gimnàs.
- que no en quedava gens...

Els anuncis audiovisuals

Característiques dels anuncis

A la televisió, la ràdio i Internet es fan falques publicitàries breus, d'uns 20 segons, que s'emeten agrupades en períodes d'uns quants minuts i tenen les característiques següents:

- Han de captar l'atenció de l'espectador a l'inici perquè miri l'anunci fins al final.
- Han de presentar un únic argument.
- Han de mostrar el producte en acció: què fa, què pot fer, com ho fa.
- Han de fer identificar la marca amb una imatge i un text o un eslògan.

El poder de la publicitat als mitjans

La publicitat no es limita a promocionar productes, sinó que transmet un sistema de valors, un estil de vida basat en el desig de consumir i l'adquisició de béns. Els anuncis s'encarreguen de crear i mantenir valors associats a una gamma de productes, perquè acabin convertint-se en part imprescindible de la nostra vida. Els mitjans de comunicació depenen de la publicitat per sobreviure i, per tant, s'ofereixen com a plataforma per construir-nos el model de vida al qual hem d'aspirar.

COMPRENSIÓ AUDIOVISUAL

Ves a www.tiching.com/732374 i respon a les preguntes.

Per saber-ne més

A la ràdio tant l'encapçalament com l'argumentació es recolzen en efectes sonors i músiques que creen ambients. I sovint les dades de la marca s'acompanyen amb una melodia identificativa.

Estratègia oral

Els recursos per captar l'atenció de l'audiència

Quan es parla en públic és important connectar amb l'audiència. Els bons oradors estan centrats en els oients, tant si parlen als mitjans de comunicació com davant d'un públic. Per captar i mantenir l'atenció, es poden emprar recursos com els següents, molts dels quals són comuns amb la publicitat:

L'orador intenta captar l'atenció del públic.

- ✓ Fer una afirmació sorprenent.
- ✓ Interpel·lar amb una pregunta.
- ✓ Despertar curiositat.
- ✓ Explicar una anècdota, un cas real...
- ✓ Mostrar un objecte, posar música...
- ✓ Utilitzar l'humor: ironia, acudits...

@ Amplia a la xarxa...

Ves a www.tiching.com/732375 i escolta com l'orador capta l'atenció del públic.

Expressió oral

Feu un anunci

▸ Distribuïu-vos en grups per elaborar un anunci audiovisual d'un producte adreçat a joves. Decidiu el producte i prepareu l'anunci.

Pautes per fer l'anunci

Fase de planificació

a) Definiu bé el producte responent aquestes preguntes: què és, com és, quin origen té, quins avantatges suposa, etc.

b) Analitzeu els consumidors a qui s'adreça: edat, preferències, hàbits de consum, nivell adquisitiu, hàbits d'ús del producte, etc.

c) Definiu en una frase l'argument, és a dir, l'avantatge principal d'aquest producte que coincideix amb la necessitat bàsica del consumidor.

d) Redacteu el text i decidiu els elements de so i imatge d'acord amb l'argument bàsic de l'anunci.

Fase de producció

a) Recolliu i tingueu a mà tots els elements per fer l'enregistrament: actors, imatges, música, efectes sonors, etc.

b) Tingueu en compte que la qualitat de la veu i els efectes sonors són fonamentals, perquè són els elements que identificaran l'anunci.

Pauta d'avaluació de l'expressió oral

- S'ha aconseguit un bon argument, fruit d'una bona anàlisi del producte i del consumidor? ☐
- S'han combinat bé el text, les imatges i el so? ☐
- S'han emprat recursos adequats per captar i mantenir l'atenció de l'espectador? ☐

Aplica l'estratègia

Empreu recursos per cridar i mantenir l'atenció de l'oient: una història interessant, imatges impactants, crear estranyesa i curiositat perquè l'espectador recordi l'anunci i la marca.

Per elaborar segons quins anuncis, les tasques de producció poden ser similars a les d'una pel·lícula.

Repte oral

L'atzar

▸ Reuniu-vos en grups de sis i prepareu una llista de dotze productes de tot tipus. Escriviu el nom de cada producte en un paper, el doblegueu i els poseu tots en una capsa. Cadascun de vosaltres haurà d'agafar un dels papers a l'atzar i improvisar un monòleg publicitari sobre el producte als companys. Té un minut i mig per fer-ho.

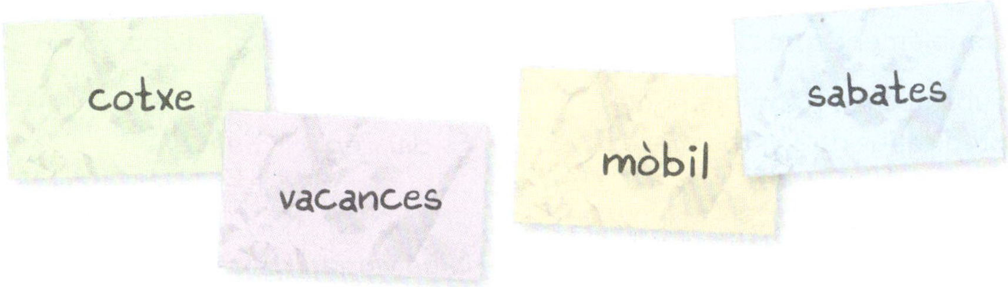

Fem-ho així

Aquest és un exercici d'improvisació: entre que llegeixes el paper i comences a parlar no han de passar més de deu segons.

Pensa ràpidament:

a) Quin és l'avantatge que proporciona el producte.

b) Quines són les possibles necessitats dels compradors.

3. Els pronoms febles

En aquest quadre tens un resum de les funcions sintàctiques que poden fer els pronoms febles:

Funció	Pronom	Context	Exemple
Subjecte (S)	*en*	• Substitueix un subjecte amb valor numeral o indefinit.	– *Han arribat tres convidats.* → *N'han arribat tres.*
Complement del nom (CN)	*en*	• Substitueix un complement introduït per la preposició *de*.	– *Des d'aquí veig la cua del cinema.* → *Des d'aquí en veig la cua.*
Atribut (Atr)	*el / la / els / les*	• Substitueixen un complement determinat.	– *Són les responsables de l'èxit.* → *Les són.*
	ho	• Substitueix un complement indeterminat.	– *Aquestes plantes són artificials.* → *Aquestes plantes ho són.*
	en	• Substitueix un complement que es vol destacar.	– *En David està molt content.* → *En David, n'està de content!*
Complement directe (CD)	*em / et / es* *ens / us / es*	• Substitueixen un complement de 1a, 2a o 3a persona.	– *Em rento.* – *Us abrigueu.*
	el / la / els / les	• Substitueixen un complement determinat.	– *Rentaré la camisa.* → *La rentaré.*
	en	• Substitueix un complement indeterminat.	– *Prendrem xocolata per berenar.* → *En prendrem per berenar.*
	ho	• Substitueix un complement neutre o una oració subordinada.	– *Compraré això.* → *Ho compraré.* – *Comprovaré que no m'hagi deixat res.* → *Ho comprovaré.*
Complement indirecte (CI)	*em / et / li / es* *ens / us / els*	• Substitueix el complement indirecte que va introduït per a o *per a*.	– *Em rento les dents.* – *Ha comprat cromos per als fills.* → *Els ha comprat cromos.*
Complement circumstancial (CC)	*hi*	• Substitueix la majoria de complements circumstancials que es poden substituir.	– *Ens veurem a Camprodon.* → *Ens hi veurem.* – *Vindran amb tren.* → *Hi vindran.*
	en	• Substitueix alguns complements introduïts per *de*.	– *Venim de plaça.* → *En venim.*
Complement de règim verbal (CRV)	*en*	• Substitueix un complement introduït per *de*.	– *S'ha desentès de l'organització.* → *Se n'ha desentès.*
	hi	• Substitueix un complement introduït per qualsevol altra preposició (*a*, *en*, *amb*, *per*)	– *Renunciarà als privilegis.* → *Hi renunciarà.*
Complement predicatiu (CPred)	*hi*	• Substitueix la majoria de complements predicatius.	– *El vagó de tren va aparèixer pintat.* → *El vagó de tren hi va aparèixer.*
	en	• Substitueix els complements predicatius dels verbs *dir-se* i *fer-se*.	– *Es diu Pep.* → *Se'n diu.*
		• Substitueix els predicatius que volem destacar.	– *N'ha vingut, de cansat!*

La combinació de dos pronoms febles de 1a i 2a persona, *en*, *hi* i *ho*

Quan necessitem substituir dos complements d'una mateixa oració ho fem amb dos pronoms, un per a cada complement, i aquests dos pronoms sempre van junts, sigui al davant del verb o bé al darrere.

En general, els pronoms s'escriuen davant del verb; quan el verb és un imperatiu, un gerundi o un infinitiu, aleshores van darrere.

	em	et	ens	us	en	hi	ho
em					-me'n me'n me n'	-m'hi m'hi	-m'ho m'ho
et	-te'm te'm te m'		-te'ns te'ns		-te'n te'n te n'	-t'hi t'hi	-t'ho t'ho
ens					-nos-en 'ns-en ens en ens n'	-nos-hi 'ns-hi ens hi	-nos-ho 'ns-ho ens ho
us	-vos-em -us-em us em us m'		-vos-ens -us-ens us ens		-vos-en -us-en us en us n'	-vos-hi -us-hi us hi	-vos-ho -us-ho us ho

Tingues en compte que:

- Els pronoms *hi* i *ho* no canvien mai de forma quan es combinen.
- Sempre hem d'apostrofar tan a la dreta com ens sigui possible: ~~*Te'm*~~ *emportes al cine.* → *Te m'emportes al cine.*
- En cada combinació de dos pronoms només hi pot haver un apòstrof: *Te n'explicaré un.*
- Quan combinem un pronom de 1a persona i un de 2a, primer escriurem el de 2a persona: *Si bades, te'm menjaré la xocolata.*

"De menjar, emporteu-*vos-en* per pujar al cim." Els pronoms de 1a i 2a persona i el pronom *en* tenen formes diferents segons la posició que ocupen.

Atenció!

Fixa't en els pronoms que van **darrere el verb**. Alguns s'apostrofen i alguns s'enllacen amb guionet:

- *Emporteu-vos-en.*
- *Compra-te'n.*
- *Porta'ls-hi.*

Per saber-ne més

Si tenim en compte la funció sintàctica que fan, l'ordre dels pronoms és el següent:

CI + CD/Atribut + CC/CPred/CRV

ACTIVITATS

20. Justifica els pronoms que substitueixen els complements subratllats (indica'n la funció i el tipus de complement):

- L'Eulàlia és la infermera del CAP. → L'Eulàlia l'és.
- Anem a buscar mores. → Anem a buscar-ne.
- L'Eva disposa d'un equip molt bo. → L'Eva en disposa.
- No acostumen a menjar mai al menjador. → No acostumen a menjar-hi mai.
- Quan vinguis, porta la fotografia. → Quan vinguis, porta-la.
- En Daniel està animat. → En Daniel ho està.
- Comentarem que hi ha un problema. → Ho comentarem.
- Confiem en el teu bon criteri. → Hi confiem.
- Es refia massa de la bona fe de la gent. → Se'n refia massa.
- S'ha adreçat amb males maneres a l'agent de policia. → S'hi ha adreçat amb males maneres.
- Han dit que vindran més tard. → Ho han dit.
- Venim del casal. → En venim.
- Passarem per la drecera. → Hi passarem.

21. Indica si els complements subratllats són CC o CRV. Després reescriu les frases substituint els complements pel pronom corresponent:

- Aquests nens no van mai per la vorera.
- Confia en una solució ràpida.
- Viatjarem en primera classe.
- L'empresa apostarà per un nou disseny.
- Pensa a treure les escombraries abans de les deu.
- Tornaran a Ceret l'estiu vinent.

22. Indica si els complements subratllats són Atr o CPred. Després reescriu les frases substituint els complements pel pronom corresponent:

- Es posa malalt només de pensar-hi.
- Està malalt des de dilluns.
- Porta la camisa ben tacada.
- La camisa està ben tacada.
- Han trobat molta caravana i han arribat nerviosos.
- Estan nerviosos per la celebració.

23. Indica la funció sintàctica dels pronoms febles d'aquestes oracions:

- Li explicarem l'argument de la pel·lícula.
- L'explicarem als cosins.
- En parlaran molt.
- Hi aniran.
- Hi juguen.
- La situació s'hi presenta.
- En vindran molts.
- Aquest director ho és.
- Hi dibuixa.

24. Identifica la funció sintàctica dels complements o de les oracions subratllats i reescriu cada oració substituint-los pel pronom corresponent:

- Necessites que t'ajudi.
- Treu el pastís de la nevera.
- Cada dissabte anem al cinema.
- Explicarem contes als cosins.
- Necessites diners per al pa?
- Parlen de la notícia del dia.
- La veritat és que estem una mica decebuts.
- Sortiran quatre testimonis.

25. Indica les funcions sintàctiques que poden fer els pronoms següents:

- El pronom *la*.
- El pronom *ho*.
- El pronom *en*.
- El pronom *li*.
- El pronom *hi*.
- El pronom *et*.
- El pronom *els*.
- El pronom *les*.

26. Reescriu el text canviant els complements subratllats pel pronom corresponent. Indica la funció de cada pronom:

Fa molts anys que Grècia reclama sense èxit la devolució de les escultures de l'Acròpoli d'Atenes que es conserven en el Museu Britànic de Londres. Concretament, fa més de vint anys que demanen aquestes escultures de l'Acròpoli d'Atenes que es conserven en el Museu Britànic de Londres. Els advocats consultats pel govern grec han remarcat al govern grec que la devolució d'aquestes peces no estableix precedents legals per a altres casos, i el president de l'associació internacional per a la tornada dels marbres també afirma que la devolució d'aquestes peces no estableix precedents legals per a altres casos.

Els marbres van arribar al Regne Unit entre els anys 1801 i 1805, quan lord Elgin va enviar al Regne Unit part del fris del Partenó. Lord Elgin, ambaixador britànic a l'Imperi Otomà, i conegut amant de les antiguitats ja que ell mateix es definia com un amant de les antiguitats, va vendre el fris del Partenó que havia enviat al Regne Unit al seu govern per 35000 lliure enmig d'una gran polèmica, perquè es dubtava del procediment amb què s'havia aconseguit traslladar el fris del Partenó.

Sàpiens, octubre 2014.

27. Completa les oracions amb les formes correctes dels pronoms *el* o *en* i indica quina funció fan en cada cas:

- On deses el paraigua? Sempre ... deso al calaix.
- Quan van convidar en Guillem? Van convidar-... dilluns passat.
- Han repartit samarretes? ... han repartit només als inscrits.
- Compro pa? Compra ... dues barres.
- Hem d'avisar el taxi? ... avisarem més tard.
- On compro l'embotit? Compra ... a la botiga d'ibèrics.
- Tens claus? ... tinc només de l'entrada.
- Van trobar bolets? Van trobar-... molts!

28. Reescriu el text substituint els pronoms per un sintagma nominal, un sintagma preposicional o un sintagma adverbial dels proposats a continuació. Després, indica la funció de cada sintagma:

El Museu Marítim demana fotos submarines per a una exposició

Amb motiu de l'organització de la mostra "Càmeres submarines. El repte de fotografiar sota l'aigua", el Museu Marítim de Barcelona (MMB) convida el públic a participar-hi.

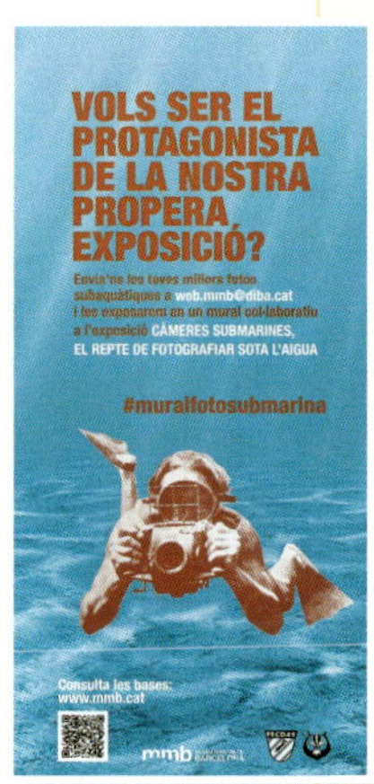

L'exposició té un apartat dedicat a la popularització de la fotografia submarina, des de finals del segle XX fins a l'actualitat. Les fotografies rebudes en formaran part. Els participants en la iniciativa "Vols ser protagonista de la propera exposició?" podran enviar-les fins al 31 d'agost de 2014.

- les seves fotografies.
- d'un gran mural col·laboratiu que s'exposarà en un dels àmbits de la mostra.
- en l'exposició amb les seves millors imatges subaquàtiques.

29. Reescriu les formes següents separant correctament els verbs dels pronoms:

- enshiarribarem
- doneunosen
- menhecomprat
- tenendús
- emportaten
- portamhi
- alegrarvosen
- expliqueumho
- thiassembles

30. Completa la taula reescrivint les combinacions de pronoms febles seguint l'exemple:

Te'n recordes?	Te n'has recordat?	Recorda-te'n.
Me'n compro tres.	... he comprat tres.	Compra-... tres.
... vau assabentar?	Us n'heu assabentat.	Assabenteu-...
... emportaré la motxilla.	... he emportat la motxilla.	Emporta-te'm la motxilla.
... miraràs bé?	T'ho has mirat bé?	Mira ... bé.
Us ho volen explicar ara.	... explicaran ara.	Explicant-... ara serà més fàcil.
... volen acompanyar.	Ens hi ha volgut acompanyar.	Acompanyeu-...

31. Indica l'opció de combinació de pronoms correcta en cada cas i justifica-la:

- ▢ No te'n oblidis.
- ▢ No t'en oblidis.
- ▢ No te n'oblidis.

- ▢ Me n'alegro.
- ▢ Me'n alegro.
- ▢ M'en alegro.

- ▢ Aneu-vos-en
- ▢ Aneu-us'n
- ▢ Aneu-vos'n

- ▢ Compra-m'en
- ▢ Compra'm-en
- ▢ Compra-me'n

32. Reescriu les oracions substituint el complement subratllat pel pronom corresponent:

- Agafa fruita per berenar.
- Compra'ns tres números de loteria, si us plau.
- M'han adreçat a una altra oficina.
- Explica'm què t'ha passat.
- Emporta't el mòbil a l'excursió.
- M'enduré la motxilla.
- Preneu-vos unes herbes digestives.
- Us heu desviat de la carretera principal.
- Ens han vist per la tele.

4. Les grafies *b/v, h*

Les grafies *b* i *v*

A l'hora d'escriure **b** o **v** hi ha algunes regles que ens poden ajudar, tot i que sovint cal consultar el diccionari.

- S'escriu **b**:
  - Davant de ***l*** i ***r***: ***br**ut*, ***bl**au*, ***br**ètol*, ***bl**eda*, ***br**ossa*, ***br**usa*.
  - Darrere **m**: *a**mb**ient*, *co**mb**at*, *se**mb**lar*.
  - En mots que hi ha alternança ***b/p*** dins la mateixa família lèxica: *sa**p*** → *sa**b**er*, *sa**b**és*, *sa**b**ia*, *sa**b**ria*; *ca**p*** → *ca**b**re*, *ca**b**essis*, *ca**b**ut*, *ca**b**íem*.
- S'escriu **v**:
  - Darrere **n**: *co**nv**idar*, *dese**nv**olupar*, *i**nv**ent*.
  - En les formes d'imperfet d'indicatiu dels verbs de la primera conjugació: *canta**v**a*, *balla**v**es*, *estudià**v**em*, *aparcà**v**eu*, *passa**v**en*.
  - En mots d'una família lèxica que hi ha alternança ***v/u***: *se**v**a/se**u***, *ne**v**ar/ne**u***, *passi**v**a/passi**u**...*
  - S'escriu *tra**mv**ia* i *circu**mv**al·lació*.

Els pseudoderivats

Els pseudoderivats són mots que provenen directament del llatí i no pas del mot català i per això no tenen la mateixa grafia:

- *a**v**ortar, a**v**ortament* → *a**b**ortiu*
- *pro**v**ar, apro**v**ar* → *pro**b**able*
- *cor**b**, cor**b**a* → *cur**v**atura, cur**v**ilini*
- *mo**u**re, mo**v**iment* → *mò**b**il*
- *cal**b**, cal**b**a* → *cal**v**ície*
- *de**u**re, de**v**ia* → *dè**b**it*
- *lla**v**i* → *la**b**ial*
- *cer**v**ell* → *cere**b**ral, cere**b**el*

La grafia *h*

La grafia ***h*** pot aparèixer en qualsevol posició:

- Inicial: ***h**àbil*, ***h**abitació*, ***h**amaca*, ***h**aver*, ***h**erba*, ***h**ectàrea*, ***h**exàgon*, ***h**iat*, ***h**idrogen*, ***h**istòria*, ***h**ome*, ***h**oritzontal*, ***h**umanitat*, ***h**umor...*
- Intercalada: *ad**h**erir*, *co**h**esió*, *ex**h**alar*, *ex**h**aurir*, *in**h**erent*, *in**h**umà*, *pro**h**ibició*, *ve**h**icle...*
- Final: *e**h***, *o**h***, *a**h***.

En general, l'ús de la ***h*** coincideix en català i en castellà, excepte en algunes paraules, com les que tens a continuació:

Català amb *h*	Castellà sense *h*
ahir	*ayer*
hivern	*invierno*
hissar	*izar*
subhasta	*subasta*
ham	*anzuelo*
harmonia	*armonía*

Català sense *h*	Castellà amb *h*
cacauet	*cacahuete*
coet	*cohete*
orfe	*huérfano*
orxata	*horchata*
os	*hueso*
ou	*huevo*

En les onomatopeies i alguns mots manllevats d'altres llengües, la hac es pronuncia aspirada: *ha, ha!, ehem, Hawaii, hippy*, etc.

Per saber-ne més

Fa temps es feia la distinció entre el so [v] (pronunciat apropant les dents superiors al llavi inferior i deixant passar l'aire) i el so [b]. Ara només es manté en alguns parlars.

El mot *tramvia* s'escriu amb *v*.

FONÈTICA

Ves a www.tiching.com/732376. Escolta i respon.

Atenció!

Totes les formes del verb *haver* s'escriuen amb *h* i *v*.

El mot *hamaca* porta hac.

ACTIVITATS

33. Relaciona les paraules de la columna de la dreta amb les de la columna de l'esquerra:

a) calvície	– moviment
b) cerebral	– cervell
c) probable	– calb
d) labial	– ennuvolat
e) curvatura	– provar
f) nebulositat	– llavi
g) mòbil	– corba

34. Completa aquestes frases amb una de les dues paraules que tens a continuació:

- bel/vel
  - Vam sentir el ... de les cabres des del refugi.
  - Ha comprat un vestit amb ... per al dia del casament.
- rebel·lar/revelar
  - Els amics de l'Anna van ... el secret.
  - Els pagesos es van ... contra els senyors.
- beure/veure
  - En el restaurant que hi ha a l'espadat es pot ... una panoràmica fantàstica
  - Cada mes els veïns fan una visita a un celler diferent per ... i comprar bon vi.
- bellesa/vellesa
  - El professor ens ha preguntat a quina edat comença la ....
  - Els cànons de ... de l'antiguitat eren diferents dels actuals.

35. Completa aquestes paraules amb una *b* o una *v*. Després escriu una frase en què quedi clar el significat:

- em...oscada: ...
- in...oluntari: ...
- em...ús: ...
- tam...oret: ...
- recan...i: ...
- en...às: ...
- am...aixador: ...
- in...asió: ...
- en...ernissar: ...
- com...ustible: ...

36. Torna a escriure aquestes paraules afegint una *h* en la posició que correspongui:

- ✗abans-d'air: ...
- ✗alcoòlic: ...
- ✗ematoma: ...
- ✗abitacle: ...
- ✗emisferi: ...
- ✗istèria: ...
- ✗coesió: ...
- ✗ectàrea: ...

37. Completa, si cal, aquestes paraules amb una *h* i relaciona-les amb el seu significat:

	Significat
an...el	Apte, idoni, per a alguna cosa.
...àbil	Liana de la família de les araliàcies, proveïda d'arrels adventícies per mitjà de les quals s'arrapa als arbres i a les parets.
...eura	Personatge femení principal d'una llegenda, d'una narració, etc.
...iceberg	Esgotat, exhaurit.
...èlix	Substància capaç de mantenir unides les superfícies de dos sòlids en contacte.
ex...aust	Que tanca perfectament, que no deixa passar l'aire.
ad ... esiu	Desig vehement.
... eroïna	Aparell mecànic de propulsió format per un eix amb pales corbades de superfícies helicoïdal.
...ermètic	Massa de glaç d'aigua dolça de grans dimensions que sura pel mar a la deriva.

DICTAT PREPARAT

38. Completa aquest text amb una *b*, *v* o *h*. Després compara'l amb el d'un company i prepara't perquè te'l dictin:

Porc ...ullit amb salsa de ra...e

La trucada l'...a desconcertat. Que, de cop i volta, el seu cosí hagi decidit ...enir a viure a la ciutat el sorprèn desagrada...lement. Aca...a de penjar el telèfon i encara manté la mà am... l'auricular. Que el cosí ...agi llogat habitació en un ...otel fins que tro...i lloc on viure indicaria que veu clar que entre tots dos no ...i ha possibilitat ni tan sols d'un parentesc portat ca...allerosament si no fos perquè, tot seguit d'ha...er llogat l'...abitació, li telefona perquè sigui precisament ell, agent immo...iliari, qui li aconsegueixi la casa.

Quim MONZÓ: *Vuitanta-sis contes.*

5. La sociolingüística

Definició

La **sociolingüística** estudia la relació que s'estableix entre una llengua i la societat que la parla.

Quan en un mateix territori es parlen diverses llengües es produeix una situació de bilingüisme o de **multilingüisme**. En aquestes situacions de **llengües en contacte**, es produeixen els fenòmens següents:

Interferència: els parlants empren mots, sons, terminacions verbals, etc., d'una llengua quan parlen l'altra, d'una manera ocasional o sistemàtica.

Disglòssia: una de les llengües és usada preferentment en l'àmbit familiar i l'altra, en el públic i oficial, de manera que la segona adquireix més prestigi.

Substitució lingüística: els parlants d'una llengua l'abandonen i n'adopten una altra, primer només en uns àmbits d'ús (feina, escola, mitjans de comunicació) i, finalment, en la transmissió als fills.

Normalització: una llengua que estava sent substituïda recupera àmbits d'ús, aconsegueix un reconeixement oficial i reverteix el procés que la conduïa a la desaparició.

Per saber-ne més

La majoria de països del món són multilingües.

La situació sociolingüística de la llengua catalana

El català té situacions legals i socials diferents als diversos territoris on es parla:

- **Catalunya**. El català hi és la llengua pròpia i oficial, al costat del castellà, i de l'occità, anomenat aranès a la Vall d'Aran, on és la llengua pròpia. El català és la llengua d'ús habitual a l'administració i a l'ensenyament, i disposa d'una gran vitalitat en els àmbits de la cultura i els mitjans de comunicació. En altres àmbits com el cinema o els jutjats la presència és menor.
- **Comunitat Valenciana**. El català hi és la llengua pròpia i oficial, sota el nom de valencià, al costat del castellà. S'estudia a les escoles i és la llengua vehicular de la línia d'escola en valencià.

  El català està en retrocés a les grans ciutats, com València i Alacant. Tot i que hi ha sectors culturals que vetllen per normalitzar-la, hi ha un gran dèficit de mitjans de comunicació en català.
- **Illes Balears**. El català hi és la llengua pròpia i oficial, juntament amb el castellà. El català és la llengua habitual de bona part del sistema educatiu, però en altres àmbits públics no té tanta vitalitat.
- **Franja catalanoparlant d'Aragó**. El català hi és llengua pròpia, però no és oficial. El coneixement del català parlat és el més alt de tota l'àrea catalanoparlant.
- **Andorra**. És l'únic territori on el català és única llengua oficial, la llengua d'un estat. Malgrat això, la peculiar composició actual de la població andorrana, amb múltiples migracions, fa que el català no hi sigui la llengua més usada.

CONEIXEMENT DEL CATALÀ EN ELS TERRITORIS DE PARLA CATALANA. 2012

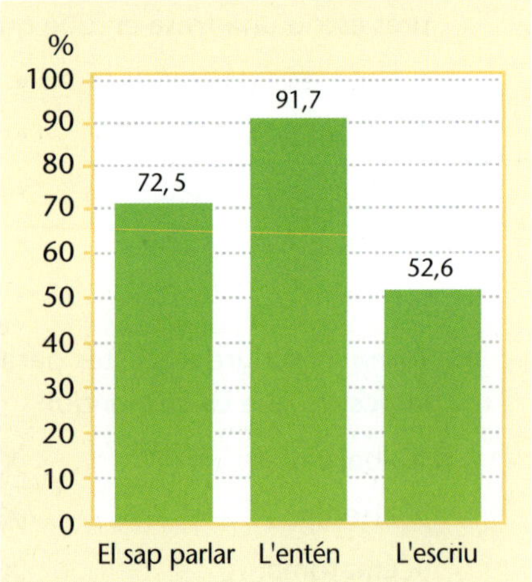

El 91,7% que entenen el català equivaldrien a 12,8 milions de persones.

- **Catalunya del Nord**. El català ha estat la llengua d'ús habitual fins al 1950, quan va ser àmpliament substituït pel francès. La legislació francesa no el reconeix com a llengua del territori, per la qual cosa no forma part del sistema educatiu, a excepció de les escoles de la Bressola. Malgrat els impediments, hi ha un moviment cutural de recuperació lingüística.
- **L'Alguer**. El català s'ha conservat en aquesta ciutat sarda, malgrat la manca de contacte durant segles amb al resta dels territoris de parla catalana i la pressió de l'italià com a llengua principal de l'administració, l'escola i els mitjans de comunicació. L'única llengua oficial és l'italià, tot i que la carta municipal de la ciutat es proposa protegir i promoure el català.

El Consell Municipal de Perpinyà ha declarat el català llengua oficial de la vila.

Ús del català a Catalunya

A Catalunya, el català és més usat per parlar amb els fills (37,3 %) que amb els pares (30,7 %) i amb els avis (28,8 %). És a dir, hi ha un nombre significatiu de catalans que no parlaven el català de petits a casa i han decidit parlar-lo amb els seus fills. D'altra banda, el català és la llengua preferida per parlar amb els companys d'estudi i als llocs de feina.

Al cinema, a l'àmbit judicial o en la retolació de productes comercials, el català té una posició menys destacada. En l'àmbit dels mitjans de comunicació, Catalunya és el territori catalanoparlant amb més oferta en la llengua pròpia. Tot i això, encara no té una presència normalitzada:

Llengua de consum dels mitjans de comunicació.
Població de 14 anys i més sobre el total de consumidors de cada mitjà (%)

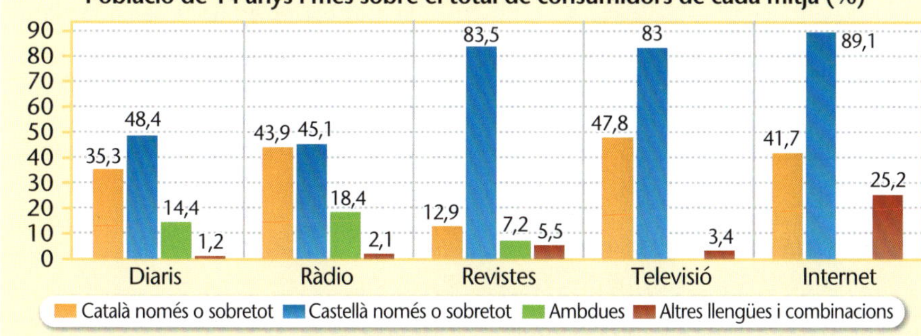

Per saber-ne més

A Catalunya, es parlen moltes llengües. Així, doncs, actualment hi ha unes sis-centes mil persones que tenen com a llengua inicial la primera que van parlar de petits, l'àrab, el romanès, l'amazic, el francès, el gallec, el rus, l'italià, el portuguès o l'anglès.

ACTIVITATS

39. Fes una breu recerca i respon:

- Quines i quantes llengües es parlen al teu centre?
- Quines i quantes llengües saben els teus companys?
- En quina llengua estan escrits els cartells, les convocatòries de reunió, els avisos...?

40. Fes una llista amb les vuit últimes pel·lícules que has vist. Quan la tinguis feta, afegeix en quina llengua i si les has vistes al cinema o a casa. Escriu un text que en resumeixi els resultats.

41. Analitza les dades del gràfic sobre la situació del català en els mitjans de comunicació a Catalunya.

42. Analitza les dades del gràfic següent sobre l'ús de les llengües als llocs de feina a Catalunya. Fes-ne una explicació en sis línies.

Llengua més freqüent del centre on treballa. 2013 (%)

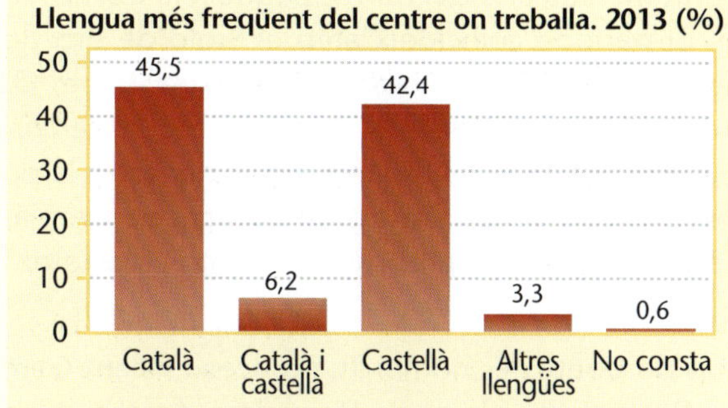

6. El Barroc

El context històric i cultural del Barroc

A la segona meitat del segle XVI el clima de llibertat es va esvaint, substituït per un control rigorós del pensament i per la imposició d'una ideologia des dels poders. L'Església catòlica reacciona contra la Reforma luterana i convoca el Concili de Trento (1545-1563) que engega, amb el suport de Felip II, el moviment de la **Contrareforma**.

Els ideals estètics del Renaixement –equilibri, mesura, harmonia– es difuminen. La raó perd el domini sobre els sentits i els sentiments es manifesten sense límits.

L'art ha de desvetllar admiració, ha d'enlluernar. La construcció de grans monuments –columnata de Bernini al Vaticà, Palau de Versalles– provoca admiració i respecte vers el poder. Aquesta sensibilitat nova dona pas al moviment del Barroc, un art carregat fins arribar a la desmesura, que en literatura dona lloc al culte a la forma i, alhora, a la condensació del contingut en poques paraules.

La Columnata de Bernini al Vaticà simbolitza una abraçada de l'Església als fidels.

El Barroc és una art de multituds, a les quals vol impressionar i es vol transmetre un missatge: la supremacia de la monarquia i de l'Església catòlica. L'exaltació vitalista del *carpe diem* renaixentista queda desplaçada per una visió negativa de la vida, basada en la fugacitat del plaer, el pas dels temps i en la cita ineludible de la mort.

Per saber-ne més

El mot *barroc* en italià tenia inicialment un significat despectiu: "poc acurat, extravagant", però amb el temps el mot es va consolidar com a denominació genèrica del moviment.

> O ditxosos aquells que, retirats,
> tenen alt en lo cel son pensament,
> apartats de les coses temporals!
>
> Francesc Vicent GARCIA

Per impactar el lector, la literatura cerca l'artifici i acumula en els versos una gran quantitat de figures retòriques (antítesis, paradoxes, metàfores, el·lipsis, hipèrbatons...) que **enfosqueixen el significat**. També és característic l'ús d'una llengua poètica que es mou entre els cultismes i els vulgarismes, la qual cosa genera contrastos potents en el text.

La literatura catalana del Barroc

La literatura catalana del Barroc segueix la davallada iniciada en el segle anterior. El període coincideix amb el Siglo de oro de la literatura castellana, les figures del qual –Garcilaso de la Vega, Lope, Quevedo, Góngora...– influencien els autors catalans, i amb un seguit de crisis polítiques i socials. La vida literària decau i es redueix a dos gèneres: la poesia i el teatre. Malgrat la desconfiança en el prestigi de la llengua pròpia, a Catalunya sorgeixen poetes que adapten, amb una brillantor discreta, l'estètica triomfant a la llengua catalana.

El grup de poetes és nombrós: Francesc Vicent Garcia, Francesc Fontanella, Josep Romaguera, Joan de Boixadors. La majoria d'aquests autors no publicà els poemes en vida i els limitaven a fer circular en manuscrits.

Corpus de Sang, el 1640, inici de la Revolta dels Segadors.

Francesc Vicent Garcia

Figura principal del Barroc literari català, Vicent Garcia (Tortosa, 1579 - Vallfogona de Riucorb, 1623), estudia a Lleida i s'ordena de sacerdot a Vic (1605). Després guanya per oposició la parròquia de Vallfogona de Riucorb, la qual cosa li proporcionà el sobrenom de "**rector de Vallfogona**". Personalitat de l'època, se li atribueixen nombroses anècdotes i es conserva el sermó que pronuncià en els funerals de Felip III.

Garcia és autor d'un centenar de sonets de qualitat, que tracten les temàtiques del moment: el pas inexorable del temps, el desengany de la vida, la poca consistència de l'amor i el plaer terrenal i la vanitat de la fama:

Delits, riqueses, honres, majestats
No poden saciar lo enteniment
Creat per a gosar béns eternals.

Església de Vallfogona de Riucorb.

La seva expressió s'identifica amb el Barroc i en presenta els trets estilístics propis, com ara l'hipèrbaton:

I de Jerusalem molt aparats,
En pàtria tan estranya, no cantam

També és autor d'una peça teatral, *La comèdia de Santa Bàrbara*, i de nombroses peces menors d'influència castellana, *dècimes*, romanços, *letrilles*..., de gran projecció social i que el feren molt conegut.

Francesc Fontanella

Una altra figura important del barroc català és Francesc Fontanella, poeta i dramaturg. Nascut a Barcelona, professionalment seguí la tradició familiar que el vinculava al Dret i participà activament en les negociacions per a la incorporació de Catalunya a la corona de França durant la Guerra dels Segadors (1640). Ja gran, ingressà a l'orde dels dominicans i morí a Perpinyà.

L'obra de Fontanella és molt interessant per la consciència que mostra sobre la necessitat d'una literatura culta en llengua catalana. És un poeta de qualitat, amb una llengua literària molt treballada, tal com reflecteixen els diversos sonets que escriví. Destaca també com a dramaturg, a la *Tragicomèdia d'amor, fermesa i porfídia* i a *Lo desengany*, on es fa ressò de la **visió barroca sobre l'existència i la mort**:

Passen edats i vides
amb moviment subtil,
les unes nos segueixen
a les altres seguim.
Los anys se precipiten
tan veloçment al fi
que és començar a viure
començar a morir.

Francesc Fontanella morí exiliat a la ciutat de Perpinyà.

ACTIVITATS

43. Busqueu en aquest poema de Francesc Fontanella (que empra el pseudònim de 'Fontano') un exemple d'hipèrbaton i un altre de paradoxa:

Càndida, cristal·lina corrent pura,
aigua fort d'un voler de flama activa,
que en caràcter etern bronces aviva
de Nise burilant la sepultura,

és, lector, la que veus, si la ternura
no t'impedeix la vista compassiva,
que un sentiment penós los sentits priva,
i més si és d'ell objecte una hermosura.

Oh llàgrimes d'un foc mai eixugades!
Oh flames d'un raudal mai extinguides!
de Fontano les forces alterades,

perquè duren eternes nostres vides,
lo cor dona a les asqües abrasades
i los ulls a les aigües derretides.

44. La llengua és un tema de reivindicació entre els autors barrocs. Llegeix el sonet següent de Vicent Garcia i fes un resum dels arguments del poeta a favor de l'ús literari del català. Després, comptabilitza els castellanismes. Què explica l'ús de termes castellans?

A l'expressiva senzillesa de la llengua catalana

Gaste, qui de les flors de poesia
Toies vol consagrar als ulls que adora,
Del ric aljòfar que plorà l'Aurora
Quan li convinga dir que es fa de dia;

Si d'abril parla, pinte l'alegria
Amb què desplega ses catifes Flora,
O a Filomena, mentre cantant plora,
De ram en ram, la llengua que tenia;

A qui es diu Isabel, diga-li Isbella,
Sol i estrelles als ulls, als llavis grana,
Llocs comuns de les muses de Castella,

Que jo, per a que sàpia Tecla, o Joana
Que estic perdut per tot quan veig en ella,
Prou tinc de la llanesa catalana.

45. Llegeix aquest fragment d'"Els Segadors", una cançó anònima d'origen popular, i compara'l amb els altres dos poemes d'aquesta pàgina. Quines diferències estilístiques i formals hi trobes?

Catalunya triomfant
tornarà a ser rica i plena!
Ara el rei, nostre senyor,
declarada ens té la guerra.
Bon cop de falç,
defensors de la terra!
Bon cop de falç!

46. En el pròleg català redactat per celebrar el *Siglo cuarto de la conquista de Valencia*, Marc Antoni Ortí, secretari i cronista d'aquesta ciutat, es veu obligat a justificar-se per haver publicat el text en castellà.

a) Quina valoració es fa de la llengua?

b) Sempre ha estat així o reconeix canvis recents? Argumenta la resposta.

Algunes persones de les que saberen que estava ocupat en escriure estos discursos, han tengut per defecte lo haver-los escrit en llengua castellana, pareixent-los que tractant-se de festes de València de fora més acertat escriure-les en llengua valenciana; i no puc deixar confessar que, en alguna part, tenen raó i mostren lo bon zel amb què estimen la conservació de son natural idioma, majorment essent com és tan ric i abundant de veus pròpies i frases tan significatives... però encara que esta llengua participara aquest llibre de tanta elegància com amb la llatina li poguera donar Ciceró, solament servirà als valencians... i així succés de València és més acertat escriure'l en la llengua més proporcionada amb la intel·ligència de totes les nacions, amb qui s'ha fet comuna la castellana...

... A més d'açò, encara que em sàpia mal, hauré de dir tot el que sent en orde a est particular... i és que no he pogut deixar d'estranyar lo haver vist que en aquest temps haja pogut trobar-se valencià que repare en açò perquè si en algun temps solia fer-se gran estimació de la llengua valenciana, que quan en les juntes de la ciutat, estaments i altres comunitats, algú dels valencians que es trobava en elles se posava a parlar en castellà, tots los altres s'enfurien contra ell dient-li que parlàs en sa llengua. I encara ha arribat est costum a introduir tan extremadament que no sols se fa particular estudi i procurar saber la llengua castellana, però també en oblidar la valenciana...

Dos poemes del Barroc

L'acumulació de figures (metàfores, hipèrbatons...) i l'atmosfera de sensualitat presents en els versos de Francesc Vicent Garcia són característiques de l'època. En el segon poema, l'expressió directa, els orígens anònims del bandoler protagonista i la selecció d'un tema procedent de la realitat immediata complementen l'altra vessant de la poesia catalana del barroc.

Elogia un galant l'hermosura d'una dama

Sou, oh Nise, la suma de la bellesa
On, totes juntes contemplar se poden
Les mostres del vestit que a Flora broden
Seda i agulla de Naturalesa:

Clavell la boca i olor de camuesa,
Los ulls als ulls de lliris s'acomoden,
Tot lo demés, amb dolces bandes, roden
Les roses i jasmins amb sa puresa;

Puix, què diré de la bellesa rara
Del jardí de aquell pit, que sempre hi neva?
I sempre està cobert de meravelles?

No com els altres que la sort avara
Dintre d'un dia la bellesa els lleva:
Que divines, i eternes, són aquelles!

Francesc Vicent GARCIA

Serrallonga

Joan Sala i Viladrau   era el nom que jo tenia,
per altre nom Serrallonga,   casat amb una pubilla.
Teníem dos heretats   que molt bé nos hi vivíem
de continu dos fadrins   a la taula nos servien.
Vaig tenir quatre raons   amb un fadrí de la vila,
de raons i més raons   jo li vaig llevar la vida.
Un dia em passà pel cap   de fer-me cap de quadrilla,
és veritat que trobí   cinquanta hòmens en un dia;
ja fórem cinquanta-dos   jo i un mosso que tenia.
No teníem cap diner,   jo i les camarades mies,
sabíem que en un hostal   de diners prou n'hi havia:
d'allà ens en vàrem portar,   passa de cinc-centes lliures.
Jo me'n so determinat   de tornar-hi sol un dia.
Ja en veig venir l'hostalera   que cap a mi se'n venia.
De tant lluny com la'n vaig veure   jo saludar-la volia.
"Diuen que ara per ací   no hi ha gent de mala vida,
per a mi bé n'hi ha hagut,   m'han robat tot quant tenia:
los traïdors d'en Serrallonga,   llamp que li llevi la vida!"
"Jo penso entre mi mateix: 'lo mal que tu em vols te vinga',
posa al llibre dels perduts   totes les cinc-centes lliures."

Manuel MILÀ i FONTANALS: *Romancer català.*

Pieter Snayers: *Assalt de bandolers*, segle XVII.

- Quines diferències trobes entre aquests dos poemes barrocs?
- En quin gènere està escrit el primer? És poesia culta o popular? Per què?
- El poema de Vicent Garcia canta la bellesa d'un nimfa amb comparacions. Podries seguir el joc d'equivalències?
- Resumeix els fets sobre en Serrallonga que relata el segon poema.

L'entrevista

"Memoritzo en 50 segons un número de 100 dígits"

Ramón Campayo, propietari de la memòria més poderosa del món.

Té la memòria més poderosa del món?

Sí, set vegades campió del món i més d'un centenar de rècords mundials...

Quins rècords?

De memòria ràpida, de memòria de fons...

Un exemple de memòria de fons.

Durant 72 hores seguides em reciten una sèrie aleatòria de paraules i..

72 hores? Són tres dies!

Sí, amb pauses breus, escoltant i memoritzant...

Quantes paraules són?

El rècord anterior estava en 23 000 i l'he batut: he memoritzat 23 200 paraules.

Quina barbaritat.

I la posició exacta de cadascuna: si em preguntaven quina paraula era la 8 372, la deia.

I la memòria ràpida, què és?

Contemplo un instant una sèrie numèrica, o una plantilla de quadrícules marcades, o dibuixos de colors... i els memoritzo i els reprodueixo.

I quanta estona ha de mirar-s'ho?

Memoritzo un nombre de 100 dígits mirant-lo durant 50 segons.

Què hi diu la ciència?

En un cervell normal passen 150 mil·lisegons des de l'ull fins a l'àrea cerebral que hi veu. Per cert... sabia que la mosca és més ràpida, perquè en té prou amb 120 mil·lisegons?

No ho sabia.

Per això ens sembla que s'anticipa als nostres gestos, que té precognició..! Bé, doncs, el meu cervell va més ràpid que el de la mosca: hi veu en 112 millisegons.

I li serveix d'alguna cosa en la vida quotidiana?

Llegeixo 40 paraules per segon, puc llegir un llibre de 200 pàgines en 20 minuts.

I té algun desavantatge?

Sí, un: no puc anar al cinema. Em marejo!

I això, per què?

Perquè veig cadascun dels fotogrames de la pel·lícula. Els 25 fotogrames per segon del cinema no enganyen la rapidesa de la meva visió: els veig un per un!

Increïble!

Per verificar-ho, em van sotmetre a una prova irrefutable: van escriure una frase en un fotograma d'una pel·lícula. Em van projectar la pel·lícula i... vaig veure la frase i la vaig repetir!

Han mesurat el quocient d'intel·ligència del seu cervell?

Sí, tinc un quocient intel·lectual de 194, un dels més alts del món. Però això és sempre estable, no és interessant: la imaginació és interessant.

La imaginació? Per què?

Una persona molt imaginativa té més recursos que una persona molt intel·ligent.

La ment funciona amb imatges?

Sí, i la imaginació és molt agraïda si l'exercites, i molt poderosa. Pots usar-la per estar serè i més sa.

Què té a veure amb la salut?

Un cervell tonificat vetlla per la salut general. Faci una prova: convenci's quan se'n va al llit que somiarà amb alguna cosa concreta. Si no li surt, insisteixi-hi, i acabarà somiant-ho!

Per a què serveix això?

Entendrà que la seva força mental crea realitats. És gairebé màgica. Es dirà "estic bé", i estarà bé! Ser feliç depèn d'un mateix.

Algun consell?

Confia en tu mateix. Pensa que pots fer-ho. Mai no te'n vagis a dormir amb una preocupació a la ment o et posaràs malalt: deixa-la a l'agenda.

Víctor-M. AMELA: *La Vanguardia*, 7 d'octubre de 2014 (adaptació).

Comprensió del text

1. Indica quina d'aquestes dades no correspon al rècord de memòria de fons de Ramón Campayo:

a) Va memoritzar dades durant 72 hores. ▢
b) Va memoritzar 23 200 paraules. ▢
c) Va memoritzar 23 000 paraules. ▢
d) Podia determinar la posició exacta de cada paraula. ▢

2. Què significa *aleatòria*?

a) Que és insegura. ▢
b) Que no segueix una seqüència determinada. ▢
c) Que segueix una seqüència determinada. ▢
d) Que és molt llarga. ▢

3. Indica quina d'aquestes afirmacions sobre en Ramón Campayo són veritables i quines són falses:

a) Ha memoritzat la sèrie aleatòria de paraules més llarga. ▢
b) Ha memoritzat un nombre de 100 dígits en 50 segons. ▢
c) Veu imatges en 120 mil·lisegons. ▢
d) Té el quocient intel·lectual més gran del món. ▢
e) Veu cadascun dels fotogrames d'una pel·lícula. ▢

4. Indica en quin ordre apareix la informació en l'entrevista:

A	La imaginació com a font de recursos.
B	Captació de les imatges per part del cervell.
C	La força mental com a creadora de realitats.
D	Els avantatges de la memòria ràpida.

a) B→D→A→C ▢ c) B→D→C→A ▢
b) D→B→C→A ▢ d) D→B→A→C ▢

5. Indica quina d'aquestes accions corresponen a la memòria ràpida:

a) Memoritzar una sèrie aleatòria de paraules. ▢
b) Captar els fotogrames d'una pel·lícula. ▢
c) Memoritzar i reproduir exactament un dibuix en el mínim de temps. ▢
d) Memoritzar una sèrie aleatòria de xifres. ▢

6. Què et sembla que vol dir que la imaginació és molt agraïda si l'exercites? Explica-ho i posa'n exemples.

7. Quina diries que és la conclusió del text?

8. T'han sorprès el tipus de preguntes i respostes de l'entrevista?

Expressió escrita

9. **ORTOGRAFIA** Completa les paraules amb *m* o *n*:

- e...mig
- e...pat
- pressu...pte
- i...premta
- i...vent
- à...fora
- pre...sa
- e...veja
- be...parlat
- e...focar
- i...formació
- co...ferència
- i...mens
- ta...mateix
- so...riure

10. **PUNTUACIÓ** Llegeix aquest text i marca-hi tots els punts i a part necessaris:

> L'art és l'activitat creadora humana, individual o col·lectiva, que utilitza elements materials per expressar la percepció de la realitat, les idees i els pensaments. L'art és, per tant, l'expressió de l'esperit humà per mitjà del qual l'artista manifesta la seva tendència natural cap a la creació. El procés creador té dues fases: la *idea* i la *realització*. Totes dues poden ser obra d'un mateix individu, malgrat que de vegades la idea pot generar-la algú aliè a la realització pràctica. Així, per exemple, en el procés d'elaboració d'un edifici, l'arquitecte dissenya i l'artesà construeix, mentre que una escultura pot ser dissenyada per l'artista i elaborada per l'artista mateix o per un artesà. Malgrat que al llarg de la història els artistes han cercat la bellesa i la perfecció, no podem descartar altres opcions, sobretot a partir del període romàntic, quan aquests dos supòsits han estat poc o gens valorats i, en canvi, l'art ha cercat el rebuig i la provocació.

11. **REDACCIÓ** Escriu sis preguntes més per fer a Ramón Campayo. Tres preguntes seran per demanar-li que concreti algun aspecte que ja ha exposat, de manera que hauran d'encaixar bé dins el text de l'entrevista que has llegit. Les altres tres preguntes poden ser sobre algun aspecte que no hagi tractat, però també han de seguir l'estil del text.

Segueix aquest procés:

1. Pensa bé les preguntes abans d'escriure-les.
2. Mira que les preguntes siguin coherents amb l'estil del text.
3. Revisa l'ortografia i les convencions pròpies d'aquest tipus de textos.

9 La informació a la xarxa

La comunicació global

Continguts

- La comunicació i la informació a la xarxa
- L'ús dels parèntesis i el guió llarg
- La cura de la veu
- L'oració composta
- Les grafies *m/n*, *l·l*, *r/rr*
- Les llengües d'Europa
- El segle XVIII

APLIQUEM: Fem una campanya publicitària

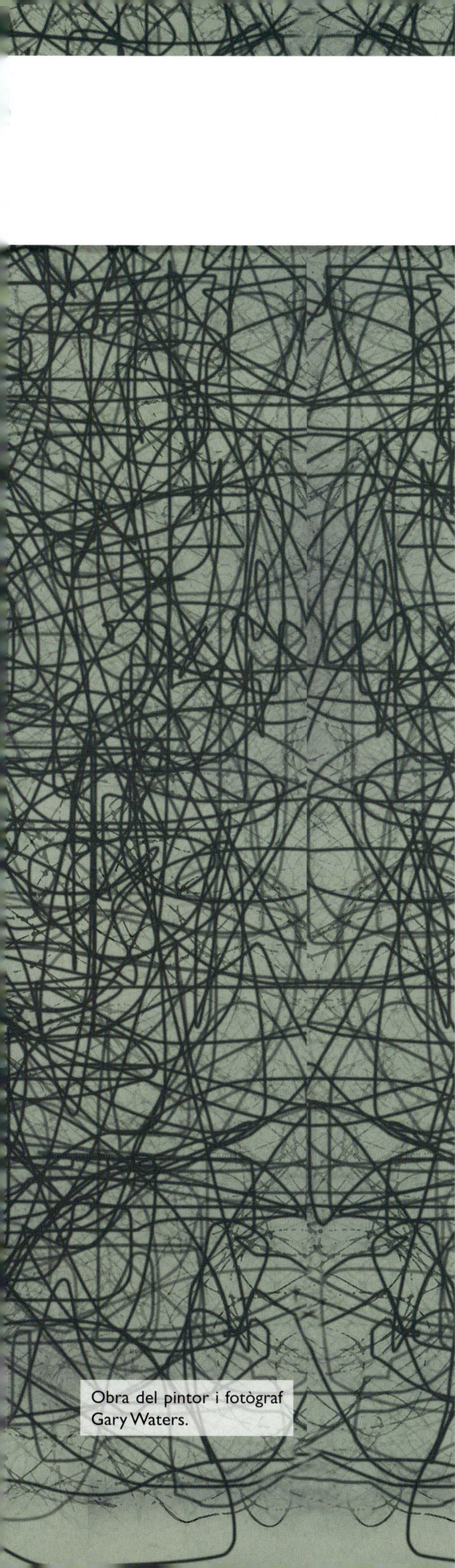

Obra del pintor i fotògraf Gary Waters.

Per començar...

Fins fa tot just deu anys la majoria de dades que circulaven pel món eren de caire informatiu, científic o administratiu i provenien d'àmbits restringits. Però l'aparició de la xarxa i l'explosió de les tecnologies mòbils ha permès que l'activitat quotidiana de milions de ciutadans generi constantment moltes més dades, de múltiples orígens i de tipus molt diferents.

El text següent reflexiona sobre el volum desbordant de dades a la xarxa. Pertany a una exposició del Centre de Cultura Contemporània de Barcelona.

Després del diluvi

En l'última dècada s'han establert, si més no en la percepció col·lectiva, diverses veritats fonamentals sobre l'estat de la informació com a primera matèria i el seu paper en el món. Són aquestes:

- La quantitat de dades que som capaços de produir, transmetre i emmagatzemar creix a un ritme que no té precedent.
- Com que cada vegada resulta més barat i senzill emmagatzemar-les, val la pena emmagatzemar-les per principi.
- En aquests volums d'informació hi ha grans bosses de coneixement valuós que en pot ser extret. Això sí, sempre que siguem capaços de "llegir-lo", cosa que resulta cada vegada més complexa a mesura que n'augmenta el volum. Tenir més dades obliga a desenvolupar maneres noves d'interpretar-les.
- L'extrema facilitat amb què les organitzacions produeixen dades avui queda contrarestada per l'ansietat que genera la possibilitat que estiguem deixant escapar el valor que hi ha enterrat, de no ser capaços de filtrar la palla i extreure'n fins al darrer gra.

José Luis DE VICENTE:
CCCB LAB, 4 de febrer de 2014 (adaptació).

A **Quin tipus d'informació i dades generem amb la nostra activitat per mitjà dels dispositius mòbils?**

B **Com han canviat els mitjans de comunicació amb l'aparició de les xarxes?**

C **Et sembla que és més fàcil accedir a la informació ara o fa un temps? Diries que la gran quantitat d'informació crea confusió?**

D **Explica en veu alta com et sembla que ens afecta a escala personal i social la circulació de totes les dades que generem.**

La informació a la xarxa

Marta Rojals

VilaWeb

17.03.2014

El Photoshop de l'ànima

Tweet 22 G+1 2 M'agrada 35

Si has fet una calçotada i no n'has penjat les fotos a la xarxa; si has anat a la platja i no hi has carregat l'estampa "peus amb mar de fons"; si has fet una escapada i no has emès cap piulada cosmopolita des de l'aeroport, això deu ser perquè no tens Facebook, Twitter o Instagram. O que t'ha fallat el Wi-Fi, o el 3G, o se t'ha acabat la bateria del mòbil, o alguna altra catàstrofe com que hagis anat de viatge, a la platja, de calçotada i no ho hagis pogut demostrar documentalment a les amistats o als seguidors.

"Gràcies a la paleta de Facebook podem semblar més simpàtics, més interessants, més atractius; simular una vida social d'anunci de cervesa"

De tant en tant, els mitjans publiquen el típic estudi d'una universitat o altra que conclou que les xarxes socials, a mitjà i llarg termini, causen insatisfacció, infelicitat i frustració en els usuaris. Quan parlen de "xarxes socials" solen referir-se a Facebook, que té l'honor de reunir els tres pilars de l'exhibicionisme 2.0: l'emocional, l'intel·lectual i el visual. Com poden les nostres ànimes anodines restar alienes a aital desplegament de poder? Ensenya allò que ets, o encara millor: sigues allò que ensenyes. Continuarem exagerant una mica més per a fer-nos entendre.

"A la xarxa dissenyem un jo digital que ve a ser el nostre jo ideal. Un jo bonic d'ensenyar"

Com a eina de retoc, Facebook és molt superior a Photoshop, per la raó que no tan solament ens permet d'editar-nos per fora, sinó també per dins. Gràcies a la paleta de Facebook podem semblar més simpàtics, més interessants, més atractius; simular una vida social d'anunci de cervesa, una bona companyia, una paella en el si de la concòrdia familiar; ens permet de fer un "zoom" a les nostres menudeses, d'il·luminar les nostres ombres i d'acolorir les nostres grisors. Entre això i els filtres –tan fàcils de fer servir com decidir què passarem per alt, què ocultarem, què no direm–, dissenyem un jo digital que ve a ser el nostre jo ideal. Un jo bonic d'ensenyar.

Aquest "jo", enfortit per l'amor propi, està preparat per a eludir les antigues normes del pudor, tan restrictives com obsoletes. Aquella reserva íntima de la vida analògica es dilueix en la immensitat abstracta del ciberespai i, així, som capaços de publicar imatges que fa cinc anys no se'ns hauria acudit de mostrar a la meitat de les nostres amistats; o repiulem sense moure ni una cella elogis aliens i glòries pròpies que, de viu en viu, la vergonya ens impediria de predicar. El nostre jo digital s'ha de fer valdre: la competència és ferotge a l'àgora virtual.

Evidentment, ni tu ni jo no hem fet mai ús d'aquestes eines tan temptadores i poderoses, segur que no. I si ho fem, qui ho sabrà? Les xarxes ens permeten de ser la publicitat de nosaltres mateixos, com la model a qui difuminen la cel·lulitis per a l'anunci de crema solar. Aleshores ens venen les universitats amb els estudis que hem dit, que en definitiva no són més que l'actualització d'uns altres estudis que ja coneixíem respecte dels efectes de la publicitat sobre les nostres expectatives. I després, és clar, els seguiran les reivindicacions de les bondats de la cosa natural, sense manipulacions ni retocs, la vida de tota la vida. És la història de sempre, adaptada als nous formats. Les tecnologies evolucionen, però la naturalesa humana sempre és la mateixa.

Marta ROJALS: *El Photoshop de l'ànima.*
17 de març de 2014 <vilaweb.cat>

"Les xarxes ens permeten de ser la publicitat de nosaltres mateixos, com la model a qui difuminen la cel·lulitis per a l'anunci de crema solar"

ACTIVITATS

1. Indica quines afirmacions sobre el text són certes:

a) Hi ha estudis que conclouen que les xarxes socials causen insatisfacció. ▢

b) Facebook ajuda a exhibir-se emocionalment, intel·lectualment i visualment. ▢

c) Facebook és equivalent al Photoshop. ▢

d) Gràcies al Facebook podem mostrar un altre aspecte i un altre caràcter. ▢

e) El jo digital que dissenyem per mitjà de les xarxes és un jo plenament real. ▢

f) Les xarxes socials han fet que siguem menys pudorosos a l'hora de mostrar la nostra intimitat. ▢

2. Indica en quins paràgrafs del text es plantegen aquestes qüestions:

a) Facebook ens permet de dissenyar un jo digital.

b) Les xarxes permeten de fer publicitat de nosaltres mateixos.

c) Si no tens Facebook, Twitter o Instagram no pots fer publicitat de les teves activitats.

d) Els estudis solen referir-se a Facebook quan parlen de les xarxes socials.

e) El jo digital eludeix les normes del pudor i fa que no siguem tan reservats.

3. Escriu un sinònim d'aquestes paraules i expressions del text:

- estampa
- escapada
- documentalment
- pilars
- retoc
- editar-nos
- de viu en viu
- àgora virtual

4. Com ha incidit l'ús de les xarxes socials en la nostra intimitat? Explica-ho i indica quins exemples posa el text sobre aquesta qüestió.

5. Per què et sembla que es diu que les xarxes socials causen insatisfacció, infelicitat i frustració als usuaris? Hi estàs d'acord? Raona la resposta.

6. Creus que és cert que utilitzem les xarxes socials per construir-nos un jo ideal? Has exagerat mai alguna característica del teu perfil o has fet publicitat d'activitats simplement per donar-te importància? Raona la resposta.

7. Explica en quin sentit el text compara l'ús de les xarxes socials amb la publicitat.

8. El text diu "decidir què passarem per alt, què ocultarem, què no direm". A què fa referència? Et sembla que és una actitud compartida per molta gent? Per què creus que podem tenir aquesta actitud?

1. La informació a la xarxa

Internet representa un canal extraordinari per a la comunicació: d'una banda, enriqueix el format dels mitjans de comunicació; de l'altra, afavoreix l'existència de noves i poderoses eines comunicatives abans inimaginables, com són les xarxes socials.

Gràcies a Internet, doncs, els mitjans de comunicació tradicionals com els diaris, la ràdio o la televisió renoven constantment els continguts, seguint el ritme de l'actualitat. A més, ofereixen una comunicació interactiva, és a dir, permeten que els usuaris intervinguin en graus diferents en el mitjà: donant opinió sobre les notícies, fent de testimonis de primera mà o, fins i tot, creant notícies concretes.

La xarxa, en definitiva, ha permès que qualsevol persona es converteixi en font informativa i pugui participar activament en el món de la comunicació i la informació.

La xarxa té un abast global: és accessible a qualsevol persona des de qualsevol indret del món.

Les noves eines comunicatives

Amb Internet han aparegut els webs participatius, els blogs, les videoconferències o les xarxes socials, que no són un enriquiment d'eines ja existents, sinó noves eines que augmenten i diversifiquen enormement les possibilitats comunicatives:

Webs participatius: Webs que permeten crear un espai de trobada d'usuaris per dialogar i intercanviar coneixement sobre un tema concret, per exemple, l'impacte de pluges i inundacions.

Blogs: Diaris interactius personals en què cada apunt permet recollir els comentaris i opinions dels lectors. Els blogs poden ser personals, educatius, periodístics, tecnològics, polítics, etc.

Videoconferències: Comunicacions de vídeo i de so que permeten que persones de llocs diferents coincideixin cara a cara i en temps real per parlar i interactuar. Les videoconferències poden ser informals (entre amics) o formals (xerrades acadèmiques, reunions de feina, etc.).

Xarxes socials: Plataformes virtuals en línia que permeten relacionar-se amb altres usuaris per compartir i intercanviar informació.

Per saber-ne més

Segons la xarxa social i l'interlocutor amb qui parlem farem servir un registre més informal o formal. Fins i tot, en alguns casos fem escurçaments de paraules: *7mana* (*setmana*), *xo* (*això*), *tb* (*també*), etc.

De xarxes socials n'hi ha de molts tipus, de manera que en podem fer servir unes o altres segons el tipus d'informació que vulguem transmetre o compartir. N'hi ha que són útils per:

- Manifestar opinions o donar a conèixer informació puntual. Generalment s'hi publiquen missatges curts, amb un nombre de caràcters limitat (com ara les piulades), que es poden acompanyar d'imatges i enllaços per reforçar el contingut.
- Crear un espai de trobada per a grups concrets. S'hi publiquen missatges i imatges i s'hi comparteix com a pròpia informació d'altres amics.
- Difondre vídeos i imatges. S'hi publiquen missatges amb vídeos i imatges de creació pròpia o aliena.

Com circula la informació

La immediatesa amb què es difonen els nostres missatges i la difusió que poden arribar a tenir (*viralitat*) ens ha de conscienciar de la responsabilitat que tenim sobre allò que escrivim o publiquem. Així que una informació entra a la xarxa, es pot difondre sense control. A més, encara que es vulgui no s'esborra per complet. Per tant, hem de pensar molt bé què escriurem i quines conseqüències pot tenir allò que publiquem, perquè un cop enviem un contingut determinat ja no el podrem esborrar.

És important tenir en compte la privacitat a les xarxes socials.

Pautes d'ús de les xarxes socials

Quan facis servir les xarxes socials has de respectar tres principis: la seguretat per a tu mateix, el respecte envers els altres i la privacitat, sobretot de terceres persones. T'anirà bé seguir aquests consells:

1. Gestiona bé els contactes. Assegura't que coneixes la identitat dels teus amics virtuals.
2. Si publiques opinions o imatges procura que no et puguin comprometre, ni ara ni en un futur.
3. Demana l'autorització de terceres persones que apareguin en les imatges que publiques. Pensa que etiquetar fotografies d'una tercera persona sense el seu consentiment vulnera el dret a la pròpia imatge.
4. Vigila les xarxes que utilitzes: n'hi ha que tenen el dret d'explotar i difondre tot el que s'hi publica.

ACTIVITATS

9. Ves a www.tiching.com/732532 i llegeix l'entrevista. Després, respon a les preguntes:

a) Pensa si estàs d'acord o no amb les afirmacions sobre la connectivitat permanent:

- La connectivitat permanent és una forma d'esclavisme del segle XXI.
- Les xarxes socials ens han tornat més egòlatres.
- És més important dir que has estat en un lloc que no pas haver-hi estat.
- L'ús continu de les xarxes fa que cada cop es respectin menys les regles bàsiques d'educació.
- L'ús de les xarxes canvia la manera de relacionar-se dels nadius digitals.
- Es tendeix a confondre vida real amb la digital.

b) Si estàs d'acord, pensa en més arguments que defensin la tesi del periodista; si no hi estàs, pensa en arguments que defensin la teva posició.

c) Finalment, feu una posada en comú de les vostres conclusions i enceteu un debat per parlar dels efectes de la connectivitat permanent.

10. Observa aquest acudit i fes una llista de les xarxes socials que s'hi esmenten i relaciona-les amb l'objecte d'escriptori corresponent. Explica per què el dibuixant estableix aquesta relació:

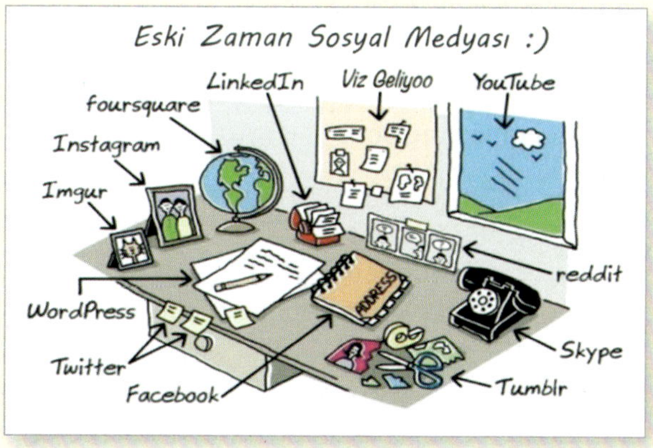

11. Creeu un blog literari especialitzat en gèneres narratius seguint aquests passos:

a) Trieu el gènere, i feu grups.

b) Escriviu una crítica d'un llibre que us hagi agradat.

c) Incloeu-hi enllaços que en parlin.

2. L'ús dels parèntesis i el guió llarg

Els parèntesis

Els **parèntesis** ( ) introdueixen informació complementària en un text, com ara incisos, aclariments, referències, etc.

Els usos més freqüents són:

Usos	Exemples
• Inclouen una explicació.	*El relleu andorrà està format per diverses valls que pertanyen principalment a la conca de la Valira (afluent del Segre).* *És important que els candidats hagin nascut en el municipi (o bé hi hagin residit els darrers anys).*
• Indiquen una data o una dada numèrica o codificada.	*Menorca va ser reconeguda oficialment com a territori sota sobirania britànica arran del Tractat d'Utrecht (1713).* *Venècia no té un clima mediterrani per la seva alta latitud (45°).* *El vapor d'aigua (H_2O) habitualment és el gas volcànic més abundant.*
• Desenvolupen una sigla.	*L'OMS (Organització Mundial de la Salut) recomana la vacunació.*
• Indiquen traduccions de textos breus.	*Una cita més llarga d'Einstein apareix a* Science, Philosophy, and Religion, A Symposium *(Un simposi de ciència, filosofia i religió).*

FEM-HO AIXÍ

Hem de fer un ús restringit dels parèntesis i no fer-los servir quan podem recórrer a les comes o altres signes de puntuació:

– *La Maria (~~que no havia vingut a classe~~) no sabia que hi havia examen.* → *La Maria, que no havia vingut a classe, no sabia que hi havia examen.*

Al final d'oració, el punt s'escriu després del parèntesi: "Quan vam anar al Canadà, vam veure els *totem poles* (monuments escultòrics dels americans nadius)."

El guió llarg

El **guió llarg** és molt més llarg que el guionet amb què unim els mots compostos i els pronoms febles. S'escriu sempre enganxat a la paraula que acompanya i serveix per fer incisos o marcar les intervencions en un diàleg.

Els usos del guió llarg són:

	Usos	Exemples
Guions d'incís	• Introdueixen incisos o aclariments enmig d'una oració.	*Han acordat una reunió –en què també s'aprovaran els pressupostos– per al proper dimarts.* *Aristòtil va escriure tractats elegants i diàlegs –Ciceró descriu el seu estil literari com "un riu d'or"–, però la majoria dels seus escrits s'han perdut.*
Guions de diàleg	• Introdueixen la veu de cada personatge que intervé en un diàleg.	*–On és la Roser, mare?* *–Se n'ha anat a comprar. Tornarà de seguida.*
	• Separen les intervencions dels personatges de les del narrador.	*–Però per què vols marxar, tan ràpid? –vaig insistir.* *–Mira –va dir fluixet i recelós–, ja deus haver vist aquella porta al final de l'escala, oi?*

Estalvi de guions

Els incisos i les intervencions del narrador s'escriuen entre dos guions, un d'obertura i l'altre de tancament. Però hi ha alguns casos en què podem estalviar el guió de tancament o, fins i tot, tots dos guions.

- Podem estalviar-nos el guió de tancament abans d'un punt:

  El parlamentari va encetar el discurs parlant de les polítiques socials –un dels punts forts del seu programa.

- En un diàleg, podem estalviar-nos els guions d'intervenció del narrador quan fem un punt i a part després d'una intervenció d'un personatge:

  –Te'n vas?

  –Sí, tornaré abans de les 10.

  Va tancar la porta suaument per no molestar la senyora Blai.

Per saber-ne més

La informació que escrivim entre guions està més vinculada amb el text que la que escrivim entre parèntesis, però menys que la que escrivim entre comes.

ACTIVITATS

12. Reescriu les oracions amb els parèntesis on calguin:

- El pètal medial de les orquídees pren una forma allargada i s'anomena *labellum* llavi.
- Monet va prendre part en més mostres exposicions internacionals, individuals, col·lectives.
- Pompeu Fabra 1868-1948 va fer públiques les Normes Ortogràfiques el 1913.
- El sistema nerviós dels vertebrats comprèn el sistema nerviós central SNC.
- El conducte que comunica el reservori de magma o cambra magmàtica amb la superfície s'anomena xemeneia.
- L'ONU Organització de les Nacions Unides va ser fundada l'any 1945.

13. En aquest text hi ha quatre incisos. Reescriu-lo i indica aquests incisos amb els guions corresponents:

> Ja feia estona que era fosc. Amb la intenció de trobar un restaurant, vaig divagar, a l'atzar, per Ciutadella. No hi coneixia ningú llevat del baster. Del viatge, no en tenia la més lleu idea. La il·luminació em semblà grogueta, però potser suficient. Vaig passar per diversos carrers porticats, amb botigues petites a sota els arcs, una mica obscures. Tot em semblà molt net i ben empedrat. Algunes cases em feren l'efecte de ser molt bones. Vaig veure passar dos o tres automòbils a velocitats enraonadíssimes. La calma em semblà deliciosa, una calma estimulant. Vaig veure dos o tres, potser quatre bancs, en aquella hora tancats sòlidament.
>
> Josep PLA: *Illes mediterrànies. 1 De les Medes a les Balears* (adaptació).

14. Reescriu aquest diàleg amb els guions que calguin:

> És aquí on viu l'Andrew McGill? va dir.
>
> Vaig fer que sí.
>
> Però és fora i no tornarà fins al migdia vaig afegir. Hi ha rostit de porc per dinar.
>
> Amb salsa de poma? va preguntar l'homenet.
>
> Salsa de poma amb suc de carn vaig contestar jo. Per això estic segura que tornarà a l'hora. Quan hi ha un plat bullit, a vegades arriba tard, però mai el dia que hi ha porc rostit. L'Andrew no serviria per a rabí.
>
> Em va envair una sospita sobtada.
>
> No deu ser editor, oi? vaig preguntar-li. Què li vol, a l'Andrew?
>
> Christopher MORLEY: *La llibreria ambulant.*

15. En aquest diàleg hi ha guions mal posats o que hi falten. Localitza'ls i justifica en cada cas per què són incorrectes o per què haurien de ser-hi:

> –Fem una ullada al llibre?
>
> –Aquesta vegada l'Edgar no va dubtar gens i va allargar la seva troballa a en Samuel.
>
> –No tenim gaire temps –va dir l'Edgar mentre en Samuel n'examinava la coberta–. Treballo a la plantació del senyor Ratikan, ben bé aquí a baix, i al matí sortirà a buscar-me. Si no em troba a l'alba me'n faré la pell va continuar tot mirant cap al penya-segat amb preocupació–. I encara em queda un bon tros fins a baix.
>
> Patrick CARMAN: *Atherton. La casa del poder.*

La comunicació audiovisual a la xarxa

La xarxa ha multiplicat les possibilitats comunicatives orals i audiovisuals. S'han popularitzat les plataformes que permeten la **videoconferència**, tant per a contactes privats com per a reunions professionals.

També s'ha generalitzat l'***streaming*** o **reproducció en temps real** per rebre arxius multimèdia que es poden anar veient a mesura que arriben, sense haver d'esperar a tenir tot l'arxiu. La reproducció en temps real s'usa també per transmetre actes en directe a través d'una pàgina web.

El vídeo tutorial

El vídeo tutorial és un **enregistrament de pantalla** acompanyat de **comentaris orals** efectuats amb micròfon. Va mostrant els passos a seguir en un procés al mateix temps que es van fent en pantalla. Sol tenir dues parts: una visió general del programa i la demostració amb exemples.

El vídeo viral

Un vídeo viral és un enregistrament que es difon ràpidament per la xarxa i acaba arribant a un públic enorme. El vídeo viral ha de ser breu (1-4 minuts), tenir un missatge central clar i senzill, i un component divertit, sorprenent o xocant. Com qualsevol vídeo, empra els recursos del llenguatge audiovisual: diversos plans i angles, il·luminació i efectes especials, música...

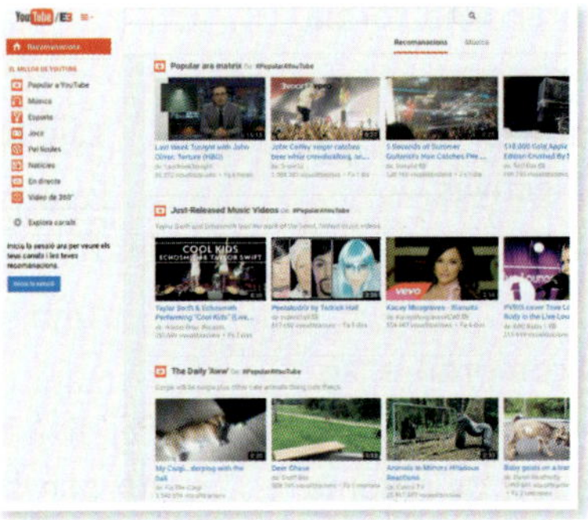

COMPRENSIÓ AUDIOVISUAL

Ves a www.tiching.com/747928 i respon a les preguntes.

Per saber-ne més

En el llenguatge visual els principals **plans d'enquadrament** de la càmera són:

- **Pla general**: de tot un escenari.
- **Pla sencer**: de tota una figura humana.
- **Pla mitjà**: es veu la persona fins a la cintura.
- **Pla americà**: es veu la figura del cap fins als genolls.
- **Primer pla**: mostra el rostre d'una persona.
- **Primeríssim pla**: el rostre de mitja barbeta a la meitat del front.

Estratègia oral

La cura de la veu

La veu és produïda per uns òrgans que demanen cura, perquè es poden debilitar i, fins i tot, poden emmalaltir. A continuació, tens uns consells per mantenir en bon estat la teva veu:

- ✓ Abans de parlar, beu una mica d'aigua i tingues la veu reposada.
- ✓ No forcis la veu parlant massa fort o massa estona sense descans.
- ✓ Evita ambients molts secs, amb pols o fum.
- ✓ No prenguis begudes molt fredes.
- ✓ Beu aigua sovint en petites dosis, per hidratar les cordes vocals.
- ✓ No fumis ni prenguis cafè ni alcohol, que deshidraten els plecs de les cordes.
- ✓ No parlis amb la respiració alterada mentre camines de pressa.
- ✓ Fes silenci després d'haver parlat molt o en cas d'afonia o mal de gola.

Recorda aquests consells quan hagis de fer una presentació a classe.

Expressió oral

Feu un vídeo viral

- Distribuïu-vos en grups per elaborar un vídeo amb l'objectiu que esdevingui viral sobre un tema que trieu. Tingueu en compte que podeu fer servir diverses posicions d'angulació de la càmera:

✓ **Normal:** a l'alçada dels ulls del personatge.

✓ **Picat:** enfoca des de més amunt dels ulls.

✓ **Contrapicat:** enfoca des de més avall dels ulls.

✓ **Zenital:** des de dalt de tot enfocant a la vertical.

✓ **Nadir:** per sota el personatge, perpendicular a terra.

Aplica l'estratègia

Abans i durant l'enregistrament tingues cura de la veu: ingereix aigua en petites quantitats, no cridis ni forcis la veu.

Pautes per fer el vídeo

Fase de planificació

a) Escriviu el guió de la història que explicareu: ha de ser breu, senzilla i divertida o sorprenent. Ha de contenir llenguatge verbal.

b) Prepareu-ne les imatges. Per enregistrar-les, valoreu quins plans utilitzareu amb la càmera.

Fase de producció

a) Tingueu a punt els elements necessaris per a l'enregistrament: actors, imatges, música, efectes sonors, etc.

b) Enregistreu la veu, els efectes sonors i la música, i feu el muntatge del vídeo.

Penseu quins plans fareu servir amb la càmera.

Pauta d'avaluació de l'expressió oral	
• S'ha enregistrat un vídeo viral interessant, divertit i amb el missatge clar?	☐
• S'han combinat bé els plans d'enquadrament?	☐
• S'ha fet l'enregistrament sense forçar la veu i tenint-ne cura?	☐

Repte oral

La pel·lícula

- En grups de tres o quatre, cadascú explica en dos minuts una pel·lícula que els altres no hagin vist. Els companys aniran apuntant el que no els quedi clar i ho preguntaran al final. El qui parla tindrà un minut per aclarir les qüestions pendents, no una per una, sinó totes acumulades al final.
- Explicar una pel·lícula sembla fàcil, però no ho és. Moltes vegades, quan ho fem a la vida real, ens costa no fer-nos un embolic amb els personatges i l'ordre de les accions. Per això, en aquest exercici cal ser molt precís i ordenat.

Cartell de la pel·lícula Samba.

3. L'oració composta

Una **oració composta** és la combinació de dues o més oracions unides per un nexe o connector.

Una oració composta té com a mínim dos verbs:

– *En Marc corre.* → oració simple

– *En Marc corre i guanya.* → oració composta

Tipus d'oracions compostes

Hi ha tres tipus d'oracions compostes, segons la manera com es combinen:

Oracions coordinades i juxtaposades. Són oracions sintàcticament independents; com que la relació sintàctica que hi ha entre aquestes oracions és d'igualtat, es poden construir de manera aïllada sense deixar de tenir sentit:

– *Els nens juguen i els pares parlen.*
2 oracions coordinades

Oració 1 → Els nens juguen.
Oració 2 → Els pares parlen.

– *És fosc, el carrer fa basarda.*
2 oracions juxtaposades

Oració 1 → És fosc.
Oració 2 → El carrer fa basarda.

Oracions subordinades. Són oracions sintàcticament dependents: hi ha una oració principal i una de subordinada que la complementa. Aquesta relació de dependència sintàctica fa que l'oració subordinada (i, en alguns casos, també la principal) quedi incompleta i no tingui sentit si apareix aïllada:

– *M'ha dit* (oració principal) *que no vindrà demà.* (oració subordinada)

Oració 1 → M'ha dit.
Oració 2 → que no vindrà demà.

Oracions coordinades

Les **oracions coordinades** estan formades per dues o més oracions simples unides per conjuncions (*i, o, ni, però, sinó*, etc.):

– *Plou* (oració 1) *i* *fa vent.* (oració 2) → *Plou i fa vent.* (oracions coordinades)

Hi ha diversos tipus d'oracions coordinades segons el nexe que les uneix i la relació que s'hi estableix:

- **Copulatives**. Indiquen la unió o la suma d'accions, característiques o estats expressades per les oracions. S'uneixen amb les conjuncions *i, ni*:
  – ***Ni*** *hem vist la pel·lícula* ***ni*** *hem estudiat.*
- **Disjuntives**. Indiquen les diverses opcions que expressen les oracions. S'uneixen amb les conjuncions *o, o bé*:
  – *Vens a fer un tomb o et quedes a casa?*
- **Distributives**. Indiquen accions que es fan alternativament: *ara... ara..., tant... com..., no només... sinó també, l'un... l'altre...*, etc.:
  – *La Laura,* ***ara*** *diu que vol anar a teatre,* ***ara*** *diu que no hi vol anar.*

Per saber-ne més

El **nexe** d'una oració composta pot ser una conjunció, un pronom, un adverbi o un signe de puntuació. També pot ser una locució conjuntiva, és a dir, un conjunt de paraules que fan la funció d'una conjunció: *per tant, en conseqüència, en canvi...*

Atenció!

No hem de confondre una oració composta, que està formada per més d'un verb, amb una **perífrasi verbal**, que és el conjunt d'un verb auxiliar i un verb en forma personal (i algun altre element) amb un sentit unitari. Per exemple: *he d'estudiar, deu ploure*, etc.

"Plou i fa vent" són dues oracions coordinades.

Adversatives. Indiquen accions que s'oposen. S'uneixen amb les conjuncions o locucions conjuntives *però, sinó, en canvi, tanmateix, ara bé...*:

– *Vull imprimir el treball,* ***però*** *no tinc tinta a l'impressora.*

- **Consecutives**. Indiquen que l'acció de la segona oració és conseqüència o resultat de l'acció de la primera oració. S'uneixen amb les conjuncions o locucions conjuntives *doncs, per tant, aleshores, en conseqüència...*:

  – *Tens set,* ***doncs*** *beu una mica d'aigua.*

- **Continuatives**. Indiquen la continuació o la insistència de les accions. S'uneixen amb les locucions conjuntives *i a més..., fins i tot..., i encara...*:

  – *Avui està molt generós,* ***fins i tot*** *ens ha convidat a berenar.*

FEM-HO AIXÍ

No hem de confondre la conjunció adversativa *sinó* amb la combinació de la conjunció condicional *si* i l'adverbi *no* de frases com "Si no t'hi veus prou, encén-te el llum".

Oracions juxtaposades

Les **oracions juxtaposades** són oracions relacionades pel significat però que no s'uneixen amb cap nexe, sinó que se separen per signes de puntuació (coma, punt i coma o dos punts):

– *El secretari assenyala un periodista; el periodista pregunta.*
oració 1 / oració 2

– *Plou: avui ens quedem a casa.*
oració 1 / oració 2

FEM-HO AIXÍ

La conjunció *doncs* no indica mai causa, és a dir que no és equivalent a *perquè*. Per tant, és incorrecte:

✗ *He arribat tard* ***doncs*** *he perdut l'autobús* → *He arribat tard perquè he perdut l'autobús.*

ACTIVITATS

16. Digues si les oracions següents són simples o compostes. Justifica-ho:

– La ràdio emet un programa especial dedicat al nou campió del món de motociclisme.
– El jugador ha caigut i s'ha lesionat el menisc.
– No ha plogut però ha fet molt de fred.
– Vull que m'acompanyis a comprar.
– M'han regalat un puzle de 30 000 peces que fa 3 m d'alt i 6 m d'ample.

17. Transforma aquestes oracions simples en compostes, com en l'exemple:

EXEMPLE: M'agraden les postes de sol. → M'agrada veure les postes de sol.

– S'estima més la llet freda.
– No suporto les novel·les de vampirs.
– El posen nerviós els exàmens.
– Li agraden molt les curses de cavalls.

18. Subratlla el nexe de cada oració composta i digues quin tipus de coordinació indica:

– Pots pagar al comptat o pots pagar amb targeta de crèdit.
– Penso, aleshores existeixo.
– Treballa molt bé individualment, en canvi no se'n surt amb les feines de grup.
– Li agraden molt els còmics, fins i tot es disfressa dels seus personatges preferits.
– Els turistes tant visiten museus com visiten botigues de moda.

19. Completa les frases amb els nexes següents: *encara que, però, ara... ara, per tant, fins i tot, i*.

– He trucat a casa seva ... no hi havia ningú.
– No hi ha prou jugadors, ..., no hi haurà partit.
– Xerra tot el dia, ... xerra mentre dorm.
– La Laura, ... ho veu blanc, ... ho veu negre.
– No em menjaré la sopa ... m'hi obliguis.
– En Tomàs fa deures ... escolta música alhora.

20. Escriu dues oracions coordinades que estiguin unides pels nexes següents i indica de quin tipus de coordinació es tracta:

- aleshores
- en canvi
- tant... com...
- o bé
- ni
- sinó
- per tant
- o
- i
- fins i tot

21. Completa les frases amb *sinó* o *si no*:

- Avui no parlarà el president ... el portaveu del Govern.
- No firmarem cap paper ... ho veiem clar.
- No hi haurà projecte ... aproven els ajuts a la recerca.
- Aquest cap de setmana no anirem a Andorra ... a Perpinyà.
- No miraré la pel·lícula, ... que llegiré el llibre.

22. Indica en quins casos la conjunció *doncs* és incorrecta perquè no té un sentit consecutiu. Després, reescriu les frases de manera correcta:

- Avui no m'he adormit doncs m'he posat tres despertadors.
- Ja ha acabat tothom? Doncs ja podem plegar.
- Els ocells volen; el lloro és un ocell; doncs el lloro vola.
- Deu estar enfadada, doncs ara no em saluda mai.

Oracions subordinades

Una **oració subordinada** s'uneix a una oració principal per formar una oració composta per mitjà de conjuncions, pronoms relatius o adverbis.

Les oracions subordinades tenen una funció sintàctica determinada dins de l'oració principal: fan de subjecte, complement directe, complement circumstancial, complement preposicional, etc.

A més, les subordinades són equivalents a un substantiu, un adjectiu o un adverbi. Per això, distingim tres tipus d'oracions subordinades:

En l'oració "Sé que el tren arribarà a les dues" hi ha una oració subordinada substantiva.

Oracions subordinades substantives

Equivalen a un substantiu o un sintagma nominal i fan les funcions pròpies dels SN (S, CD, CI, CRV, Atr, CN). En general, s'uneixen a l'oració principal amb la conjunció *que*:

- *Sé l'hora d'arribada del tren.* = *Sé que el tren arribarà a les dues.*
  SN (CD) — oració subordinada substantiva (CD)
- *M'ha agradat el regal.* = *M'ha agradat que m'hagin fet un regal.*
  SN (S) — oració subordinada substantiva (S)

Oracions subordinades adjectives

Equivalen a un adjectiu o un sintagma adjectival i fan de complement del nom. S'uneixen a l'oració principal amb un pronom relatiu (*que*, *el qual/la qual*, *on*, etc.):

- *És l'escriptor guanyador.* = *És l'escriptor que ha guanyat*
  SAdj (CN) — oració subordinada adjectiva (CN)

Tipus de subordinades adjectives

Especificativa: Restringeix l'abast del nom que qualifica, és a dir, fa referència a un substantiu específic. És una oració necessària i no va mai entre comes:

- *El llibre d'art que té les tapes dures és el més car.*

Explicativa: Afegeix informació addicional sobre el nom que qualifica. És prescindible i s'escriu entre comes:

- *El llibre d'art, que té les tapes dures, és el més car.*

Per saber-ne més

L'antecedent és el substantiu complementat per l'oració subordinada adjectiva:

- *És el llibre que volia.*
  antecedent — or. sub.

Oracions subordinades adverbials

Equivalen a un adverbi o un sintagma adverbial i, en general, tenen les funcions pròpies dels complements circumstancials (temps, lloc, manera, causa, etc.). S'uneixen a l'oració principal amb una conjunció, una locució conjuntiva o un adverbi:

– *Vam arribar tard. = Vam arribar quan ja era fosc.*
SAdv (CCT) oració subordinada adverbial (CCT)

– *Obriran una botiga allà. = Obriran una botiga on hi ha un garatge.*
SAdv (CCL) oració subordinada adverbial (CCL)

– *Prepara el rostit així. = Prepara el rostit com ho feia l'àvia.*
SAdv (CCM) oració subordinada adverbial (CCM)

L'oració subordinada de "Prepara el rostit com ho feia l'àvia" és adverbial.

ACTIVITATS

23. Indica quin tipus d'oracions compostes hi ha en aquesta citació de Charles Chaplin:

> "La vida és una obra de teatre que no permet assajos. Per això, canta, riu, balla, plora i viu intensament cada moment de la teva vida. Fes-ho abans que el teló baixi i l'obra s'acabi sense aplaudiments."

24. Subratlla les oracions subordinades substantives i indica quina funció sintàctica fan:

- M'agrada menjar xocolata després de dinar.
- La solució és que tothom faci un donatiu.
- Donaran un diploma als qui participin al taller.
- Encara no s'ha acostumat a llevar-se d'hora.
- Tenia la sensació que tot li sortia malament.
- La guia explica que aquest pont és el més antic d'Europa.

25. Canvia els complements subratllats per una oració subordinada substantiva i indica la funció sintàctica que fan:

- Em molesta l'olor de crispetes.
- Han telefonat al guanyador del concurs.
- Ha tingut una sensació de ridícul.
- S'han oblidat de la reunió.
- Tothom sap la notícia.
- Aquest telèfon sembla de fireta.

26. Subratlla les oracions subordinades adjectives, encercla l'antecedent i justifica si són explicatives o especificatives:

- El presentador, que es va quedar en blanc, va acomiadar el convidat.
- El formatge que he comprat és suís.
- La reunió, que s'ha celebrat avui, s'ha acabat sense acord.
- El gat, que és del veí, ha entrat al menjador.
- El tren que va a Calella para a totes les estacions.
- La finestra que dona al celobert té el vidre trencat.

27. Subratlla els complements del nom d'aquestes frases i canvia'ls per una oració subordinada adjectiva equivalent:

- La solució proposada sembla encertada.
- Estic segur que li agradarà molt el regal triat.
- La setmana vinent farem vacances.
- El carrer asfaltat de nou ja té forats.
- He llençat el jersei foradat.
- El tècnic ha arreglat la rentadora espatllada.

28. Subratlla les oracions subordinades adverbials d'aquestes oracions i digues si són de temps, manera o lloc:

- Torna sempre que vulguis.
- Quan vam fer la travessa vam passar pel camí indicat.
- Per travessar el riu vam passar per on hi havia pedres més o menys grans.
- Fes-ho tal com t'han dit.
- Posa els paquets allà on trobis lloc.

29. Subratlla els complements circumstancials d'aquestes oracions i canvia'ls per una oració subordinada adverbial equivalent:

- Ens veurem demà.
- Treballa molt.
- Arribarem tard.
- Viu lluny.
- El temps passa ràpidament.
- Posa la maleta dalt l'armari.

4. Les grafies *m/n*, *l·l*, *r/rr*

Les grafies *m* i *n*

- Escrivim ***m***:
  - Davant **b**, **p** o **m**: *o**m**bra*, *e**m**but*, *o**m**plir*, *e**m**pat*, *i**m**mens*, *etc*. Escrivim **m** davant de **p** i **b** encara que siguin mudes: *sí**mp**toma*, *assu**mp**te*, *co**mp**te*, *presu**mp**te*, *assu**mp**ció*, *to**mb***, ***amb***, *te**mp**s*, etc.

    Excepcions: els compostos *ta**n**mateix*, *e**n**mig*, *be**n**parlat*.
  - Davant ***f***:

    En els compostos de *circu**m**-* i *a**m**fi-*: *circu**m**ferència*, *a**m**fiteatre*, etc.

    En els mots *à**m**fora*, *ni**m**fa*, *trio**m**f*, *pa**m**flet*, etc.
- Escrivim ***n***:
  - Davant **v**: *ca**n**vi*, *i**n**vent*, *e**n**vejar*, etc.

    Excepcions: *tra**m**via*, *triu**m**vir* i els derivats.
  - Davant ***f***: en els compostos de *con-*, *en-* i *in-*: *co**n**ferència*, *e**n**focar*, *i**n**formar*.

La grafia *l·l*

- No hi ha cap norma concreta per escriure la ***l·l***, per això convé consultar el diccionari. Ara bé, hi ha alguns inicis i finals habituals:
  - Començats amb **al-**: ***al·l**egoria*, ***al·l**èrgia*, ***al·l**ucinar*, etc.
  - Començats amb **col-**: ***col·l**aborar*, ***col·l**egi*, ***col·l**ocar*, etc.
  - Començats amb **il-**: ***il·l**usió*, ***il·l**uminar*, ***il·l**imitat*, etc.
  - Començats amb **mil-**: ***mil·l**èsim*, ***mil·l**ímetre*, ***mil·l**enni*, etc.
  - Començats amb **sil-**: ***síl·l**aba*, ***sil·l**ogisme*, *deca**síl·l**ab*, etc.
  - Acabats amb **-el·la** (i derivats): *aquar**el·la***, *carav**el·la***, *varic**el·la***, etc.
  - Acabats amb **-il·la** o **-il·lar** (i derivats): *clorof**il·la***, *pup**il·la***, *osc**il·lar***, etc.
- També s'escriu ***l·l***:
  - En mots cultes (derivats directament del llatí): *metà**l·l**ic*, *axi**l·l**a*.
  - En noms propis: *Ave**l·l**í*, *Apo**l·l**o*, *Brusse**l·l**es*.
  - En altres mots: *ca**l·l**igrafia*, *pe**l·l**ícula*, *cè**l·l**ula*, *medu**l·l**a*, *mo**l·l**usc*, *gori**l·l**a*.

Les grafies *r/rr*

- Escrivim ***r***:
  - Per representar el so bategant o erra fluixa: *pe**r**a*, *t**r**au*, *vo**r**a*.
  - Per representar el so vibrant o erra forta:

    A començament de mot: ***r**atolí*, ***r**emei*, ***r**onc*.

    Després de consonant: *som**r**iure*, *en**r**egistrar*, *fol**r**e*.

    Després de la majoria de prefixos acabats en vocal: *anti**r**adar*, *pre**r**omà*.

    En la majoria de mots compostos: *greco**r**omà*, *penja-**r**obes*.
- Escrivim ***rr***:
  - Per representar el so vibrant entre vocals: *a**rr**òs*, *a**rr**acada*, *a**rr**ibar*.
  - En els mots derivats formats amb els prefixos *a-* (*a**rr**ítmia*), *cor-* (*co**rr**eferent*) i *ir-* (*i**rr**egular*); i en el mot *e**rr**adicar* i derivats.

Atenció!

Aquestes paraules en castellà s'escriuen amb *n*: *comte, impremta, premsa, somriure, somnàmbul*.

Atenció!

Tingues present la diferència entre:

- *conte* (rondalla)
- *compte* (càlcul)
- *comte* (títol nobiliari)

El nom propi *Brussel·les* s'escriu amb el·la geminada.

Per saber-ne més

Alguns compostos amb radicals grecs doblen la *r*: *ortitorrinc, otorrinolaringòleg*, etc.

30. Escriu el contrari d'aquestes paraules:

- real
- lògic
- visible
- mortal
- legal
- necessari
- recuperable
- limitat
- reversible
- rellevant
- material
- negable
- reflexiu
- legítim
- madur

31. Forma un verb a partir d'aquestes paraules:

- fosc
- pitjor
- dins
- vell
- pobre
- malalt
- gelós
- curiós
- pàl·lid
- petit
- trist
- blanc

32. Completa les paraules amb *m* o *n*:

- xa...frà
- ta...bé
- alu...ne
- è...fasi
- e...bolcall
- i...forme
- e...vàs
- i...fermera
- e...veja
- co...mutatiu
- si...fonia
- a...fiteatre
- o...bra
- so...ni
- co...fessar

33. Busca els errors ortogràfics d'aquestes paraules i justifica'ls:

- ✗onbrívol
- ✗ninfa
- ✗inmensitat
- ✗camvi
- ✗onplir
- ✗enbut
- ✗emfocar
- ✗tammateix
- ✗emmig
- ✗emfocar
- ✗imformació
- ✗circunferència

34. Omple els buits amb *l·l* o *l*:

- He pintat una ba...ena amb aquare...es.
- El vio...once...ista va tocar una se...ecció de peces exce...ents.
- La so...ució més inte...igent és e...aborar un informe que ho reflecteixi tot al mi...ímetre.
- Els mo...uscs, les libè...u...es , els e...efants i els gori...es són éssers plurice...u...ars.
- La clorofi...a és un e...ement essencial en l'a...imentació de les plantes.
- Hem ce...ebrat amb a...egria el seu aniversari i li hem rega...at una pe...ícula d'aventures i una co...ecció de carave...es en miniatura.

35. Busca els errors ortogràfics d'aquestes paraules i justifica'ls:

- ✗varicela
- ✗metàlic
- ✗oscilació
- ✗alèrgia
- ✗novela
- ✗pupila
- ✗colaboració
- ✗cela
- ✗milenni
- ✗alegoria
- ✗decasílab
- ✗iluminació

36. Completa les paraules amb *r* o *rr*:

- aca...onar
- i...eal
- extra...adi
- oto...inolaringologia
- co...eferent
- te...abastall
- ...esistència
- a...ítmia
- busca-...aons
- so...presa
- fa...atge
- greco...omà
- ...ancúnia
- i...ebatible
- so...presa
- a...bre
- contra...estar
- e...adicar

Teatre grecoromà a Segesta (Sicília).

DICTAT PREPARAT

37. Prepara't aquest dictat i fes les activitats proposades:

> Quan, un matí, Gregor Samsa va despertar-se d'uns somnis intranquils, es va trobar al llit convertit en un insecte monstruós. Jeia damunt l'esquena dura, com una closca, i, si aixecava una mica el cap, es veia la panxa bombada, marró, segmentada per estreps arquejats, com una volta, tan prominent que el cobrellit, a punt de relliscar del tot, amb prou feines s'aguantava. Les cames molt nombroses i dolorosament primes en comparació amb l'embalum habitual de Samsa, pampallugejaven indefenses davant els seus ulls.
>
> Franz KAFKA: *La metamorfosi* (adaptació).

a) Indica dues paraules del text que s'escriguin amb *mb* i dues que s'escriguin amb *mp*.

b) Indica quatre paraules del text que duguin *r* fluixa i quatre que duguin *r* forta.

c) Indica un derivat de *intranquils* que dugui una *l·l*.

5. Les llengües d'Europa

Les llengües d'Europa són els idiomes parlats habitualment per les diferents comunitats lingüístiques del continent europeu.

La gran majoria de les llengües d'Europa són indoeuropees, és a dir, provenen d'una llengua comuna molt antiga. Aquestes llengües es classifiquen en diverses **famílies lingüístiques**, segons els trets que tenen en comú:

- Llengües **romàniques** (italià, francès, català, castellà, portuguès...)
- Llengües **germàniques** (anglès, alemany, holandès, suec, danès...)
- Llengües **eslaves** (rus, ucraïnès, serbi, croat, polonès...)
- Llengües **bàltiques** (letó i lituà)
- Llengües **cèltiques** (gaèlic, gal·lès, bretó, cornuallès, manx...)
- Hi ha famílies que només tenen una sola llengua, l'**albanesa** i la **grega**.

A més, hi ha set llengües que no són indoeuropees: el finès (Finlàndia), el saami (Lapònia), l'estonià (Estònia), l'hongarès (Hongria), el turc (Turquia), el maltès (Malta) i el basc (País Basc i Navarra).

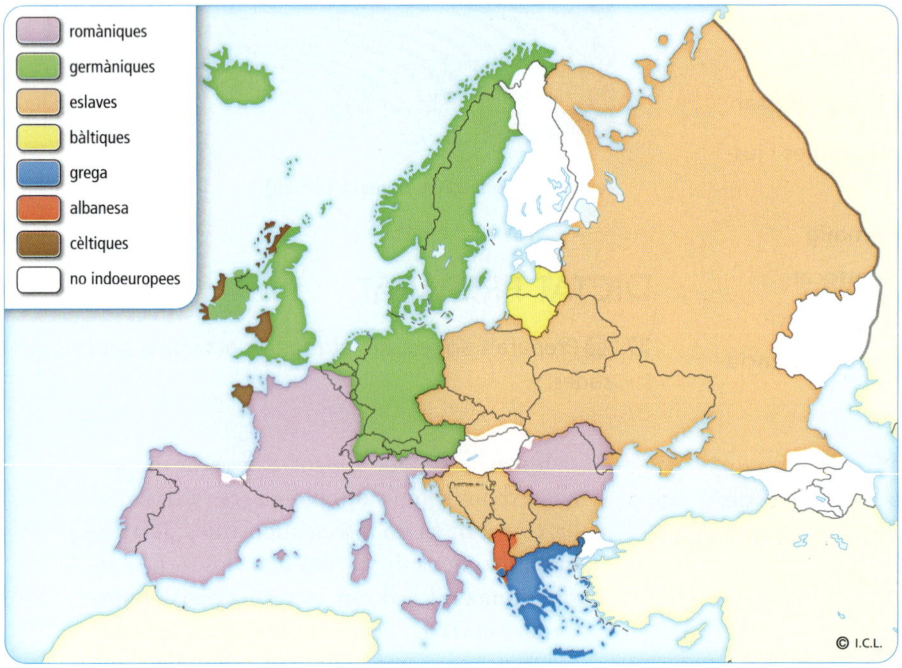

A Europa es parlen unes 270 llengües, sense comptar les llengües de signes. D'aquestes 270 llengües, n'hi ha 200 que estan en perill d'extinció perquè es troben en una situació de **conflicte lingüístic**, és a dir, hi ha una llengua que ocupa els àmbits d'ús que abans tenia una altra llengua en exclusiva.

Les fronteres de les llengües

A Europa trobem pocs casos d'una llengua associada a un sol estat, i també a l'inrevés, d'un estat en què només es parli una llengua.

De fet, moltes llengües europees es parlen a més d'un estat: per exemple, el català es parla a Espanya, a Andorra, a França i a l'Alguer (Sardenya, Itàlia), i el francès es parla a França, Bèlgica, Luxemburg i Suïssa. D'altra banda, a la majoria d'estats europeus es parla més d'una llengua: a Espanya es parla el castellà, el català, l'aranès, el gallec, el basc i l'asturlleonès.

Per saber-ne més

Moltes de les llengües en perill no arriben als cent parlants, com ara el livonià (parlat per unes cinquanta persones a Letònia), el karaïm (parlat per sis persones a Ucraïna) o el corfiota (variant del venecià parlada per deu persones a Corfú, Grècia). Però també n'hi ha d'altres que han tingut una gran quantitat de parlants i ara es troben en una situació vulnerable com l'occità, el bretó, les llengües cèltiques o, fins i tot, el català en alguns territoris.

Les societats europees contemporànies són multilingües. A més de les llengües pròpies de cada territori se'n parlen moltes altres.

L'oficialitat de les llengües

Cada estat d'Europa decideix quina de les llengües que es parla dins de les seves fronteres té caràcter oficial, és a dir, quina llengua és considerada com a preferent en les relacions institucionals, en l'educació i en els mitjans de comunicació.

Hi ha estats que només consideren oficial una de les llengües: és el cas de França. Altres estats tenen diverses llengües oficials: una que ho és a tot el territori i unes altres que només ho són a la zona o regió on es parlen, com en el cas d'Espanya, Alemanya o Àustria.

Finalment, hi ha estats que consideren oficials a tot el territori totes les llengües que s'hi parlen, com Suïssa; o altres en què cada territori del país té una llengua oficial diferent, com és el cas de Bèlgica.

A Suïssa hi ha quatre llengües oficials: el francès, l'alemany, l'italià i el romanx.

Carta Europea de les Llengües Regionals o Minoritàries

La diversitat lingüística representa un repte important per a la comunitat europea. Per això el Consell d'Europa, una organització que agrupa gairebé tots els estats europeus i promou la identitat europea entre tots els ciutadans d'Europa, s'ha compromès a promocionar totes les llengües i a protegir les llengües minoritàries.

En aquest sentit, el 1992 es va crear la Carta Europea de les Llengües Regionals o Minoritàries, que estableix que:

- La protecció de les llengües minoritàries contribueix al manteniment i al desenvolupament de la riquesa cultural del continent;
- L'ús de les llengües minoritàries, tant en un àmbit privat com en un àmbit públic, és un dret.

En conseqüència, Europa té el desafiament de mantenir la diversitat lingüística sense que se'n ressenti la unitat cultural i, alhora, de trobar una forma de comunicació que no afavoreixi l'hegemonia de cap llengua.

ACTIVITATS

38. Explica aquestes qüestions:

- Per què sovint no coincideixen les fronteres lingüístiques amb les fronteres territorials.
- Com es decideix l'oficialitat d'una llengua.
- Què és el Consell d'Europa i de què s'ocupa.
- Què és el conflicte lingüístic.

39. @ Ves a www.tiching.com/732260, mira el vídeo i fes les activitats proposades.

40. @ Ves a www.tiching.com/732261, mira el vídeo sobre la situació sociolingüística de l'irlandès i fes les activitats proposades.

41. Parleu a classe sobre la situació de les llengües com l'irlandès i de la convivència amb altres llengües seguint aquest guió:

a) La necessitat de fer servir la llengua pròpia per evitar que la pròpia cultura es dissolgui en un món globalitzat.

b) La convivència de diverses llengües en una mateixa societat sense entrar en conflicte lingüístic.

c) La necessitat d'una llengua que permeti la intercomunicació entre diverses comunitats lingüístiques, com ara l'anglès, sense perjudicar l'ús de les llengües pròpies.

6. El segle XVIII

La Guerra de Successió

El segle XVIII suposa un punt crític en la trajectòria de la cultura catalana, un moment determinant que inaugura i determina la història i la cultura catalanes.

A principis del segle XVIII la Corona d'Aragó es veu immersa en un conflicte internacional. A la mort de Carles II sense hereus directes (1700), la corona d'Espanya esdevé un motiu d'enfrontament entre el rei de França, Lluís XVI, que dona suport al seu net, **Felip de Borbó**, i bona part de les potències europees que, temeroses d'un eix París-Madrid, aposten per l'**arxiduc Carles d'Àustria**. Rere les dinasties s'oculten dues maneres de governar: l'absolutisme uniformista o una tradició confederada.

Pintura del 1862 que representa la batalla d'Almansa.

Els territoris de la Corona d'Aragó es decanten per l'Arxiduc en una guerra que acaba guanyant Felip de Borbó: la ciutat de València cau arran de la Batalla d'Almansa de 25 d'abril de 1707; Barcelona, l'11 de setembre de 1714, i Palma de Mallorca, el 2 de juliol de 1715.

El triomf dels Borbons implica **una repressió duríssima**. El país és ocupat i un cop abolides les seves institucions es veu sotmès a la imposició dels *Decrets de Nova Planta*, amb la pretensió de fer desaparèixer la llengua catalana i imposar el dret, les institucions i la cultura uniformista i centralitzadora de Castella.

La literatura catalana del segle XVIII

Amb aquesta situació política adversa i després de la davallada dels dos segles anteriors, la literatura en llengua catalana viu una època difícil. La producció literària, escassa en nombre i en qualitat, es caracteritza per la **pervivència del Barroc** fins ben entrat el set-cents i per la lenta penetració dels corrents renovadors, la Il·lustració i el Neoclassicisme.

La prohibició dels Borbons i el bandejament de la llengua dels usos públics expliquen que els dos focus més importants de producció literària en llengua catalana es trobin fora del domini espanyol: **Menorca**, aleshores sota domini britànic, i el **Rosselló**, ja annexionat per França.

Per la seva part, la literatura tradicional, refugi de la llengua pròpia, continua molt activa. Segueix viu el **teatre popular** d'arrel medieval –passions, pastorets, entremesos...– i el **cançoner tradicional**. Són d'aquest segle les versions més antigues conservades de nadales tan populars com *El cant dels ocells, El desembre congelat*... i alguns poemes referits a esdeveniments recents com el *Romanç d'en Bach de Roda*.

Per saber-ne més

L'illa de Menorca estigué sota domini britànic en diversos períodes entre 1708 i 1802. El Rosselló, amb la resta de comarques de la Catalunya Nord, va passar a domini francès l'any 1659, com una cessió del rei espanyol Felip IV en el Tractat dels Pirineus.

Els corrents francesos neoclàssics

El segle XVIII a Europa pren per model la literatura francesa i es caracteritza per l'existència de dos moviments coetanis: el Neoclassicisme i la Il·lustració. El primer suposa un retorn a les formes més pures del classicisme; la Il·lustració, moviment més intel·lectual i filosòfic que no pas literari, subministra la base ideològica que condueix a la Revolució Francesa (1789) i obre la porta a l'Edat Contemporània.

El Neoclassicisme

El Neoclassicisme és una reacció contra els excessos del Barroc, un **retorn a la puresa formal dels clàssics** impulsada pel Renaixement. El moviment té els orígens a la literatura francesa, que viu el seu moment d'esplendor: *Le grand siècle*.

A la segona meitat del XVII, sorgeix a França el cultiu de la tragèdia (Corneille, Racine) i de la comèdia (Molière) seguint amb rigor la *Poètica* d'Aristòtil. La tragèdia se sotmet a la regla de les tres unitats –d'acció, de temps i d'espai– i els personatges, que s'expressen en vers, pertanyen a la noblesa.

Al costat del teatre destaca la poesia, amb finalitat didàctica i moralitzadora, que recupera el gènere grecollatí de la *faula* i la poesia d'ambientació mitològica i pastoral.

La figura més destacada del teatre neoclàssic en llengua catalana és Joan Ramis i Ramis (1746-1819), natural de Maó i membre fundador de la *Societat Maonesa de Cultura*. Format a França, influït pels escriptors del *Grand siècle*, és autor de tragèdies de gran bellesa formal com *Rosaura o el més constant amor* i sobretot *Lucrecia*, l'obra de major qualitat del segle XVIII en llengua catalana.

Retrat de Joan Ramis i Ramis.

La Il·lustració

La Il·lustració procedeix també de França, centre cultural d'Europa, i s'articula entorn de l'*Enciclopèdia*, resum raonat de tots els coneixements de l'època. L'*Enciclopèdia* impulsa els drets dels ciutadans, la llibertat i també la recerca i la investigació, basada en la prova i l'experimentalisme.

En la literatura catalana el moviment arrela a Menorca, sota sobirania britànica, on la llengua catalana és oficial i gaudeix de reconeixement. A l'illa es crea el cercle més brillant de la il·lustració catalana, la ***Societat Maonesa de Cultura*** amb Antoni Febrer i Cardona, i els germans Joan, Pere i Bartomeu Ramis, traductors de clàssics llatins i francesos al català.

A la resta del territori, el desterrament de la llengua del món universitari i acadèmic dificulta l'aparició d'una il·lustració genuïna en llengua catalana. De fet, els intel·lectuals més brillants, Antoni de Campmany i de Monpalau a Catalunya i Gregori Maians i Ciscar al País Valencià, escriuen, si bé sobre temes vinculats al país, en castellà. La reacció favorable a la llengua ve representada per l'obra de Baldiri Reixach, *Ensenyança de minyons*, (1749), Carles Ros, *Tractat d'adages i refranys* (1733) i Lluís Galiana, *Rondalla de rondalles* (1768).

Segle de les institucions i les acadèmies, més enllà del cercle menorquí, a Barcelona es funda la *Junta de Comerç* i la *Reial Acadèmia de Bones Lletres*, orientada a la recerca de la història i la llengua catalanes. En el camp de la historiografia destaca el grup de Bellpuig de les Avellanes: Jaume Caresmar, Josep Finestres, el pare Pascual...

Imatge d'una reunió d'il·lustrats el 1755. En aquestes reunions els intel·lectuals discutien sobre política, cultura, filosofia, etc.

ACTIVITATS

42. Al fragment següent de *Lucrècia* de Joan Ramis, la protagonista expressa la seva negativa a Sext Tarquí, enamorat d'ella, perquè és una dona casada. Com interpretes les seves paraules? Se'n desprèn alguna reflexió moral? Per què? Raona la resposta.

> Quan jo consider en tal situació,
> el infeliç estat a què vos veig reduït
> no pot sinó afligir, torbar mon esperit.
> Però, no lo dubteu: Lucrècia us compateix,
> mes a vostros desigs ella no es rendeix.
>
> Ni los vostros furors, ni vostra indignació
> no, no em detindran de fer ma obligació.
> Siau amb mi furiós, siau amb mi cruel:
> sempre seré constant, sempre seré fidel.
>
> Joan RAMIS i RAMIS: *Lucrècia.*

43. Què us sembla aquesta opinió d'Antoni de Capmany i de Monpalau, tenint en compte el context de l'època?

> El catalán es un idioma antiguo provincial, muerto hoy para la república de las letras.

44. Segueix atentament el raonament de Baldiri Reixach sobre les diferències entre els fills de la noblesa i els pobres. Aquest discurs que parla de la igualtat entre tots el *minyons* (nois), pertany a la mentalitat de l'Antic Règim o s'inscriu ja en el pensament de la Il·lustració, que inaugura la mentalitat contemporània? Per què? Argumenta la resposta.

> Primerament, en quant al ser natural, els minyons nobles, que no són ni més ni menys que els minyons pobres, perquè no tenen res que els pobres no ho tinguin i estan subjectes a les mateixes misèries que pateixen els pobres, sense poder-se eximir d'elles, amb tot el poder i la riquesa dels seus pares; i no solament estan subjectes a les mateixes misèries que estan subjectes els pobres sinó que també les pateixen molt més, perquè són més dèbils i delicats; i així senten més el fred i la calor i estan més subjectes a les malalties als constipats i als fluxos; i senten més les incomoditats i la falta de coses convenients i la molèstia dels vents, pluges, puces i mosques i coses semblants; de les quals els pobres se'n riuen i no en fan cas. I no solament els nobles i rics estan igualment subjectes a les malalties i atxaques i misèries que pateix el cos sinó que també estan igualment subjectes a les misèries que pateix l'esperit, perquè també neixen ignorants i sense enteniment, com els pobres i si volen alcançar la saviesa i les ciències s'han d'aplicar a l'estudi com els pobres.
>
> Baldiri REIXACH: *Ensenyança del minyons.*

45. L'obra de Pau Casals, *El cant dels ocells*, coneguda arreu del món com a himne de la pau de les Nacions Unides, es basa en una nadala popular del segle XVIII en què diverses aus canten el naixement de Jesús. Busca el poema a Internet, llegeix-lo i compara'l amb els fragments de *Lucrècia* que tens en aquest tema. Quines diferències hi trobes en el to general, la llargària del vers i el lèxic de cada text?

46. La literatura popular es fa ressò dels esdeveniments històrics del segle XVIII. El poema anònim següent glossa la mort de Francesc Macià i Ambert, en Bac de Roda (1658-1713), militar català austriacista que lluità en la Guerra de Successió. Com el presenta el poema? Creus que és estimat per la població? Què signifiquen les seves darreres paraules?

> Ai, adéu ciutat de Vic,
> bé en mereixes ser cremada;
> s'hi és fet penjar un cavaller,
> el més noble de la Plana,
>
> Diuen a en Bac que debaixi,
> que un seu amic lo demana.
> tan prompte com va ser a baix,
> fortament l'engarrotaven,
>
> Ja en varen fer una crida:
> "Fusters i mestres de cases
> fessin unes forques noves
> al cap de les Davallades".
> En responen los fusters
> que no n'hi ha fusta obrada.
>
> Ja l'en prenen i l'en lliguen
> i a la forca l'emportaven.
> Quan va ser dalt de la forca
> ja va dir eixes paraules:
> "No em maten per ser traïdor
> ni tampoc per ser cap lladre,
> sinó perquè he volgut dir
> *que visquia tota la pàtria*".

Un fragment teatral

La tragèdia és el gènere més brillant del Neoclassicisme i Joan Ramis l'adaptà amb èxit a la literatura catalana.

La seva obra *Lucrècia* parteix d'un capítol de la història de Roma. Lucrècia, dama de la noblesa i esposa de Col·latí, militar romà, és assetjada per Sext Tarquí, fill del rei de Roma. L'heroïna, davant la insistència del pretendent, i després de ser violada, acabarà suïcidant-se.

Cal assenyalar la majestuositat del vers, pensat per ser declamat, adaptació catalana de l'alexandrí francès de dotze síl·labes: "La passió que em mostrau,/l'amor que em teniu". Cal remarcar també les al·lusions a conceptes característics del segle XVIII com la raó i la llibertat.

Lucrècia

A penes he comprès lo que m'haveu parlat
quan de mon esperit l'horror s'ha apoderat.
Si, príncep, sí: jamai podria jo pensar
que la vostra passió vos pogués tant cegar.
Mes, pues en esta nit, senyor, vós me feis veure
lo que, si no lo ves, jo no voldria creure,
per extinguir l'ardor, l'incendi que en vós neix,
Lucrècia contra vós, recorre a vós mateix.
Dignau-vos pues, mirar al llum de la raó
el reprensible extrem de vostra pretensió.
Com? Vós, voleu, senyor, que, a mon espòs traïdora,
jo vos cedesca un cor que ell solament adora?
Que, sens més reparar l'excés de ma maldat,
jo li rómpia la fe, la fe que li he jurat?
El seu constant amor així jo pagaria?

Al qui m'estima tant, traïdora jo seria?
No, mon espòs no pot ésser tractat així:
major fidelitat deu esperar de mi.
I vós, què pena! Vós voldreu també trair
el vínculo sagrat qui amb Júlia vos va unir
Què diran de vós, Roma i los déus del cel,
si amb lo que haveu d'amar fósseu, així, cruel;
si, olvidat de lo que deveu a la princesa,
violàsseu la lealtat que vós li haveu promesa?
Excusau, perdonau, senyor, ma llibertat,
mes respectau la veu de ma fidelitat.
La passió que em mostrau, l'amor que em teniu
l'impedeixen les lleis, l'himén lo contradiu.

Joan RAMIS: *Lucrècia.*

Estàtua de Lucrècia, de Damià Campeny.

- Compta les síl·labes dels dos primers versos per comprovar si són dodecasíl·labs. Quina impressió fa aquesta llargària del vers?
- Assenyala quins aspectes del poema (mètrica, lèxic, registre...) contribueixen al to propi d'un diàleg entre nobles i fills de reis.
- Amb quins arguments intenta Lucrècia convèncer el seu insistent pretendent?

Apliquem

Fem una campanya publicitària

ACTIVITAT PRÈVIA: EL PROJECTE SOLIDARI

▸ L'ONG "Viure amb dignitat" atén persones amb risc d'exclusió social: nens amb dèficit alimentari, joves sense feina, problemes de drogaaddicció, avis sense famíla... Per promocionar aquestes accions solidàries, l'ONG convoca un concurs per elaborar una campanya publicitària. Abans de dissenyar la campanya que fareu, heu de triar i definir el vostre projecte solidari. Per idear aquest projecte, podeu partir dels que ja es fan i millorar-los en algun aspecte.

HO TROBARÀS

Als **temes 8** i **9** has estudiat els textos publicitaris i la comunicació a la xarxa.

Seguiu aquests passos:

1. Busqueu a la xarxa el nom, els valors i la tasca que desenvolupen cinc ONG presents a casa nostra.
2. Feu una llista d'alguns dels projectes que s'expliquen a les pàgines web.
3. Tècnica de creativitat: creueu a l'atzar alguns dels projectes que heu trobat. Les característiques sumades us poden fer adonar de nous objectius que poden ser la base del vostre projecte.

arrels fundació

Intermón Oxfam

METGES SENSE FRONTERES

Quan ja l'hàgiu pensat, prepareu un informe que tingui els punts següents:

Informe:

1. Nom del projecte
2. Breu descripció en una línia
3. Detall del projecte: objectiu, lloc, persones a qui s'adreça, nombre d'activistes, accions (almenys dues o tres).
4. Pressupost aproximat i fonts de finançament
5. Formes d'avaluació del projecte

FEM-HO AIXÍ

Pengeu l'informe en el blog de la classe perquè els vostres companys el puguin llegir.

CONVOCATÒRIA DEL CONCURS

Som una ONG que atén les persones amb més necessitats. Convoquem un concurs per elaborar una campanya publicitària. Aquí en teniu les bases:

1. El disseny de la campanya publicitària ha d'incloure anuncis escrits i audiovisuals.
2. Les propostes han de ser originals i inèdites.
3. Tots els participants han de presentar un cartell publicitari unitari, sobre el qual es faran la resta de propostes.
6. La campanya ha d'incloure un cartell i, com a mínim, tres d'aquests formats: un anunci en un diari digital, un vídeo viral, un anunci de televisió o Internet o un tríptic informatiu.
8. Es valorarà la creativitat i l'originalitat del conjunt.
9. Cada proposta ha d'incloure una descripció exhaustiva del tipus de públic al qual es dirigeix.

Viure amb dignitat

DISSENY DE LA CAMPANYA

▶ Distribuïu-vos en grups de tres o quatre i seguiu el procés següent:

Aproximació al producte

Per promocionar el vostre projecte solidari, heu de seguir aquests passos:

– Detalleu bé les característiques del projecte.

– Destaqueu-ne els aspectes que poden convèncer el públic de participar-hi.

Anàlisi del públic objectiu

Aquesta campanya l'adreçareu a aquests tres públics objectius:

- Estudiants (14-18 anys). Aficionats als videojocs, les sèries de ciència-ficció i l'esport.
- Adults (35-45 anys). Treballadors del sector serveis d'una ciutat.
- Jubilitats (65-75). Gent activa que disposa de temps lliure i els agrada passar temps amb els nets.

Elaboració de l'anunci

Elaboreu un primer esbós de l'anunci en format de cartell. Recordeu que hi heu d'incloure totes les parts: encapçalament, eslògan, text, il·lustració, peu i logotip. Aquest cartell us servirà de base per fer la resta de textos que inclou la campanya.

a) **L'anunci de diari en línia** (si el vostre públic objectiu llegeix el diari).

Pautes

- Prepareu un anunci que ocupi tota la pantalla.
- Poseu-hi tots els elements del cartell.

b) **El vídeo viral** (adreçat al públic que dedica temps cada dia a les xarxes socials).

Pautes

- Ha de ser breu, un o dos minuts com a molt.
- La història que hi expliqueu ha de ser divertida o sorprenent.

c) **L'anunci de televisió o Internet** (si el vostre públic objectiu mira la televisió o navega molt per Internet).

Pautes

- Adapteu-vos al temps: només 20 segons.
- Redacteu un missatge clar i efectiu, escriviu el guió de l'anunci i enregistreu-lo.

d) **El tríptic o fullet informatiu** (si teniu el públic objectiu directament accessible per entregar-li el tríptic).

Pautes

- Prepareu un text complet sobre l'acció solidària.
- Poseu-hi imatges, telèfons i adreces de contacte.

LA PRESENTACIÓ DE LA CAMPANYA

▶ Prepareu la presentació oral de la vostra campanya publicitària davant del client que l'ha de comprar, en aquest cas, l'ONG convocant (pot ser el docent amb dos o tres alumnes d'un altre grup). Presenteu-la per grups i a veure quina campanya trien!

TREURE (o TRAURE)

Mode indicatiu

present
trec (o trac)
treus (o traus)
treu (o trau)
traiem
traieu
treuen

perfet
he tret
has tret
ha tret
hem (o havem) tret
heu (o haveu) tret
han tret

imperfet
treia
treies
treia
trèiem
trèieu
treien

plusquamperfet
havia tret
havies tret
havia tret
havíem tret
havíeu tret
havien tret

passat simple i passat perifràstic
traguí o vaig treure
tragueres o vas treure
tragué o va treure
traguérem o vam treure
traguéreu o vau treure
tragueren o van treure

passat anterior i passat anterior perifràstic
haguí o vaig haver tret
hagueres o vas haver tret
hagué o va haver tret
haguérem o vam haver tret
haguéreu o vau haver tret
hagueren o van haver tret

futur
trauré
trauràs
traurà
traurem
traureu
trauran

futur perfet
hauré tret
hauràs tret
haurà tret
haurem tret
haureu tret
hauran tret

condicional
trauria
trauries
trauria
trauríem
trauríeu
traurien

condicional perfet
hauria (o haguera) tret
hauries (o hagueres) tret
hauria (o haguera) tret
hauríem (o haguérem) tret
hauríeu (o haguéreu) tret
haurien (o hagueren) tret

Mode subjuntiu

present
tregui (o tragui)
treguis (o traguis)
tregui (o tragui)
traguem
tragueu
treguin (o traguin)

perfet
hagi tret
hagis tret
hagi tret
hàgim tret
hàgiu tret
hagin tret

imperfet
fos
fossis
fos
fóssim
fóssiu
fossin

plusquamperfet
hagués tret
haguessis tret
hagués tret
haguéssim tret
haguéssiu tret
haguessin tret

Mode imperatiu

treu (o trau)
tregui (o tragui)
traguem
traieu
treguin

Formes no personals

infinitiu
infinitiu: treure (o traure)
infinitiu perfet: haver tret

gerundi
gerundi: traient
gerundi perfet: havent tret

participi
tret, treta
trets, tretes

CONÈIXER

Mode indicatiu

present

conec
coneixes
coneix
coneixem
coneixeu
coneixen

perfet

he	conegut
has	conegut
ha	conegut
hem	conegut
heu	conegut
han	conegut

imperfet

coneixia
coneixies
coneixia
coneixíem
coneixíeu
coneixien

plusquamperfet

havia	conegut
havies	conegut
havia	conegut
havíem	conegut
havíeu	conegut
havien	conegut

passat simple i passat perifràstic

coneguí	o vaig conèixer
conegueres	o vas conèixer
conegué	o va conèixer
coneguérem	o vam conèixer
coneguéreu	o vau conèixer
conegueren	o van conèixer

passat anterior i passat anterior perifràstic

haguí	o vaig haver conegut
hagueres	o vas haver conegut
hagué	o va haver conegut
haguérem	o vam haver conegut
haguéreu	o vau haver conegut
hagueren	o van haver conegut

futur

coneixeré
coneixeràs
coneixerà
coneixerem
coneixereu
coneixeran

futur perfet

hauré	conegut
hauràs	conegut
haurà	conegut
haurem	conegut
haureu	conegut
hauran	conegut

condicional

coneixeria
coneixeries
coneixeria
coneixeríem
coneixeríeu
coneixerien

condicional perfet

hauria	conegut
hauries	conegut
hauria	conegut
hauríem	conegut
hauríeu	conegut
haurien	conegut

Mode subjuntiu

present

conegui
coneguis
conegui
coneguem
conegueu
coneguin

perfet

hagi	conegut
hagis	conegut
hagi	conegut
hàgim	conegut
hàgiu	conegut
hagin	conegut

imperfet

conegués
coneguessis
conegués
coneguéssim
coneguéssiu
coneguessin

plusquamperfet

hagués	conegut
haguessis	conegut
hagués	conegut
haguéssim	conegut
haguéssiu	conegut
haguessin	conegut

Mode imperatiu

coneix
conegui
coneguem
coneixeu
coneguin

Formes no personals

infinitiu

infinitiu: conèixer
infinitiu perfet: haver conegut

gerundi

gerundi: coneixent
gerundi perfet: havent conegut

participi

conegut / coneguda
coneguts / conegudes

CODI DE LLICÈNCIA*

J59MHJ94PKBR

edubook
— activa l'aprenentatge —

1 Entra a la web: **edubook.vicensvives.com**

2 Introdueix el **codi de llicència** del teu llibre

Introdueix la llicència

3 **Segueix els passos** i accedeix al teu compte d'Edubook

* Llicència gratuïta vàlida per un any des de l'activació

En cas que la disponibilitat i l'activació de la llicència no siguin possibles per algun motiu, l'usuari no podrà fer cap reclamació a EDUBOOK per aquest concepte.

Agraïm a les persones i a les entitats següents l'autorització per utilitzar el seu material fotogràfic:

TV3 (p. 10, 37, 60, 61, 78)
ARA.CAT (p. 84)
Catalunya Ràdio / Judith Sala (p. 112)
GRM / UAB (p. 134)
Patronat de Turisme de la Diputació de Lleida (p. 176)

Aquest llibre ha estat imprès en paper ecològic reciclable i amb tintes exemptes d'elements pesants solubles. Directiva Europea 88/378/UE, norma revisada EN/71.

Primera edició, 2015

5 6 7 8

Dipòsit Legal: B. 6.118-2015/ ISBN: 978-84-682-3186-0/Núm. d'Ordre V.V.: NK22.

IMPRÈS A ESPANYA. PRINTED IN SPAIN.